何建明文集

卷三十

东方毒蛇

何建明 著

新世界出版社
NEW WORLD PRESS

图书在版编目（CIP）数据

东方毒蛇 / 何建明著 . -- 北京 : 新世界出版社 ,
2018.3
（何建明文集 ; 30）
ISBN 978-7-5104-6369-3

Ⅰ . ①东… Ⅱ . ①何… Ⅲ . ①长篇小说 – 中国 – 当代
Ⅳ . ① I247.5

中国版本图书馆 CIP 数据核字 (2017) 第 198942 号

东方毒蛇

作　　者 : 何建明
特邀丛书编辑 : 韩小群
责任编辑 : 贾瑞娜
责任校对 : 宣　慧
责任印制 : 王宝根　苏爱玲
出版发行 : 新世界出版社
社　　址 : 北京西城区百万庄大街 24 号(100037)
发 行 部 :（010）6899 5968 （010）6899 8705（传真）
总 编 室 :（010）6899 5424 （010）6832 6679（传真）
http://www.nwp.cn
http://www.nwp.com.cn
版 权 部 : +8610 6899 6306
版权部电子信箱 : nwpcd@sina.com
印　　刷 : 北京京华虎彩印刷有限公司
经　　销 : 新华书店
开　　本 : 710mm × 1000mm　1/16
字　　数 : 300 千字　　印　　张 : 19.75
版　　次 : 2018 年 3 月第 1 版　2018 年 3 月第 1 次印刷
书　　号 : ISBN 9978-7-5104-6369-3
定　　价 : 52.00 元

1978 年——中国改革开放启幕

1978 年——我的文学生涯开始

庆幸，我的命运与时代、与祖国同行。还有一份安慰：当我离开这个世界时，有人可以从我的文字里触摸到中国今天的脉搏是如何跳动的……

何建明

重要创作历程及个人成就

1978 年	创作第一篇中篇散文《湘西探险记》
1980 年	发表第一篇报告文学《腾飞吧，苍龙》
1982 年	创作第一部军事题材小说《第二道战壕》
1986 年	出版第一部报告文学作品集《缉私大王》
1988 年	出版第一部长篇小说《东方毒蛇》
1989 年	由同名作品改编的电影剧本《西行囚车》被搬上银幕，此片获珠江电影制片厂优秀故事片奖
1990 年	第一次获中华宝石文学奖
1993 年	任文学杂志《新生界》主编
1993 年	发表第一部长篇报告文学《野性的黑潮》
1994 年	第一次成为《青年文学》封面人物
1995 年	《共和国告急》出版，此后获第一届鲁迅文学奖
1995 年	《科学大师的名利场》发表
1998 年	《落泪是金》发表，此后获第二届鲁迅文学奖、第一届徐迟报告文学奖、中国改革开放优秀报告文学奖
2000 年	《中国高考报告》出版，此后获第一届正泰杯全国报告文学奖
2001 年	《中国高考报告》被日本、澳大利亚翻译出版
2002 年	《根本利益》发表，此后获第二届徐迟报告文学奖、人民文学奖特等奖、第六届国家图书奖提名奖、第二届正泰杯全国报告文学奖，入选中宣部推荐的党的十五大献礼书目
2002 年	《国家行动：三峡大移民》出版，此后获中宣部第九届“五个一工程”奖，入选中宣部推荐的党的十六大献礼书目

2003 年	《北京保卫战》发表，获《文汇报》优秀作品奖
2003 年	完成电影剧本《廊桥悠悠》创作（此为与谢晋导演合作项目）
2004 年	由《根本利益》改编的电影《信天游》上映
2004 年	《永远的红树林》发表，此后获第四届正泰杯全国报告文学奖
2005 年	《李琬若：从中国留学生到美国市长》出版，并被美国翻译出版
2005 年	获国务院授予的“全国劳动模范”称号
2005 年	任《中国作家》杂志主编
2006 年	《男人的美丽男人的梦》出版
2007 年	散文《父亲的体温》入选中学课本及教辅资料
2007 年	《部长与国家》获第四届鲁迅文学奖、第三届徐迟报告文学奖荣誉奖
2008 年	《生命第一——5·12 大地震现场纪实》出版，此后获第二届“中华优秀出版物”奖、第四届徐迟报告文学奖
2008 年	任作家出版社社长
2008 年	荣获“全国新闻出版行业领军人才”称号
2008 年	根据《国家行动》改编的同名电视连续剧在央视播出
2009 年	任中国作家协会党组成员、书记处书记，中国作家出版集团党委书记、管委会主任
2009 年	《国家行动》电视连续剧获中宣部第十一届“五个一工程”奖
2009 年	《我的天堂》出版，获中宣部第十一届“五个一工程”奖
2009 年	《永远的红树林》获新中国六十年优秀中短篇报告文学奖

2009 年	获中华全国总工会“时代领跑者——新中国成立以来最具影响的劳动模范”评选活动提名奖
2010 年	根据《部长与国家》改编的电视连续剧《奠基者》在央视黄金时段播出，此后获中宣部第十二届“五个一工程”奖
2010 年	《忠诚与背叛：告诉你一个真实的红岩》出版，此后获中宣部第十二届“五个一工程”奖、第三届中国出版政府奖，入选“2013 年全国青少年推荐阅读的优秀书目”
2010 年	任中国作家协会副主席至今
2011 年	《国家——2011 · 中国外交史上的空前行动》出版，后获人民文学奖特等奖，入选“2012 年中国报告文学优秀作品排行榜”、中宣部推荐的党的十八大献礼书目
2012 年	《三牛风波》出版，荣登北京图书大厦畅销书排行榜
2012 年	任中华文学基金会理事长至今
2012 年	当选中国报告文学学会理事长至今
2014 年	《南京大屠杀全纪实》出版，此后获第四届中国出版政府奖、人民文学奖特等奖
2015 年	获亚洲品牌协会“中国文化品牌新领军人物”荣誉
2015 年	《真假之间》发表
2016 年	《爆炸现场》出版，获中国出版集团优秀销售奖，入选“2016 年中国报告文学优秀作品排行榜”
2017 年	《死亡征战》出版，被英国、法国翻译出版
2017 年	《那山，那水》发表

（截至 2017 年 9 月）

目　录

东方毒蛇　/ 001

古都新皇梦　/ 215

迷踪情侣　/ 231

男性的证明　/ 271

东方毒蛇

（一）

一九二九年秋。大上海。烟雨蒙蒙的西郊。

这是一个德式角斗场。据说，在十九世纪中叶，一位叫麦肯的德国传教士曾来此传教，因为他酷爱古罗马的角斗运动，所以执意在上海开设了一个“东方角斗场”。说起这个角斗场，黄浦江两岸无人不晓，无人不骇，但真正能道出二三的人却不多。百姓们只是这样传说：西郊角斗场，有人进来无人出，白天传来洋人笑，夜里听得阎王哭。角斗场位于大上海西郊，此处是江浙两地通往上海市内的必经门户，故而有“上海第二大世界”之称。连接着角斗场的那条麦肯大马路上，高鼻子、蓝眼睛的洋人有，蓄小胡子、留长头发的嬉皮士有，穿草鞋、挎货郎担的贫民、商贩也有。角斗场的大门不常开，只有举行大活动时才敞开，洋人们平时出入就从大围墙的拐弯处的一个边门。对着边门的是个日本人开的赌场。于是，这赌场和角斗场成了大上海西郊的两只虎。赌场每天进进出出，人喧马沸，总有三教九流的人出没。与此相反，角斗场则在阴森中显出几分高雅。

角斗场的小边门虽说是偏门，但是几乎每时每刻不断人流。一些赌棍在对面的赌场上输了后，就跑到这边的角斗场。因为边门口总有几个洋人站在那儿等待那些甘愿用性命作代价的“靶子”以供取乐。作“靶子”的人身价极低，一次三块大洋。但这对穷得连半块白薯都吃不上的乞丐和被一脚踢出青楼的低级妓女们来说可是极有诱惑力的。这钱得来容易，只要站在指定地方，往头顶上顶个瓶子或者扣个碗之类的，让洋人“呼”的放一枪就可以得到。如果要再做些花样，那就是十块大洋或二十块大洋了。带花样的玩意儿很别致，据说是位意大利人首创的。那是几年前的事了，一位军人出身的意大利富翁史毕斯在角斗场边门口要两个

"靶子"，一男一女，他出价很高，每人三十块大洋。只是他要求男的"靶子"站在百米之外，双腿叉开，在腿裆中间吊个油瓶，如果他一枪击中油瓶，男"靶子"就可以获得如数银圆。女"靶子"则是在一双凸出的乳房上绑上两只苹果之类的东西，苹果击落，女"靶子"亦可得到三十块大洋。这个花样十分富有刺激性，因此有钱的洋人们几乎把史毕斯的创新当作了角斗场打"靶子"的常设项目。殊不知，有多少可怜的中国穷人血溅靶场！那些洋人只要枪法稍有不准，男女"靶子"不是睾丸横飞，就是双乳开花……人称角斗场是"阎王窟"，确实名不虚传，日常里众人自然很少涉足。

这一天却不一样，人们成群结队地拥向大门敞开着的角斗场，原来，东洋人正在这里摆设擂台，且看贴在大门口的那张大得连天接地的大海报，就够吓煞人的。那海报上画着个东洋拳王高举着拳头，得意忘形地咧着嘴巴大笑着，一个小得如同蚂蚁的中国人则被击倒在地可怜地爬着。

"号外！号外！日本西洋拳王擂台称雄，三天击败百名对手，所向披靡……"几名衣衫破烂、赤着脚的报童一边在人群中穿来穿去，一边大声喊着。

"什么所向披靡！狗屎一堆！"喧闹的人群中，窜出一位虎头虎脑的小伙子，只见他伸手夺过报童手中的一卷报纸，稀里哗啦地撕了个粉碎。

"阿毛，休得无理！"说话的是位气宇轩昂、双目炯炯的中年男子。他的身边跟着一位手里挟着一只篮球的少年。那少年这当儿也走过去一把拉住那叫作蔡阿毛的小伙子说："我阿爹发火了！看你，东洋人逞威，能关这些报童的事吗？"

"谁让他们瞎嘟嘟！"阿毛不服道。

这当儿，中年男子从口袋里掏出几张钞票，塞给了眼泪盈在眼眶里的报童，然后转头对阿毛和那位少年说："到拳场后不许胡来，这儿是洋人的地盘，你们两个给我识相些！"

三人买过票后，朝角斗场内走去，那步伐虎虎生风，行人一下认出这是几个练武者。

"看，这不是南拳王郑先义吗？"

"对对，那个拿篮球的男囡是他的儿子郑强。我的囡跟他在一个学堂里念书。没错！"

人群里，两位商人模样的看客，像发现新大陆似的惊喜地议论着，这不打紧，周围不少人也跟着雀跃起来："嘿，今朝有好戏看了，郑先义大拳王也来了，该杀杀那东洋人的淫威了！"

"没说的，说不定郑大拳王会把那个山野矮猪揍个头着地。"

众人的议论引起了一个人的特别兴趣。此人手提两只皮箱，一身洋装，看模样像是个远道的来客。那大礼帽下，是一副黑色墨镜，雪白笔挺的西装配一条白色领带。此人不是别人，正是刚刚下船的澳籍华人陈汉强，澳大利亚的西洋拳击冠军。陈汉强此行回国是来上海与大侠霍元甲开办的精武馆商议创办中国西洋拳击班之事，以雪"东亚病夫"之耻，振我大中华民族之威。陈先生刚下船听人说西郊正有日本人在此举行擂台拳赛，便叫了辆三轮车直抵角斗场。适才那两位商人的议论，引起了陈汉强的注意，因为他在海外就听人说上海有个南拳王，且知郑先义还是他的广东中山老乡。老拳王今日出山，自然称得一大幸事。陈汉强想到这里，顺着人流进了角斗场大门。

角斗场名不虚传。以往那宽阔的草坪尚留着几分幽雅，但今天这里却是另一番景象。场中间，一座六米见方的拳击台高出地面六十厘米。在它的周围，挤着黑压压的一大片人群，陈汉强只能踮着脚往里看。他见郑先义几人站在自己的前面不远处。

"让路让路！"他刚想把手中的两只皮箱往地上放一放，就听有人边嚷边用脚踢着箱子。陈汉强抬头一看，原来是两个汉子正抬着一位被东洋拳王打得鼻青脸肿、血流满面的中国拳手朝场外奔跑。那中国拳手受伤不轻，上下嘴唇朝外翻着，口吐白沫，几个胆小的观众见状哆嗦着直往后退。

“东洋人真可恶，打出人命了都不肯罢休。”

“真是吓煞个人！”

“哐哐哐！——”台上的铜锣压倒了台下观众的嘀咕骚乱声。掌锣的是位瘦猴般的中国“奴才”，只见他伸长脖子，狐假虎威地边敲锣边高嚷着：“山野拳王战无不胜，想吃豹子胆的快快上来！哎，快快上来呦……！”“哐！哐哐！……”瘦猴在台上自唱自演着耍猴把戏，他的身后是获胜的山野。山野矮壮、结实，整个身子像树墩似的立在绳圈中央。他举起双手，“嗷嗷嗷”地叫着，那副傲慢劲仿佛要踩在万人头顶。黑压压一片攒动着的中国人头，则显得蚂蚁一样弱小。拳台的后侧，坐着一排日本人，他们是山野的助手和陪练。山野在台上称雄，他们在台下呼应。有的蹬脚，有的朝人群中扔酒瓶，一派得意狂妄之态。唯有教练宫本身子笔挺地坐在那里，一动不动，只有嘴角上隐约显露出几分目空一切的阴笑。

十多分钟过去了，依然没有人上台，台上的山野有些急躁了，他用拳套敲敲执锣的瘦猴，叽里呱啦地说了句洋话，让其翻译。

瘦猴一副奴才相地点点头，然后转过身子，冲着台下喊道：“喂，各位各位，请听着，山野拳王说，如果有人敢上台，山野拳王先让他三拳，要是山野拳王动半步，就赏他三块银圆，要是不动，他就得钻山野拳王的裤裆！”

“太欺负人了！”

“哼，简直不把中国人当人！”

场内群情激愤，却没有一个人站出来应战。

站在郑先义身旁的蔡阿毛气得咬牙切齿。郑强拉着他的手，示意他克制。铜锣一声高过一声，仿佛声声捶在有骨气的中国人心头。蔡阿毛再也忍不住了，他从郑强那里抽出手，“嗖”的一个“老鹰展翅”跃入拳台绳圈。众人发出一阵“啧啧”的称赞之声，连台上不可一世的山野也对这位“天外来客”愣了半晌。

台下上百名中国人都因蔡阿毛的突然出现而精神一振，全场顿时欢呼雀跃：“好样的！揍死东洋人！”“为中国人争气！”

“阿毛——别胡来！”郑先义见状不禁脱口而呼。

但血气方刚的蔡阿毛此时早把身后的一切扔在脑后，只见他双掌往胸前一收，两脚蹬成八字步，全身运足阳气。“啊……”随着一声大吼，蔡阿毛如脱笼的飞鹰，扬起双手，朝山野的胸口猛击一拳。这一拳少说也有千钧之力。那高傲的山野眉头一皱，如一口苦药入肚，随之，整个身子往后倾斜而下……

“好！——”台下一片欢呼。

可是，训练有素的山野除了身子晃了几下外，脚跟儿丝毫未离开原地半寸。

“嘘——”全场人惊愕不已。

第二拳，蔡阿毛改变进攻拳路，绕过山野的正面视线，奋力从背后出击，这一拳非同一般，是南拳中有名的“点穴攻心术”。蔡阿毛右手的四个拳峰如一排钢针，毫厘不差地击在了山野后脊梁骨的椎穴上。此“点穴攻心术”据说是八百年前岳麓南山大仙所传正宗南拳中的一个绝招，点穴功用到凡人身上会使其全身酥瘫，无力抗击。然而，蔡阿毛万没想到浑身肌肉凹凸的山野竟然根本不吃这一招，他依然稳如泰山地站立在台中央。

山野的功力，使台下的一群日本帮凶欣喜若狂，嗷嗷地大叫一阵。成千上万的中国观众则为蔡阿毛捏着一把汗。这中间，最为担心的莫过于郑先义父子。

“阿爹，快让阿毛哥下来吧，要不他会吃亏的。”郑强焦虑万分，扯着父亲的衣襟角连声说着。

郑先义摇摇头，脸色却异常严峻。

台上，击锣的瘦猴拉着沙哑的嗓门喊着：“山野大拳王盖世英雄，能敌万钧之力，能抵万拳之攻，可击任何部位，可胜任何功夫。哎哟，还有一拳，钻裤裆的好戏马上就要开始喽！——”

日本帮凶得意的笑声传来。

这时台上的山野早已忘了自己也是娘肚子里生出来的肉疙瘩，他朝台角站着的蔡阿毛瞥了一眼，直着脖子，将头昂得高高的，眼珠子朝天翻着，毫不介意地等待着最后一击。

脾气火爆的蔡阿毛哪受得了这等奇耻大辱，双脚用力朝台板一蹬，众人听去如同一声雷响。不愧是南拳王的高徒，只见他将全身阳气齐运至双拳之上，然后发出一声震撼山河的呼号，就在眨眼工夫间，他的右拳以万钧之力正击中山野的左眼眶……

山野“啊”的一声惨叫，身子不由自主地朝后连退数步。

“好，我们胜啦！东洋人输啦！——”

“打倒东洋人！为中国人争气！”

台下的观众爆发出雷鸣般的掌声。他们欢呼同胞为自己、为中国人争了一口气。可就在这时，台上却出现了另一番情景。

不可一世的山野此时双手捂着左眼，哇哇直叫，当他放下双手，那只本来小得如绿豆般的左眼却一下肿成馒头一般大。这位东洋魔王气得暴跳如雷，未等蔡阿毛防备，抡起双拳，如同觅食的猛虎扑上前去，朝对方脸上、胸脯，后脑勺……“乒乒乓乓”地猛击一气，那拳头密如雨点，重如炮弹，蔡阿毛防不胜防，无半点间隙施展招式，他被逼到绳边，逼到台角，身子摇摇晃晃，仿佛掉进了迷魂阵……

被激怒的山野则紧追不舍，有力的双拳左右开弓，一拳更比一拳重。“哐当——”蔡阿毛被一个重重的右直拳击倒在地，他刚摇晃着支起身子，一个更致命的左勾拳击中了他的右肋。蔡阿毛“啊”的一声尖叫，被山野摔出绳圈，掉下台去……

台下众人失色。

“阿毛哥！——”郑强飞奔上前想助落台的蔡阿毛一把，可就差了半步，蔡阿毛重重地摔在地上，顿时口吐鲜血。“阿毛哥！阿毛哥……你不要紧吧？”郑强急忙扶起受伤的蔡阿毛，万分焦急地呼唤着。

“我，我……”胸前剧痛如绞的蔡阿毛双手摸着胸口，想说又说不出话来。

“哐！哐哐！——”这时台上铜锣高鸣，瘦猴一副奴才相地跟着几个日本人一起喊着：“山野拳王连战百场，常胜不败，中国武术不堪一击哟！——”

“住嘴！”突然，台下有人大喝一声。人们还未反应过来是怎么回事，只见头顶上掠过一阵寒风，再看拳击台上稳稳当当地站着一位中年男子。

“阿爹！”扶着受伤的蔡阿毛的郑强心头一惊，虽然他希望父亲今天能杀杀东洋人的威风，可他又担心父亲的身子骨——郑先义早年在孙中山先生身边当保镖时，曾受过一次硬伤，那时是跟北伐的叛徒陈炯明之流鏖战。如今，他的病还常常发作。知晓父亲根底的莫过于亲生儿子，郑强能不急吗？何况他的双手还托着重伤的阿毛哥。

大拳王郑先义方才的一阵虎啸，把台边上敲锣呐喊的瘦猴给掀了个跟头，这小子拿着锣锤，心虚手软，嘴里却硬得很，指着郑先义的鼻尖问：“你，你，想干什么？”

郑先义不慌不忙地抖了抖双袖，“唰！唰！”两股清风，又使瘦猴打了个寒战，“你郑大爷今天要教训教训这个日本矮猪猡！”

台下的观众这时也有人认出了郑先义这位赫赫有名的中国南拳王。有人高喊起来：“南拳王，揍死那个日本猪猡！”“郑先生，你可要为咱中国武林争气呀！”

山野惊疑地瞅着台下群情振奋的场面，又见眼前这位“飞来客”，不由内心泛起几分困惑。他叽里咕噜地问瘦猴，瘦猴无奈将郑先义的话用日语传译给山野。山野一听，勃然大怒，挥起拳头将瘦猴击在一边，然后像条疯狗似的直扑郑先义……

“慢着！”就在这时，突然台下有人断然喝道。原来是山野的教练宫本站了起来，阻止山野的举动。山野猛地愣在那儿，宫本则对坐在一旁陪客的一位中国官员叽里咕噜地说了几句。那官员连忙点头哈腰道“是是”，然后爬上拳台，对郑先义说：“郑先生，宫本教练说，你要与山野比拳，就得按照拳击规则，你同意不同意？”

郑先义是中国武术的门徒，中国式的拳棒脚法只有套路一说，从无规则可言。他虽听说过西洋拳，但不甚了解细节，什么规则不规则，一概不明白。于是便说：“同意。”

“决不后悔？”

“中国人说话算数。”

“那好。”这位官员转身一挥手，只见一位金发蓝眼睛的欧洲人走上拳击台中央。“这位是麦克逊先生，英国著名拳击裁判。”官员向观众介绍后，又对郑先义说：“请戴上拳击手套，准备比赛。”

郑先义接过瘦猴递过来的两只拳套，笨拙地戴着，最后还是麦克逊帮他完成。郑先义练武几十年，第一次戴这洋玩意儿，很不自在，但他还是自信地走到台中央。

“哐！——”一声响亮的开战锣仿佛敲在每个人的心头，全场一片寂静。几千双眼睛紧盯着六米见方的拳击台，在一道道紧张的目光中，郑强与蔡阿毛的神情尤为关切。那站在他们旁边的陈汉强此时也目不转睛地盯着这场激战。

台上，山野早已迫不及待，方才被蔡阿毛击中左眼的那一拳使他恨不得马上找到复仇的机会。郑先义的出现更是如火上添油。山野从瘦猴口里知道了眼前的对手是中国赫赫有名的武林高手，而且还是刚才打自己左眼的那个小子的师傅，山野想到这里，哪还憋得住胸中怒火，挥舞拳头就向郑先义扑来，别看他左眼眯着，双拳依然“飕飕”生风。

郑先义习惯性地后退几步，微微松动了一下筋骨，他刚想拉开比武架势，身子却碰在了台沿的绳子上，山野毫不收步，如同重型坦克猛压过来。郑先义躲闪不及，拳头像雨点般地落在了他的胸部、头部……打得他连腰都直不起来。

“噢噢！噢！——”台下，日本人又是蹬脚又是吹口哨地为同胞欢呼。与此相反，中国观众则焦忧万分。

然而郑先义毕竟是武林高手，这一阵击打对他不足为奇。他双脚随着中央的轴心移动，眼睛却盯着山野的两眼。他见刚刚发起进攻的山野正在喘气之中，双目的余光揣测了一下左右绳圈的距离，便断然疾步前跨，发起反击，中国的南拳果然漂亮：横、竖、左、右、勾、击、收、进，招招洒脱漂亮，让人看去仿佛融进了阳刚之力的舞蹈动作。

“好！好！”台下众人叫好，可郑先义心头直着急。他昔日那变化多端、令人生畏的双拳，如今戴上了这样一副拳击手套，横竖不对劲。发拳，轻飘飘地像个球，击打对方，扑啪啪地听不到半点清脆有力的响声。老拳王心急火燎，而对手山野却轻车熟路，运用自如。他见郑先义形同捆束手脚，便左右开弓，越击越猛，完全使秉承中国武术的那种出其不意、招招制敌套路的郑先义处于被动。

“哐！——”第一局，郑先义完全处于挨打地位。

第二局开始，老练的郑先义首先占据了拳台中央，他想利用有限的空间，遏制山野的疯劲，以充分发挥中国武术之威力。这一着果然显灵，他那变化多端的拳路，连连落在了山野身上。山野措手不及，一下被逼到绳边。

中国观众兴高采烈，风暴般的掌声席卷全场。

“阿强，我师傅真行！快扶我起来。”躺着的蔡阿毛也情不自禁地搭着郑强的肩膀，朝拳台看去。可他愣住了。原来，裁判不仅没判山野输，反倒在他师傅郑先义面前亮出一块黄牌。只见那位英国裁判双手不停地比画着，并且拍了拍自己的后脑勺，那意思是郑先义犯规了，应该打脸和腰带以上的胸部和两肋。

“他 × 的，开天辟地没听说过比拳的连屁股都不能摸一摸。”

“真见鬼，我们没听说过那么多规矩。”台下的观众群情激奋，大骂英国裁判。

骂归骂，可台上的规矩得照常执行。这下可苦了郑先义，他像猛虎被困在笼子里，小小的拳台哪容得武林高手的翻江倒海之势。山野则如鱼得水，气焰更加嚣张，挥舞着拳头以雷霆之势重击对手。吃过亏的郑先义毕竟是久经沙场的老将，他见此情景，急忙一个躲闪，山野冷不防一个踉跄，整个身子伏倒在绳子上。郑先义瞅准战机，正想上前猛击一气，却又被英国裁判麦克逊一把拦住……

一次又一次的脱险，更使山野勇气倍增。他如马蜂蜇人，死死盯着对手，并且不时瞅准机会，连环炮似的重击郑先义。中国老拳王从未有过这等被动，每次刚要反击出拳，就被英国裁判麦克逊用手制止。郑先义剩下来只能是被动地防守和惨痛地挨打。久经沙场的老将平生以来第一次失去了心理平稳，他全身的每一根血管都在膨胀，心律似乎一下狂跳到了二百。他的两颊在颤动，双唇在打抖，那往常坐如钟、行如风的两条腿也跟着不听使唤了，忽儿左斜，忽儿右歪，忽儿突地冲到山野最强有力的进攻区域……

山野简直得意忘形了。眼前的这个中国佬是什么，是练功房的沙袋，不，比沙袋更有弹性，打上去更带劲，更百倍地刺激。他像旋风似的将中国老拳王时而掀到台中央，时而掀到绳边沿。

“嗷！嗷嗷！——……”山野发出牛一般的吼嚎声。

“哎！哎哟——啊……”郑先义发出痛苦的呻吟声。

“爹，阿爹！——”台下，看比赛的郑强双脚一软，“扑通”一声瘫倒在地上，他只觉裤裆里淌着一股热乎乎的东西。

几乎所有的中国人都在掩面，那些胆小的早已往人窝下缩，人们都已清楚地意识到令人揪心的一幕要发生了，连树头的几只黄雀似乎都在为眼前那不可避免的事实低声地祈祷着。

筋疲力尽，浑身像裂开了似的郑先义，迷迷糊糊地再一次碰到了绳子。“该死的，东西！”尚存的半点清醒意识使他条件反射般地极力想避开身后那两根讨厌的绳子。可是，只见他半仰的身子无目的地朝山野的左侧斜去。越战越凶的山野像是饿狼一下看到了一块送上嘴的大肥肉，兴奋得大叫一声，随即朝郑先义的左颊重重地送去一个右直拳。“咚！——”郑先义再也忍受不了这般重击，一下像从十八层高楼上掉下的一尊沙包，沉沉地倒在了台中央……

“师傅！——”“郑先生！郑先生——”场内响起了几百号人撕心裂肺的叫喊声。唯独郑先义的亲儿子，瘫倒在地上的郑强喊不出声来……

“1——2——3——”台上，英国裁判麦克逊为郑先义数点。麦克逊的声音并不大，可此刻却如巴黎圣母院的丧钟，捶打在每个中国人的心头，压得众人透不过气来。

“5——6——7——”

“呦西！呦西！——”与英国裁判麦克逊的数数声音相反，瞅着一头倒在自己脚下的对手，山野高举起双手，在台上又蹦又跳地大声欢呼。

“郑先生，站起来！”

“站起来，郑先生！”

……

也不知是谁带的头，顿时全场响起了山呼海啸，中国观众期待自己的同胞能重新站起来。

“师傅！师傅！”台边，蔡阿毛在急切地呼唤。

郑强则被那位穿洋装的汉子从地上扶起来，他的双手揪着衣襟，仿佛要把心抠出来。

天空在轰鸣，大地在颤抖，拳台在震荡。只见俯身在地的郑先义微微睁开眼皮，他看到的正是山野那副得意忘形的嘴脸，他微微扭动了一下身子。“8——”隐约间，他听到有人在数数。那是英国裁判麦克逊的声音，“8”还有两秒，就意味着自己彻底输给了山野，就意味着留芳千载、威震四海的中国武术败给了西洋拳！不！绝不能……！

“9——”麦克逊毫不留情地喊完了这个数，又机械地向最后一个数奔去……

成千上万名中国观众悲哀了。数那些武林人士最感伤心，有的甚至已开始默默掉泪。看来大局已定……

啊！就在众人万念俱灰之际，奇迹出现了！只见郑先义就地一滚，来了个翻江倒海，那动作如同雷电闪过。站在一旁的山野刚抹掉汗水，准备迎接美丽的女郎为自己来一个舒舒服服的“桑拿浴”，在他还没有反应过来对方是怎样与自己面对面站着的一瞬间，那只仍红肿的左眼又像挨了十八下闷棍，“啊——”的一声嚷叫，双手抱头从绳圈内向台下倒去……

“噢——中国人胜啦！”

“郑大拳王胜啦！——”

死一般寂静的台下，骤然响起雷霆般的欢呼……

“郑先生，你怎么啦？”说话的不是别人，正是华侨拳王陈汉强。俗话说，拳击拳击，外行人看热闹，内行人看门道。在万众欢呼中国人打败洋鬼子的振天动地声中，陈汉强见台上的郑先义在击倒山野的那一瞬间，双目紧闭，一头伏在绳圈上再也没有抬头。不好，郑先生出事了！在拳击沙场上久经厮杀的陈汉强一眼就看出了虽胜实险的郑先义此刻的处境。于是，他一个箭步，上台扶住昏昏欲倒的郑先义。

“阿爹！阿爹！”

“师傅！师傅！——”

这当儿，郑强和受伤的蔡阿毛也慌忙上前，与陈汉强一起将郑先义扶下台。

郑先义微微睁开眼，吃力地指指拳台，声音仿佛从天边飘来：“西洋拳……我们武术吃亏……”说着，脑袋一斜，昏倒在儿子的怀里。

“阿爹！阿爹！——”“郑先生！”“师傅”……

“哐！哐哐！”乱哄哄的场上，又敲了几下铜锣，原来瘦猴又在台上嚷着：“大家听着，方才山野与郑先义各胜一局，现在双方上场继续比赛，三局二胜，胜者为王。”说着，他点头哈腰地把山野接上台，又朝台下昏过去的郑先义嚷道：“山野大拳王已经上场了，中方郑先义快上场，不然就算输啦！”

“什么，还要上场？”郑强和蔡阿毛大惊。众人更是议论纷纷：“这怎么行？再打，可要出人命了！”“是啊，西洋拳可太损啦！我们不打！”

“八——格！”台上，满脸是血的山野发疯似的嚎叫着，那只左眼血糊糊的，可怕至极。他胸脯起伏，咬牙切齿，恨不得把击倒他的郑先义咬死、撕碎！“嗯？你的，快，快叫他上台！”山野瞅了瞅不见对手，便走过来用拳头顶住瘦猴的头说。

“哎，是是是。”瘦猴一边敬畏地应诺，一边又狗仗人势地冲着台下大声催道：“快呀，这不上来就算输啦！”

郑强和蔡阿毛等众人不知该如何是好。

“不必着急！郑先义先生不能上台，由我代为继续与东洋拳手交战！”台上，突然出现了一位着西装的三十来岁的男子。此人不是别人，正是陈汉强。拳坛老将陈汉强十分清楚郑先义的伤势，郑先义老先生虽说是一代中国武宗，可毕竟没有接触过西洋拳击，今日在区区六米见方的绳圈内，他虽把山野痛击一次，可自个儿受的打击也非同一般，倘若继续出战，后果莫测，为了不让同胞吃亏，陈汉强只好挺身而出。

“他的什么人？”在场的日本人见台上又蹦出个“西洋中国人”，不由惊恐万状，冲着中国官员问个不停。

是啊，他是谁？这些中国官员当然也是一无所知。瞧那台上的陈汉强，一身洋装，气宇轩昂，其架势非同一般百姓。主持赛事的官员们自然不敢贸犯，只好满腹狐疑地让瘦猴过来打听。

“喂，这位先生，你是中国人，还是日本的阁下？”

陈汉强轻蔑地瞥了一眼瘦猴，说：“你看看这个就明白了！”说着，他把洋装连同内衣一起脱下，露出肌肉凸起的胸膛，那胸膛上纹着一条清晰可见的赤龙。

“啊，他是中国人，中国人！”台下的观众雀跃欢呼。

“我叫陈汉强，货真价实的龙种！”男子自傲地挺起胸膛，露出彪悍的体魄。他利索地戴上拳套，像屹立在山崖上的一头苍鹰，沉静地站到台中央，注视着对手。

“陈汉强?！全澳中量级拳击冠军！”台下，日本教练宫本“噌”地从座位上站起。这位素有“东亚一鸩”之称的拳击教练自然知晓世界各国的拳坛名将。当他听到眼前这位不知从什么地方冒出来的拳手自报姓名之后，不禁心头一惊：早有传说，大名鼎鼎的澳大利亚拳王陈汉强是华裔人士，果然是真。自从带拳手从岛国涉洋来到中国，宫本可算给日本天皇出尽了风头。而今天，他的得意门生山野的表现却不尽如人意，方才与郑先义的交手已出足洋相，使他心头盛怒，但宫本看得清楚，凭着山野的功底和中国人不懂拳击规则的优势，他的门生完全可以在最后一局力挽败阵，为天皇重新争光。而此刻，当他得知台上的中国对手竟是澳大利亚华人拳王，山野根本不可能是其对手时，便慌忙起身想出面令今日的拳赛休战。可台上的山野早已不堪忍受刚才被击下拳台的那一幕耻辱，“什么陈汉强李汉强的，都是‘八格牙鲁’的中国人！我，我要让你偿还我的耻辱！”

“啪！啪啪！”山野像醉汉似的朝陈汉强直撞过来，那脸上的血水夹着汗水一齐洒向对手。山野不愧是拳击台上的一条汉子，也许换了另一个人再不可能如此强硬。他受伤的左眼肿得像突起的一个大馒头，上面还不停地滴着血水，现在，他只能靠一只右眼来调整视线，可惜，一只眼毕竟比不上两只眼，他频频发拳，却没有一次击中对方。

山野变得越发急躁，整个人气得发抖，并且复仇心越来越重。

一切都变得徒劳。山野心头渐渐发毛，面前的对手非同一般，他恨起了自己的教练和同行们。“八格牙鲁”，说什么中国人不懂西洋拳，祖传的武功也不堪一击。鬼话！老子不但被中国武术打了一拳险些儿丢了小命，如今，中国的西洋拳手又如此娴熟、老练！哼，待打完这一仗，我回东京找你们算账！

“啪！啪啪！”又一阵急速有力的快拳落空，山野气得干脆连身子一起向对手压过去。

这边的陈汉强则沉着应战。瞧他那架势，丝毫没有半点着急的样子，只踏着轻巧灵活的步伐，左闪右躲，不紧不慢，仿佛有意让对方逞能逞个够。山野自然受不了这种嘲弄，他越无法得手，心头就越暴躁，步伐与拳路也变得杂乱无章。陈汉强将这头野驴的一举一动看得一清二楚。当对方跨开大步，又发起一轮远距离进攻之时，他突然往后一仰，旋即来了个180度的换位。山野的身子一下失去重心，露出半边破绽。说时迟那时快，陈汉强乘势截住失控的对手，一个左勾拳，又一个右勾拳。“扑通”一声，山野顿时像只从楼上掉下地的大沙包，发出沉闷的声响……

“好！——”全场观众欢呼，那声音就像出自一个人的口那样整齐。与此同时，所有的人都直起脖子，全场笼罩着一片紧张的气氛。看台上的中国官员和日本人全都站了起来，唯独宫本教练直着眼，像在思考一个遥远的问题。

“1——2——3——4……”英国裁判麦克逊认真地读着秒。

裁判还没有数到“5”，血流满面的山野居然已经挣扎着撑起一条臂膀，接着奋起全身力气站了起来。“哎呀！”全场观众发出战栗般的惊叹，又将伸长的脖子重新缩了回去。

山野晃了晃脑瓜，欲将错乱的视线重新校正，可惜已经枉然，他面前的影子已再不是一个了，而是两个，三个……他像喝醉了似的，摇摇晃晃地扑向那些影子，准备做殊死之战。身经百战的陈汉强将山野的一举一动看得清清楚楚，该到为中国人复仇的时候了！

“啪！啪啪！”“啪啪啪！——”

进攻了！阵汉强一改之前以防为主的战术，以气盖山河之势，频频向对手挥出有力的拳头。时而把山野打得抱头逃窜，时而又将其诱入迷阵，再来一次迎头痛击。

山野又一次在摇晃中倒下。

“打死他！打死他！”“打死日本人！”观众的情绪达到了顶峰。有的在顿足，有的则举着双拳在空中挥舞，好一个群情激昂的场面！

“蠢猪，该让他下台了！”这是山野同事的声音。

山野在一片唾骂与诅咒中又一次艰难地支起身子。一切都是空白，只有绳圈内这个可恨的中国人还留在他血红的右眼里。他紧握双拳，死死地盯着陈汉强，准备最后的决斗。一步，两步……他的拳头从腰胯提到胸前，但他没有出拳，却从嘴里吐出一口血水，直喷在陈汉强当胸。

龙被污染了！陈汉强被激怒了！只见他疾步上前，疾风骤雨般挥动着两个拳头，打得山野无半点回击与喘息之力，然后，瞅准一个机会，以万钧之力重重地向山野那只血红的左眼击出一个直拳……

“啊！——”一声惨叫从拳台上响起，双拳抱头的山野身子一斜，从两根绳圈的中央倾出，摔向三米之外的地面。

蔡阿毛、郑强以及无数观众拥上拳台，将拳王陈汉强举到人群的头顶，然后呼着：“中国万岁！拳王万岁！”的口号，走出这德租界的角斗场。

这时，商店的雇员、纺纱厂的工人和学校的学生也纷纷走上街头，与看拳的观众一起，组成了一个声势浩大的庆祝游行队伍，向繁华的市内大街挺进……

拳场上，只剩下几个沮丧的日本人和心惊胆战的中国官员。

宫本教练铁青着脸，走到痛得在地上直打滚的山野面前，毫无怜悯地一把揪起他的头发，然后抬起右掌，“噼噼啪啪”在山野的脸上猛抽几下。然后朝其他日本门徒一挥手，愤愤地离开拳场。

“嗷！——我的要报仇！——”宫本被身后突如其来的嚎叫声惊住。他转过头来一看，见山野直挺挺地站在那里，用双手十指将血糊的左眼球从眼眶里挖出，然后一口吞进了自己的嘴里……

宫本痛苦地闭上双眼。

（二）

几缕淡淡的青烟夹着晨雾飘洒在一条狭长幽静的弄堂里。弄堂的尽头耸立着一幢寺庙式的大院落，大院的正门上挂着一块由孙中山先生亲笔题字的门匾，用金粉烫出的“尚武精神”四个大字闪闪发光。这就是名扬中外的上海“精武馆”。

“精武馆”至今依然绽放着它的光彩，成为中国现代武术的象征和中国西洋拳的发源地。可是，许多人对精武馆后来发展成为中国西洋拳的发源地一事并不了解。这部小说中的主人公就是历史上把西洋拳引进中国的当事人。故事就是由大武术家郑先义与日本西洋拳手山野的这场交战引起的。

爱国华侨拳王陈汉强千里迢迢从大洋彼岸回到上海，无意中参与了郑先义等中国武术家与日本西洋拳手的决战。这一场非同一般的中外拳手之战，在当时中国武术界引起强烈反响。有的人认为，中国武术已有几千年历史，源远流长，功夫之深，变化之奇妙莫测，是任何外国功夫所无法匹敌的，也是不容任何“诽谤”之语所能贬低的。而像当时的上海“精武馆”主持人佟忠义、赵振群等具有现代思想的大武术家则认为，中国武术的百家争鸣、历史悠久固然难能可贵，但由于长期受门户之见，互相封闭、对立，使得武术不能很好地全面发挥、发展。因此，有必要引进外国的诸如西洋拳之类的实战和进攻能力强的拳击功夫。不然，中国武术家与西洋人交手时必吃亏无疑。

佟忠义、赵振群等武术家的话是有道理的。二十世纪初，当时除广州之外，上海是中国这个东方大国最大的开放门户的城市——大批外国冒险家和淘金者纷纷远涉重洋，随心所欲地在此横行。众多洋人的到来，使这个年轻的城市到处吹刮着各种“洋风”，当然其中也不乏先进的、开放的革命成分。保守的武术界也像这个保守的封建专制国家一样受到了应有的冲击。当时外国拳手就嘲笑中国武术的封闭，甚至说是“故弄玄虚，不堪一击”，并且不止一次在上海滩搭台设擂，也使中国武术“百战百胜，固若金汤”的神话不止一次地破灭。

武术是中国“国术”，洋人欺人太甚，不给他们点厉害就不是我大中华龙种！于是，二十世纪初的上海，成了中国武术与外国洋拳较量的战场。九州五岳的各路武林高手也纷纷汇聚在此，以振中华阳刚之气。可是，在擂台上丧了性命者却不计其数，这更刺激了中国武术界人士的民族自尊心。同时，这种过分强烈的民族自尊心使得本来就故步自封的武术界更加自守、自负。武林大侠霍元甲从天津南下上海开办的“精武馆”就是在这个时代的这样一个产物。从霍元甲被东洋人暗算，俄国大力士击败中国武林高手的事件发生后，以“精武馆”为代表的中国武术界开始了反省。恰在这时，澳大利亚华侨大拳王陈汉强回国，使得中华西洋拳发展有了一个开端。

“啊哈，陈大拳王光临，有失远迎，抱歉，抱歉！”这天，“精武馆”刚刚开门，当差的就见有人来访，并将来访者尊姓大名报给了馆长赵振群。赵馆长一听是大拳王陈汉强来拜访，赶忙出来迎接。让座沏茶后，赵馆长拿起一张新出版的《申报》，满面红光地对陈汉强说：“大拳王，前天您与东洋人的那一场交战可给咱中国人争了口气，尤其是给武术界振了威。我在这里代表上海数百万父老乡亲向您致礼了！来来，快给陈大拳王磕头拜礼！”赵馆长说着，转头朝馆内的三堂四室喊了几声，带头双膝跪下，毕恭毕敬地朝陈汉强三磕头。

“使不得使不得，赵先生，快起来，快请诸位起来。”陈汉强见此情景赶忙从座位上站起，并亲自将赵馆长等扶起，“诸位，我陈某日前得以取胜，乃是上海人民的福分，尤其是得郑先义老先生英雄气概鼓舞的结果。汉强我 3 岁随父南移居澳大利亚，30 年来浪迹海外，可时刻挂念着祖国，想当年，我就是看不惯咱华人任人欺凌侮辱，不想再让所有人骂我们‘东亚病夫’而给自己取了汉强之名。今日汉强回国，意在振兴中国拳术，与洋人抗衡。赵先生，贵馆名扬四海，当年霍大侠创导的尚武精神，海内外人士无人不知。汉强此次来上海，就是想在您的帮助下，开办西洋拳馆，以备日后与洋人拳击手较量并振扬我中华武术，先生意下如何？”

赵馆长一听大喜：“哈哈，真是求之不得，求之不得呀！”

陈汉强听后甚喜，便饮上一口清茶，开怀而谈，“赵先生，以汉强之见，中国武术在拳法、肘功、腿功、套路和门派上，可谓博大精深，变化无穷，确是任何国家、任何好手无法比拟的，但它也有不少弱点，诸如拳法方面，它的实战能力与西洋拳击相比，就显不足。西洋拳击的爆发力、速度和技法等方面都值得借鉴。更重要的是，拳击是世界性的竞技运动，我们要振兴中华民族之威，与外国拳手争雌雄，除了有武术功夫外，还得学西洋拳，这也叫以毒攻毒。”

赵馆长连连拱手道：“陈大拳王一番慷慨之言，令人敬佩之至。您所言在中国创办西洋拳术业，也是本馆先宗霍大侠的遗愿，我定当全力相助！”

“多谢！”陈汉强听到这里，也来了个抱拳致谢的动作。

“大拳王不必客气，明天我就差人将馆内两侧空闲着的厢房改成拳击训练馆，您看如何？”

“好，后天我就张榜招生。”陈汉强站起道。

“行，祝你成功。”

第二天，陈汉强出了三块大洋，找来一个木匠师傅，做了一块牌子，竖在了“精武馆”门前，上面写着“中国精武拳击馆”。

然后，又到纸坊店老板那儿抱回一大堆红绿彩纸，亲自动手，画起招生海报。画完后，他叫来一辆黄包车，从静安寺贴起，沿着南京路、外滩、十六铺，又绕到苏州河，一直张罗到黄浦江上霓虹灯齐亮的夜晚时许。这一夜，陈汉强睡得特别香。

“当！——当当！——”清晨，从外滩海关大楼上传出的钟声格外响亮。钟声才敲了五下，陈汉强就赶忙起床，匆匆上早市吃了碗馄饨便来到“精武馆”，搬过一张桌子和一把太师椅等着。那架势，陈汉强自己也忍不住“呵”地笑了起来，倒像私塾学堂里的老先生等着来报名的门生一般，俨然肃穆又滑稽。

时辰还早，他倒了清茶一杯又一杯，望着印有“KO”两个英文字母的一双拳套，思绪万千。这副拳套，是他五年前同一位英国拳王乔治·查理交手时获得的战利品。那场拳赛打得好辛苦，那位“英国佬”在开赛前听说对手是位华人，竟公然提出要罢赛，并放言说：“大英帝国的拳王与‘东亚病夫’比赛是对伊丽莎白女王的侮辱。”陈汉强怒火冲天，找到乔治住的悉尼大酒家推门而入。“瞧，中国黄猪来找你比拳呢！乔治·查理给他点厉害！”陈汉强本来就有气，又见眼前这个不知廉耻的“小妖精”也如此侮辱中国人，上前从乔治怀里一把将那女人拉起，朝她的下颌就是一拳。那女人一声惨叫，乔治见自己漂亮的情妇下颌移位，成了个丑八怪，气得顺手抓起玻璃台灯朝陈汉强就砸。陈汉强一侧头，台灯在窗台上炸开。“混蛋，我要打死你！”“好啊，有种的咱们在拳台上较量！”

被激怒的“英国佬”不得不重新宣布同意与陈汉强交手。这一场大赛轰动了整个悉尼。澳大利亚华人众多，可同时又是英殖民地国家，一场普通拳赛，变成了殖民主义者和被压迫的殖民地人民间的大较量，也可以说是东方黄种人与“英国佬”之间的一次生死决斗。

拳赛进行得异常激烈，乔治·查理不愧是拳台魔王，身为混血儿的他有着东方人无法比拟的强健体魄，使他一上场就以飓风般的威力扫荡着六米见方的拳台，一副欲置陈汉强于死地的架势。与他相反，陈汉强虽然比乔治矮一头，可他发挥了东方人灵巧的特点，频频诱敌，继而击发。拳赛打得天昏地暗，直打到第十三回合，两人全都趴在台上不能动弹为止。裁判宣告陈汉强以零点五的点数获胜。陈汉强从此走入了世界拳王的行列，成为全澳无人可匹敌的中量级拳击冠军。可是，就因为他是华人，在由英殖民主义者统治的澳大利亚，没有一个拳击俱乐部的老板敢收他为擂主，为了生计，他不得不屈居在一位美国人开的俱乐部里。陈汉强身为拳王，却遭受了另眼相待，他咽不下这口气，发誓要回国培养真正的华人拳王。如今，愿望快要实现了，他怎能不激动和兴奋！

"陈大拳王，该吃午饭啦，您还在等着？"馆差李福走过来招呼道。

陈汉强一看怀表，可不是，快到十二点啦！时间过得真快。"哎，李师傅，你帮我照看一下，要是有人来报名，你就让他等一下，我到街上吃些点心就回来。"陈汉强说道。

李福连应了几声，像是自言自语道："照看倒没啥，可就是恐怕大拳王等三天也不会有一个人来报名。"

"什么？"陈汉强觉得奇怪，忙问，"你敢断定不会有人来报名？"

"是啊！陈大拳王，侬勿晓得阿拉这个'精武馆'是专门传授中国武术功夫的圣地，哪能会有西洋拳的立足之地呢！"

"这——不可能吧？"陈汉强自然想起赵馆长与他说的那番肺腑之言。可事实恰恰如李福所预料的那样，一连三天，不但没有一个人来报名参加西洋拳击班，就是平日热闹的"精武馆"也一下变得清闲起来。陈汉强不觉纳闷起来。

已经是第四天了，陈汉强坐在门口，一个人左想右思就是搞不清到底是怎么回事，独自闷闷不乐地抚弄着拳套。

“陈大拳王，怎么样，有人来报名吗？”

陈汉强抬头一看，原来是赵馆长站在自己面前，赶忙起身一番寒暄后问道：“请馆长先生指教，不知何因，汉强在此等了四天，竟然没有一个人来报名？”

两鬓银白的赵馆长拍拍陈汉强的肩膀，长叹一声，说：“实不相瞒。就在你张榜贴招的那天，郑先义大兄弟因伤势过重，含愤死去……”

“什么？郑先义先生他……？可报界一点消息也没有透露呀。唉，我得去吊唁他！”陈汉强一听，站起身来要走。

“陈大拳王，你不能去！”赵馆长将他一把拉住，“听我说，郑先义大兄弟是我们上海的一代武宗，他是被东洋拳手打死的，武术界认为这是件不光彩的事，所以就没有向外界透露。他死了，可追随他的那些门徒们说什么也要报洋人洋拳之仇。他的徒弟蔡阿毛，就是那天在郑先义大兄弟前面那个与山野交手的小伙子，听说你在‘精武馆’开西洋拳训练班，便串联武术界和社会上那些爱好武术的人，一不要报名，二这几天也不要上‘精武馆’，并且说，有人学西洋拳就是对郑先义大师傅的不忠不孝，也必被武术界所敌视！”

“竟然有这等事！”陈汉强感到不可思议。

“陈大拳王，你也是知道的，中国的武术界历来讲究门派，更看重师徒间的情义。要是哪一派的首领被人打死，这一派必定与那一派结下势不两立的仇恨。更何况郑先义大兄弟是被外国西洋拳手打死的，所以，引起了整个武术界对东洋人和对西洋拳术的憎恨。虽然大伙儿不是冲着您来的，可您教的是西洋拳，武术界认门派有时连亲生骨肉都可以大义灭亲，更何况您是从国外回来的……”

“真是十足的封闭王国！十足的自负臣民！”陈汉强连连摇了摇头。

“陈大拳王且不用着急，我看，待郑先义大兄弟的丧事过后，可能会好些。”赵馆长安慰道。

陈汉强摇摇头，并不介意：“我想偌大的一个上海城，总不会都是一个模盘里刻出来的思想吧，赵先生，你说呢？”

“我也这么想。”

“所以，我想到里弄里走走，不信找不到一个想学西洋拳的，您看呢？”

“好办法。”赵馆长是位开放型的爱国武术家，对陈汉强坚定创办中国西洋拳击业的决心深感佩服。他双手握住陈汉强的手，真诚地说：“只要您招到学生，我赵某一定在‘精武馆’提供方便。”

陈汉强领过赵馆长的情后，便背着一副拳击手套，顺着南京路由东到西挨个弄堂走。他走到一个寺庙前，听得里面刀枪“呼呼嚓嚓”作响，便推门而进。见寺庙的天井里有十几名后生正在弄刀舞枪，好一派生龙活虎的劲头。一番操练之后，一名壮实的小伙子在一片喝彩声中要起了一套猴拳。继后，又上来一个赤手空拳的后生，“噌噌”地舞起一套地道的南拳来。后生出拳如闪电，步伐如雀跃。陈汉强看着看着，不觉大声叫好起来。

“哎，侬是干什么的？啥人让侬私自闯进庙来？”

陈汉强回头一看，是一位白须飘飘的老者站在自己面前，赶忙拱手施礼道：“鄙人是西洋拳手。为了招收西洋拳弟子，见众英雄在此练武，便擅自进来观看，未经主人允许，失礼了！”

“什么？要西洋拳的？哼，阿拉武林人士不信那洋玩意儿，识相点快走，要不勿怪阿拉给侬苦头吃！”众武者中有人冲着陈汉强嚷嚷道。

“小福子，休得无礼！”白须老者双目一瞪，转头客气地问陈汉强，“英雄可是在西郊角斗场痛击东洋拳手的那位陈大拳王？”

“不敢不敢，鄙人便是汉强！”陈汉强忙答道。

“噢，侬就是陈汉强，陈大拳王！哈哈哈，贵人光临有失远迎。请！”老者顿时热情地将陈汉强请到摆在树下的座位上，“陈拳王，侬在西郊一战，给咱中国人出了一口气，这一点上，阿拉全上海父老乡亲们都非常感谢侬。可是，老生练武六十余年，虽说不上刀枪不入，但也不像你们练西洋拳说的那样，中国武术是什么花架子。今朝有幸陈拳王光临，阿拉想亲自与阁下切磋，看看到底是西洋拳厉害，还是中国武术功夫真。前日里，阿拉大师兄郑先义在西郊与山野打了个平局，阿拉不喜欢圈在那根绳子里的打法。中国武术素来以招式与套路见长，从不受任何人为的框框圈圈限制，倘若今天陈先生的西洋拳能取胜于我，我老生愿亲自将众生交给侬学西洋拳，不知陈先生能否赏脸？”

“对对，绳圈里的那种比赛不算数，我们要看真格的！”

“陈拳王，有种的咱们就在这里比试比试，怎么样？”

众武生你一句我一言，说着说着，一个个全都动了起来，有的蹲地扫腿，有的腾空展臂，把陈汉强团团围住。

哪有这样比的！陈汉强可没想到竟会惹出这等为难事：比吧，这种打法，即便是称霸全球的拳王恐怕也经不住中国武林高手前后左右的击打；不比吧，自己想在中国培养西洋拳手的计划将受到武术界的耻笑。陈汉强只好抱拳对白须老者求情道：“老先生，西洋拳比武，是讲究规则的，而今这等比法，汉强我实不敢奉陪。”

“这么说，只许我们武林人在绳圈圈里受你们西洋拳手的击打，而不容我们武林人在无拘无束中显显英雄本色？这不公平！”老生摸了摸白须，鼻孔里“哼”了一声，不无轻蔑地说，“既然这样！众生们，给陈拳王让路！——”

世故！偏见！陈汉强窝着一肚子火出了寺庙。他的拳头握得“嘎嘎”直响，倘若在悉尼，他准会狠狠地给对方一拳，然后骂一句“蠢货”方休。可如今，上面的这些话是出自自己的同胞之口，他只感到悲哀和痛心。“中国这个东方巨人，什么时候才能从愚昧与无知中挣脱出来？”陈汉强长长地叹了一声。三十年前，他跟着父亲远涉重洋去那个大洋岛国，虽然那里有洋房和训练馆，有成千上万的崇拜者，可他总感到那里的一草一木是那样的陌生；祖国故土，对他来说尽管很模糊，可陈汉强对它却异常思恋。自那次与“英国佬”较量取胜后，他一下成了澳大利亚家喻户晓的百万富翁，但他内心有一种遗憾，自己只能算是一个汉人拳王，而不是真正的中国拳王，并且他的教练也是菲律宾人。他带着“中国拳王”的梦回到祖国，而在上海的境遇使他的梦几乎要破碎了。

在一个法国人开的学校前，陈汉强见一群中国少年在打篮球，其中有一个小伙子弹跳好，双臂也格外的长。“好一块拳击料子！”

“喂，你可愿意跟我学卜克星？”陈汉强把他从球场拉出来问。

“卜克星？阿拉勿晓得那是啥东西。”少年咧着嘴笑笑。

“嗯——就是这个！”陈汉强忙戴上拳套，做了几个动作。

少年一见直高兴，“阿拉蛮想学。可是，得问问阿爹！他就在前街补鞋铺上，阿拉去去就来。”说着，少年朝前街飞奔而去。不一会儿，陈汉强见他耷拉着头回来了。

“怎么样，你阿爹同意吗？”陈汉强忙问。

那少年摇摇头，说：“他讲阿拉勿识相，学啥卜克星，那是打相打。还说，阿拉要是再提这样的事，就不让阿拉上学念书！”

拳击是打架，这又是陈汉强没有想到的。现在，他终于明白了为什么没有人上“精武馆”报名参加拳击班学习。“见鬼，何必自作多情，中国有千百万武林高手，有百分之九十九的人在为了下一顿饭而奔忙，这里，不需要西洋拳击，也不需要什么拳王！”

陈汉强像泄了气的皮球，拖着疲乏的双腿，来到黄昏下的外滩。

“黄昏的外滩，才是真正的上海。”陈汉强记起不知哪个名人说过的这样一句话。二十年代的上海，那时仅有百十万人口，而外滩一带的人口几乎占总人数的三分之一，这中间又不乏众多来自世界各国的海员与商人。外滩，也就成了这些人寻欢作乐的最大、最热闹的场所。清风习习、波涛拍岸的黄浦江和汽笛声声、万家灯火的夜景，使外滩变成了美不胜收的游乐园。自然各种风流、各种黑暗在这里也应有尽有。

心烦意乱的陈汉强对这一切似乎毫无感觉，他拖着疲乏的身子，无意识地斜靠在江边的石堤上。

“先生，夜晚好美呵，阿拉陪陪侬好哦？”一位胭脂涂抹得很艳的女人，走过来将一手搭在陈汉强的肩上，同时将颤动而高耸的胸脯贴过来。“哟，这，这这……这两只黑手，黑手？！你这位先生……杀、杀人啦？”女人指着陈汉强肩上挎着的一对黑乎乎的东西，吓得直往后退。

“嗯？！”陈汉强一愣，当他明白过来后哈哈大笑起来，“对，阿妹，阿拉杀人啦！阿拉杀人啦！”

陈汉强学着那女人的上海腔，故意将一双拳套往那女人眼前一晃。那女人一见，双手抱头，拔腿就逃。“哎哟！”女人突然身子一斜，倒在地上，原来她的高跟鞋崴坏了。

“哈哈哈……”望着这位夜妓的丑态，陈汉强不由大笑起来。

“走，跟我们到巡捕房一趟！”两位手持“烧火棍”的黑衣警察，上前一人一边将陈汉强夹在中间。

“你们想干什么？”陈汉强不明白这是何因。

“别装阿三，侬小子瞎白相女人还想抵赖？”

“我？白相女人？不不，警察先生，是她想……”无论陈汉强怎样辩解，这两个“黑狗子”就是不听，他们硬是用“烧火棍”

顶着陈汉强的腰眼子，把他押到了巡捕房。

“你们不能这样无故抓人！我要告你们！”陈汉强冲着那两个“黑狗子”喊。

这时，里屋走出一位胖得像山似的家伙，不问青红皂白，“啪啪”就给陈汉强两个大耳光，“告？哼，看你告谁？”

堂堂的血性拳王哪受得这般耻辱！陈汉强抬起右拳，“哐——”的一下将那胖子击倒在墙根。

“反了反了！给我抓、抓起来！关在铁、铁牢里！”胖子疼得在地上直打滚，嘴里尖叫着：“还不快、快点！”

站在旁边的那两个家伙，见自己的上司这等模样，慌忙举起“烧火棍”。

面对黑洞洞的枪口，陈汉强没有半点惧色。他轻蔑地说：“我堂堂陈汉强，什么豺狼虎豹没见过，还怕你们这些狗崽子？好，今天算你们走运，不过，明天我要你们敲着锣鼓送我回南京路客栈！”

“侬也是陈汉强？哼，别用这个吓唬阿拉！老子这几天碰到不下十个侬这样的冒牌货，你们这些瘪三，以为陈汉强把东洋人打成独眼龙后你们也可以跟着沾光称雄了？哼，告诉侬，就是真陈汉强大拳王，阿拉上海滩的武林人士也并不买他的账！走，老老实实在铁牢里待着！”

“哐哐！——”这两个“黑狗子”不由陈汉强分说，前拉后搡地将他推进了大铁牢。

“蠢货，放我出去！我是你真正的陈大爷！快放我出去！”陈汉强双手摇晃着反锁的铁门，愤怒地喊着。

“× 的，还陈大爷呢！好，看阿拉孝敬侬老！”那个挨了一拳的胖子端起一个痰盂，将一罐脏水泼向陈汉强。

“混蛋，看我不杀了你们！——”拳王像头被激怒的困兽，拳头将铁牢砸得震耳欲聋。“黑狗子”们面面相觑，心虚地躲到另一间房子里……

足足三天三夜，陈汉强又气又怒，却又无可奈何地蹲在这阴暗潮湿的铁牢里。第四天一早，当他还在迷迷糊糊中，他听到有人在叫他：“陈大拳王！陈大拳王！……”

他睁开眼睛一看，是位穿着呢制服的巡捕房长官，正躬着腰，满脸尴尬地叫着。

“受惊了！让您受惊了！您瞧瞧，我稍稍离开几天，就出这么大的乱子。”巡捕房长官赶忙将陈汉强从地上扶起，带出牢房，然后接到一间华丽的会客厅，亲自给陈汉强倒茶送上洗脸毛巾。“鄙人的部下有眼不识泰山，我当向陈大拳王赔礼道歉，这一百块大洋，算是本房给阁下的一点宽慰之意，望您一定笑纳！”说着，他把侍从托上的一叠银圆放到陈汉强手里。

陈汉强双目怒视，半天没有说话，突然一扬手将那一百块大洋打了个满地飞，“我要你把抓我和关我的那三个混蛋叫到这儿来！”陈汉强不说则已，一开口声如雷鸣，吓得巡捕房长官连连赔不是。

“我已经将他们问罪，已经问罪，陈大拳王息怒，息怒。因为那天你把东洋人打败后，上海滩上的几个黑帮分子都冒充您的大名到处横行不法，欺民奸女，无恶不作，所以……”

陈汉强一听，双眉一皱道：“竟然有这等事？”

“是啊是啊，要不是有人作证作保，我们还不知您是真的陈汉强大拳王呢！”巡捕房长官这时的嘴像是涂了油。

嗯，是谁出面来作证作保呢？陈汉强不明白。

“噢，你看，有人给你留了个纸条。”

陈汉强从他手里接过一张纸条，上面写着一行话：

陈先生：

受惊了，我在外白渡桥等您。请务必光临。

纸条没落款，这倒使陈汉强感到奇怪。他想见见这个人，于是，站起来就往外走。

“哎哎，陈大拳王，我们已经准备了丰盛的午餐为您压惊。”巡捕房长官忙过来拉住他的袖子。

“哼，留着喂狗吧！”陈汉强袖子一甩，走了。

他走出牢房的第一个想法，就是马上离开上海，回澳大利亚去。他的心伤透了，别人骂中国人是“东亚病夫”，而我们自己却又臭又硬，充满了令人不可容忍的排他主义。可悲的民族！唉，中国的拳王何时才能出现？这几天的境遇，让陈汉强大失所望，回国时的一腔热血如今已冷却，他现在只想见见那位保释他的恩人。想到这里，他的脚步不由加快。

“陈先生，你真来啦！”外白渡桥南头处，一位少年惊喜地匆匆朝这边走来。

陈汉强望着这位少年，十分惊诧道：“是你？是你搭救了我？！”

这位少年点点头，补充道：“是我妈让我这样做的！”

陈汉强感动不已。他见那位少年的左臂上挂着黑纱，忙问：“你爸他……过世了？”

少年悲痛地说：“先父郑先义以前给孙中山先生当保镖时脑袋就有伤，这次受山野重击后，就……”

“难怪，本来凭郑大师的功夫，不至于……当时看着我就有点疑惑。”陈汉强仿佛一下解开了心中的一个谜，然后安慰道，“放心，只要有机会，我一定替你报仇！对了，小兄弟，你叫什么名字？”

“郑强！”

“好名字。”陈汉强拍拍郑强的肩膀，说：“我要回澳大利亚了，可……巡捕房的那帮混账家伙，把我的东西抄了个精光。我身上没有值钱的东西好向你和令慈致谢的。”陈汉强看着手中的拳套想送，可马上想起郑强也是武林之辈，便打消了念头。他脱下上身的西服说：“就把这件衣服留着，待我回到悉尼后，一定给你家寄笔钱，以报小兄弟和令慈对我的救命之恩！”

郑强一听急了，说：“不，陈先生，我不能收你的东西，你也不能走呀！”他急忙跪下恳求道。

“这是怎么啦？快起来，快起来！”陈汉强急忙扶起郑强。

“什么都不为，我就想请您留下来，教我学西洋拳，为我父亲报仇！”

“你要学西洋拳？！”

“嗯！”

出乎陈汉强的意料，这是他回祖国后第一个向他提出要学西洋拳的人，而且是武林名师的后代！陈汉强激动地上前一步，用有力的双手紧紧抱住郑强，说：“好，我收你为徒，教你学西洋拳，我要让你成为中国的第一个拳王！”

“噢，师傅在上，受弟子一拜！”聪明的郑强高兴得赶忙下跪，连磕了三个头。

“哈哈哈，好，明天就开始练拳！”

（三）

“向左！向右！向前！向后！双脚要不停地跳！”

“对，就得学会像兔子那样跳，跳得要有弹性！……不行，重来！”

“注意，这是左直拳！右直拳！这是左勾拳！右勾拳！不能像上街买菜提篮的动作，要像弯弓铁钩！”

“看我的拳！这样，出拳时手臂不要由后向前习惯性地画一个弧形！而要借用肩部的力量，全身的劲往臂上来，劲凝拳峰！”

“现在，站好——双腿斜开立！注意，我出拳了！”苏州河边，一间破落的房子内，陈汉强和郑强赤着上身，汗流浃背地在练拳。陈汉强虚晃着左拳，突然，右手猛烈抽出向上一冲，一个有力的右勾拳不偏不斜地击中郑强的脸，“哐当！——”郑强四脚朝天。

“起来！快起来！”

郑强吃力地支撑起来。

“啪！”又一个左直拳在他脸上开花。

郑强倒下去，又站起来。

“哐哐！”一组更猛烈的连环拳落在他的腹部。郑强只觉得整个胃像翻了个个儿，恶心得直想吐。

“抬起头，抬起来呀！眼睛始终要盯着对手！不然会遭受更重的击打。”

郑强眼花缭乱，整个身子骨如同散了架，怎么也直不起腰杆。

“啪啪！啪啪啪！”又一阵左右开弓的拳头在他的脸部、胸部爆炸。郑强再也支持不住，“扑通！”像沙包似的倒在地上。

“一、二、三……快起来！”

“四、五、六……混蛋，要想当拳王就快起来！快起来！——”

“七、八……你怎么啦？九、十！”郑强扭动了一下身子，还是没有起来。陈汉强生气地把身旁的沙袋踢得老远，然后自己也疲乏地仰面躺在地上。

一会儿，他从地上爬起来，歉意地上前扶起郑强，说：“今天就练到这儿。我也累了，走，咱们上赛马场看赛马去。我请客！”

“最好，你送我上吴淞口，那儿专收死尸！”郑强有气无力地从地上直起身，双眼发直地说。

“嗯？哈哈哈，死不了，死不了！我刚才给你的几拳比赏给当年‘英国佬’乔治的差远啦！”陈汉强开怀大笑，然后装着非常正经的腔调，说：“不过，从明早开始，阿拉可真要让侬吃生活啦！”

“你的上海话大有长进哩，师傅！”

“那还用说，要不了两个月，我这个半洋人可以让上海滩上的小瘪三跟着阿拉屁股后头荡哦荡哦。”

“哈哈哈……”一句半土半洋的上海话，惹得师徒俩大笑。

这一天师徒俩玩得非常痛快，郑强很晚才回到家里。一进门，就见到了坐在外屋独自喝茶的蔡阿毛。

“阿毛哥，我正要找你。我师傅陈拳王的功夫真不赖，而且我觉得西洋拳的许多地方，值得中国武术借鉴。”郑强没注意到蔡阿毛那阴沉的脸，只顾自个儿高兴，“你也学学西洋拳吧，怎么样？”

蔡阿毛瞪了他一眼，半天才说道：“阿弟，不早了，师母还有病，她和你阿妹都睡了，我不想多说，只告诉你一件事：‘精武馆’的武术长辈们让我通知你，以后永远不让你再参与武术界的事，也不许再到武馆练武，不许再参加各种比武。”

“这……这是为什么？我阿爹才去世几天，他们就这样不讲面子！到底是为什么？”郑强急了。

“你还不明白？就是因为你现在学了西洋拳！武术界的规矩你不是不知道。再说，上海的武术界与外国西洋拳近年来结仇越来越深，你阿爹在世的时候，不是也很恨西洋拳的高鼻子吗？”

“可阿爹临死前是他说让我好好学西洋拳，以报国仇的呀！”郑强分辩道，“再说，赵馆长也支持洋人的东西为我所用！”

“赵馆长已经递辞呈了，听说就是为了这个原因。”蔡阿毛拉着师弟的手，十分恳切地说，“阿弟，按规矩，你现在只有两条路：要么，放弃西洋拳，要么，脱离武术界。”

“为什么不能两全其美呢？”郑强不安地摇着师哥的手说：“阿毛哥，我一直在想，过去为什么我们武林人士总是败在西洋拳手之下？是因为我们没有学过，因而也不懂其规矩，所以一进那个绳圈圈后就吃亏。假如我们不但学会和懂得了西洋拳的那一套拳法与规矩，而且把中国的武功技术应用进去，那我们就一定能击败所有的外国西洋拳手，成为无敌天下的中国拳王！为阿爹报仇，为中国人争气！”

蔡阿毛听了这番话，不但没有引起触动，反而长叹一声，摇摇头，说：“看来你的决心难改，那么，以后我们哥俩只好分道扬镳了！说完，头也不回地出了郑家门。

“哎，阿毛哥！阿毛哥！……”郑强喊出家门，但蔡阿毛像是要与他一刀两断似的根本没有理会。

这一夜，郑强躺在床上翻来覆去睡不着。从父亲被山野击打致死到遇见陈汉强，到刚才蔡阿毛给他说的事，十七岁的郑强突然感到自己似乎一下子长大了。在家里，在他的记忆里，父亲像是擎天柱，“做男子汉就得像阿爹那样的”。郑强从小极其崇拜父亲。郑先义在孙中山先生身边当保镖时，郑强跟着妈妈在广东韶关的乡下过日子。那时虽然他还小，可经常听村里的人谈论孙中山先生，谈论他父亲如何功夫过人，如何飞檐走壁，力克杀手，保护孙中山先生几渡险关。每当小郑强听到这些，总是伸伸自己的胳膊，十分得意地自言自语道：“哼，有一天我也要像阿爹那样！”可是奇怪，当孙中山先生死后，阿爹从北京护送总统灵柩到南京再回广东后，再没有见他舞刀弄拳过。一天，小郑强再也忍不住了，跑到菜地里抢过阿爹手中的粪勺，一定要阿爹教他武功。阿爹则不耐烦地把他推到一边，说：“你阿爹不会！”“你骗人！骗人！”小郑强好伤心地哭了，回到家委屈地向阿妈“告状”。阿妈对他说："以后再不要在阿爹面前提练武的事！"那时，小郑强太小，搞不清到底是怎么回事。直到后来，父亲带着他和阿妈及刚生下不久的小妹搬到上海后，有人几次上门到他家请他阿爹出山，阿爹才重新动刀玩拳。阿爹的功夫真棒，小郑强知道黄金荣大亨也曾几次设宴款待过他阿爹呢！可就是这样，阿爹开始还是不让他沾"武"字边。小郑强的脾气也倔，不让干的事他偏要干。11岁那年，他才开始跟着父亲学起武来。干了大半辈子武行的郑先义希望自己的儿子能成为像孙中山先生那样的治国栋梁，而不是什么斗恶争雄的匹夫。外加郑强从小气虚体弱，所以他也没有真心教儿子多少功夫。郑强有心计，父亲不传给他，他就缠着阿爹的徒弟蔡阿毛教他招式。如今他的几下子就是蔡阿毛所教。这小哥俩虽然相差四五岁，可是亲密无间，胜过亲兄弟。现在，父亲去世，蔡阿毛又离他而去，郑强觉得好伤心，他恨蔡阿毛不理解他的心。"我学西洋拳有什么不好？怎么算同武术界作对？我阿爹尸骨未寒，他们就这样对待我！呜呜……呜呜……"

"阿强！阿强！你怎么啦？"这是母亲的声音。

郑强掀开被子，原来自己在做梦。他摸摸枕头，竟然湿了好大一块。他没有把梦中想的事告诉母亲，也没有将蔡阿毛警告他不要学西洋拳的事说出口。郑强觉得，父亲一死，整个世道都变了，世上就有那么多不顺的事，他似乎感到前面还有更大的事在等待自己……

"师傅，今天你怎么啦？平时把我打得骨头都发酥的铁拳今朝为啥像棉团一般无力？"练功房里，郑强奇怪地瞅着一反寻常的师傅问。

陈汉强无精打采地举着拳，心事重重地说："郑强，今天是我最后一次教你。我，我当你的陪练。"

"什么，为什么？"郑强万分惊诧道。

陈汉强从口袋里拿出一只大信封，上面全是英文。

“哪儿来的？写的什么？”

“是我悉尼的华人拳击俱乐部来的信，老板催我火速回澳参加第三届全澳拳击冠军卫冕战。”

“那——你一定得回去？”

陈汉强点点头。“在国外，再大的拳王也得听经纪人和老板的调遣，否则你将失去一切。”

“可你不是对我说过，你与老板签了三年回国的合同；你也发誓一定要在这三年之内在自己的祖国培养出优秀的中国拳王？为什么说话不算数！啊？”

陈汉强将拳套往地上一扔，生气道：“不要用这样的口气跟我说话，国外的事你不懂。在那里，你必须答应老板任何要求，而老板可以收回任何一件答应过你的事！”

“这么说，你真的要走？”郑强两眼盈着泪花，“老天对我多么不公平。阿爹刚走，你又要离我而去……”

陈汉强拍拍呜呜哭泣的郑强，一股怜悯之情油然生起，但他并没有做出半点安抚之态，反而铁青着脸，生气地说：“哭什么？拳王是从来不掉眼泪也从来不向任何对手屈服的！更何况你现在仅仅是开始，今后会有各式各样的对手，生活中的，拳台上的，你不是立志当中国的拳王吗？要成为拳王，就得学会忍耐！忍耐！再忍耐！不会忍耐的人永远成不了真正的拳王！”他把郑强从地上一把拉起，给他重新戴上拳套，“你的拳法和基本功掌握得不错，但进攻的速度不够。来，咱们抓紧这最后的时间练一练……”

郑强揉了揉红红的眼眶，重新摆好架势。

“对！对对！不要轻易转移视线，要像蛇一样瞄准机会，迅速而猛烈地出拳……”

“啪啪啪！啪啪啪！……”郑强从未有过这样发狠地击打，可是，他的双拳根本不像是在击打，倒像是茫茫大海上的溺水者，那双臂与其说是在打拳，倒不如说是在呼救与呐喊……

这一切陈汉强全都看在眼里，他觉得鼻子突然酸起来，便赶忙扭过头去。

（四）

师傅回澳，给刚开始直面人生的郑强留下一片空白与迷惘。

已经是三个月了，郑强所能做的，就是每天按师傅临走时给他订的训练计划：跑步——增强体力；跳绳——熟练步伐；一分钟内捡三百次砖头——提高发拳速度。经过一番苦练，他的身体素质有了明显的提高，拳法与步伐也都相当成熟了，唯独发拳的速度不得要领，上不去。

这天，他依旧清早起来，绕着苏州河跑完两圈后，来到黄浦公园的一个僻静处捡砖头。

“唔唔，瞧，中国的卜克星在捡砖头？！哈哈哈……”郑强听到一阵嘻嘻哈哈的嘲笑声奔他而来。原来是一群黄头发的英国水手。郑强听不清他们在说些什么，但他们说了个“卜克星”，他心里明白是冲他而来的，因为他身上挎着的一副拳击手套无疑让这几个“英国佬”看到了，这是师傅留给他的唯一礼物。

“喂，你会拳击？”一位彪悍的“洋鬼子”带着惊疑的目光问道。

“难道只有你们才玩卜克星？”郑强站起身来，面容充满着自信。

“卜克星是上帝恩赐给我们西方人的武器，你们‘东亚病夫’只会玩些耍猴的江湖术，是这样吗？哈哈哈……”一位长着鹰勾鼻的“英国佬”走过来一脚将郑强练习用的一堆砖块踢散，他的话惹得同伙哈哈大笑。

郑强虽年少，却血气方刚，上前一把揪住“鹰钩鼻”的衣服，他暗暗使了一下点穴术，那家伙一下像吃了迷魂药似的，“哎哟哎哟”地叫个不停，两腿如断了筋骨一样往下瘫。

“哈哈哈……亨利，你这只鹰王平时的那股傲慢神气劲儿到哪儿去了？”一旁的几名英国水手拿“鹰钩鼻”开心。

“哼，这不算，我要与这个病夫比卜克星！”亨利恼怒地从地上爬起来，粗暴地将郑强拉到自己的跟前，摆出副拳击的架势，“臭小子，有种的咱们较量这个！怎么样？嗯，不敢啦？哈哈，从祖父利昂伯爵那一辈起，我们亨利家族的人就知道世界的东方还有条很大很大但又无能的虫！知道吗？不是你们自称的什么龙，而是虫，又脏又可怜的虫！”

“住嘴！”开始还有些胆怯的郑强终于忍不住拔出拳头。

“OK，中国的卜克星！”

“快，亨利，给他点颜色看看！”

一群英国水手你一句、我一句地在一旁怂恿、喧嚷着。幽静的公园内，很快就围了许多看热闹的人！

“看，这个男囡，跟高鼻子打，还不是找死！”

“洋驴子也太可恨！不教训教训，真让人不解气。”

“好小子，看拳！”亨利在众目睽睽下，扇了扇那个鹰钩鼻，弓起腰，然后一个滑步，转眼间，一只有力的拳头，不知怎的重重地落在了郑强的脸上。

“好！——亨利，打得好！打得好！”

郑强只觉得自己的半片脸麻辣辣的，他刚想说什么，只见对方毫不留情的拳头又朝自己的脸上挥来，赶快将头一偏，好险！郑强的耳边嗖的一阵寒风！亨利灵巧地转过身子，毫不迟疑地重新挥舞拳头，一连像机枪似的向郑强射来，郑强被逼到了墙根……

“亨利，打呀！打死他！打死这只可怜的黄虫！”英国水手们高声地喊着，亨利仿佛力量倍增，并且变得像疯子似的朝郑强脸上、胸脯、腹部击打着……

“噢！——”“啊！——”郑强完全处在绝对的被动之中，他想睁开眼，可根本连头都抬不起来，上身的每一处都在爆炸、撕裂。

“打打！打死他！打打！打死他！”

亨利在同胞有节奏的欢呼呐喊声中不停地挥舞着粗暴、有力的双拳。

“啊！——”“噢！——”郑强发出阵阵呻吟声，围观的看客忍不住悄然离去。

亨利的胸脯剧烈地起伏，牛一般地喘气。“打死他！打死他！”无论同胞再怎样喊，再怎么鼓励，亨利觉得自己再也没有力气重新抬起双拳，“扑通！”他像死猪似的累倒在地上。靠在墙壁上的郑强则完全变成了另一个人，嘴角流血，两眼肿得像一对肉包子，可他却始终没有倒下。

这时，英国水手中一位英俊的小伙子走过来，用有力的双臂抱住他，满脸喜色地说：“你，好样的！我叫乔治·爱尔逊。我们交个朋友，怎么样？你的卜克星很有希望，到我们水手俱乐部当陪练吧！嗯？！”

到洋人俱乐部当陪练？学西洋拳？郑强又惊又疑，不由得抬起头。对方的目光是友善而热情的。

“答应吧！我会帮助你的！”

郑强点点头。他记起了师傅陈汉强的一句话：要当一名出色的拳王，就得找最有威力和最可怕的对手！

回到家里，郑强谎称今天在外面摔了一跤，瞒过了妈妈的询问。

“姆妈，我在杨树浦码头找到一份工作，老板让我明天就上班。这样，咱们全家就不用再为揭不开锅发愁了！”他高兴地对妈妈说：“一个月五块大洋，比捡破烂强多了！”

妈妈一听也很高兴，不过，她眉头一皱，又问：“杨树浦那儿都是外国轮船，你上那干啥事呀？”

郑强一想，千万不能让妈知道我是去给外国水手当拳击陪练的，便说：“很省事，他们让我每天为船上买菜送饭，有空还干些擦擦甲板之类的活儿。”

妈妈长叹一声：“唉，都怨我这两条腿在乡下时害了病，要不，你这个年岁也该到学堂里再念些书才是呀！可现在，你爸不在了，你妹妹又小，三口之家的担子都落在了你的身上。”

“妈，别担心，孩儿我将来一定要成为世界上最伟大、最富有的拳王，为你为阿妹造福！”少年郑强在母亲面前真诚地发着誓。那时，他的全部理想就是这样：要当一名大名鼎鼎的拳王，一则为父亲报仇，二则让母亲和阿妹过上幸福的生活！

乔治给他找的这份差使应该说还是不错的。白天，让他在“伊丽莎白号”上打打下手，干些冲冲水、擦擦甲板之类的小事。晚上，才是他真正要干的活——给到俱乐部玩的水手们当拳击陪练。

水手俱乐部是由一艘退休了的货轮改装而成的。正厅很大，足有篮球场那么大，这儿一隔两半，一边是咖啡舞厅，一边是拳击训练厅。码头是男人的世界，尤其是外轮驻扎的码头，五颜六色的男人就显得更多。其实，男人越多的地方，也是越能够吸引女人的地方。当时的杨树浦外轮码头，可以说是上海妓女最蜂拥的地方。那儿的男人都是些有力、壮实且大半有点“野劲”的男人，而且他们手中有大把大把的钱，干完事后付起报酬来也痛快。专找洋人的妓女们最喜欢的就是这两件，在这里恰恰都能得到。

每天，马路上的灯刚刚亮起，码头附近每二三步就可以看到一个个妖艳的女人不断地向进进出出的水手们调情，有的甚至干脆在自己脚跟前竖块牌子，上面写着："一夜春欢，大洋一元，愿者包满意"之类的话。那些当水手的外国男人们只要一吃过晚饭，就一个个忙活起来，换衣装，擦皮鞋，喷香水，总之，连最丑的人也都要打扮一番，仿佛自己是一件即将出售的花毛巾。船上老板为怕惹麻烦，一般不允许自己的部下把女人带到船上——当然他本人除外。所以，水手们只好在岸上与妓女们周旋、厮闹。人多码头小，水手们大多是些连几分钟鬼混都熬不住的金刚王八，几个人抢一个女人，在众目睽睽的码头石坝上干风流事的大有人在；打群架、搞轮奸、互相为抢地盘拼杀的事时有发生。时间一长，那些能在码头上停靠一两个月的好色老手们，就有不少人一到傍晚就拉着中意的女人到市内的客栈宿夜。同样，那些有点身段、有点模样的女人们则不再亲自跑到码头上来拉客了，而是等在几里外的城里地角处做上了"压寨夫人"，一个电话，准会钓上几位愿出大钱、身上没有那股洋臊味的金主，或者让船老板派车接到船上去玩。

相比之下，水手俱乐部则显得杂乱些，这里属于只有那些少数为船老板和巨商们所欣赏的中国女人才能到的地方。因为这里除了水手们以外，还有不少船老板的家眷。可是，船老板的年轻太太与多情强壮的水手私通，这个船老板与另一个船老板的太太偷鸡摸狗，那个船老板与这个巨商的女儿"动真格"的风韵事，也层出不穷。男人和女人们在这里都找到了刺激与愉悦。水手俱乐部没有一个晚上不是到第二天凌晨人流才散的。

郑强刚到这里，很不习惯。他是在一个极为守旧的家庭里成长起来的中国小伙子，父亲是个练武人，不仅武德高尚，而且平日里的为人处事也极为严谨。郑先义在世时常对郑强说："要不是跟着孙中山先生闹革命，我那蓄了三十多年的辫子也许至今还不会剪呢！中国人留辫子虽不是件好事，可人世间的女沦男淫的事，对一个真正的练武人来说绝不可放任！”在郑先义的徒弟中没有一个是在学武未成时就与女孩子谈情说爱的。蔡阿毛曾以为自己年龄已长，武艺到家了，便与他旧日的同学阿芬订了婚。郑先义知道后差点断了与他的师徒关系，后来，要不是阿芬亲自找到郑先义诉说自己是孤儿，事情就没个完！郑强就是被这样一位严父熏陶出来的。如今，他来到外国人的世界里，无论哪一点，他都感到很不适应。那些外国水手们简直不懂什么叫羞耻，见女人不管生人还是熟人，竟都要上去在脸蛋上啃一口才罢休。郑强感到可气的还是那些女人，特别是那些外国女人，瞧她们那个样，一个个骚得见到男人就想蹭一下。不说那衣着要多露有多露，就是那放肆的言行举止，真让人作呕。有一次，俱乐部里的水手们叫来一位漂亮的金发女郎，郑强认识她，因为她就是“伊丽莎白号”上的“公主”。虽然她是船老板的千金，可郑强却看不起她，有时他感到她根本不算是个女孩子。有一天，他看到她跟亨利等水手在一起，竟然玩起“亲嘴”比赛，乔治也在场，可当这位叫娜莎的“公主”提出要把乔治作为第一个合作者时，乔治头也没回地走了。听水手们说，娜莎的父亲船老板已经选中乔治做他的女婿，可郑强看出乔治似乎并不太理会娜莎。乔治走后，娜莎翘了翘小嘴，一把抱过早已垂涎三尺的亨利就“啃”。这下可乐坏了亨利，他像饿狼见了天鹅肉，一“啃”就啃个没完，把娜莎闷得高耸如山的胸脯像风箱似的剧烈扇动着，“你这个臭小子，想把老娘憋死不成！”娜莎好不容易从亨利的淫威中挣扎出来，举起右掌，“啪”的就是一耳光！娜莎每次来到俱乐部，自然都是一众水手瞩目的对象。豪放、粗莽的水手们每天都要出些“高招”来逗乐。今天，有人出招说：“娜莎虽然是颗比月亮更明媚的星星，她可以让水手们吻她的脚，可却无法让一位中国男人鼓起勇气与她接吻一次。”“高招”刚出，水手们就大声嚷嚷起来，这个喊“不信”，那个嚷叫“中国男人也是配种的雄崽，不会在娜莎这样的美丽女郎面前不动情的”。泼辣好胜的娜莎也红着脸不服地当众说：“天下没有我征服不了的男人，东方男人也同样！”

俱乐部里的气氛达到了高潮。

“来吧！”转眼，娜莎从更衣室里出来。只见她穿着一身火红火红的泳装，那雪白的大腿……

水手们简直全都傻了眼，“轰”地一窝蜂似的扑上前去，抱住娜莎的双腿吻啊、啃啊……“哎哟！哎——哟！”娜莎大叫，“滚！滚！——我的脚快要断了！”她连骂带打，好不容易把一帮疯狂、野蛮的家伙赶走。

“娜莎，下一个回合就看你能否征服东方男子了！”充当裁判的那位水手喊道。

娜莎抬起头来，自傲地说：“我可以让英雄的‘大不列颠及北爱尔兰王国’的水手们吻干净我双脚的臭气，同样也能用我脸颊上的芳香陶醉东方男性！”

“好！——娜莎，我的天使！”

“娜莎，你应该接受高贵的英国水手们神圣的吻，为什么要去理会那些丑陋的中国男人呢？”水手们挥拳跺脚地嚷着。

娜莎显得更加得意：“亲爱的小伙子们，娜莎征服的将是整个世界的男子，而不仅仅是你们！明白吗？”

“太妙了！太妙了！”众水手欢呼起来。

“喂，我的先生，你快把下一个节目的序幕拉开吧！”娜莎喊道。

“说你呢！鬼精！”一位水手捅捅那位两眼死盯着娜莎的脸发

呆的出招者。

“啊？噢！可、可我还没有找到对象呢！”那家伙缩着往后退。

“混蛋，你是干什么吃的！”众人骂道。

而众人中间的娜莎顿时也情绪大落。

“噢，先生们，这里有一位！有一位！”有人连拉带拽地把正在拳击训练厅里收拾器械的郑强拉到大厅里。

“好！小伙子，快去拥抱女皇般的天使吧！”

“哼，中国臭小子，他有什么资格！”

“娜莎准备好了没有？”

众人嚷个不停。

娜莎转过脸见是郑强，顿时两眼放光，她见过乔治带来的这位中国小伙子。泼辣、放荡的娜莎，不知怎的第一次见到这位全身仿佛都是肌肉的中国小伙子时，就有股难以抑制的冲动。他腼腆，见了女人就会脸红，而看惯了那些放肆无忌的水手们，娜莎对内向、含蓄且充满雄性力量的中国小伙子，有着一种特别的情感。这种情感常常像热油里掉进一滴冷水，溅起成片激烈的油点。现在娜莎对在众目睽睽之下，接受这样一位东方小伙子的亲吻，感到特别的强烈渴望和惬意。

“郑，快去，拿出你拳击场上的勇气吧！”

“好小子，算你有福气，娜莎今天比任何时候都光彩夺目！”

“笨蛋，再不去，我们的天使将要昏倒了！”

“哈哈哈……快去呀！快去呀！”

郑强看看众水手，转头又看看在灯光下向他投来咄咄逼人的目光，浑身充满诱惑力的娜莎，他明白了这是怎么回事。郑强脸“蹭”地一下红了，心头的怒火也随之腾起，“哼”的一声转身就走！

“噢——娜莎输了！”

“我们的天使失去魅力啦！”

“别胡说，是那臭小子不识抬举！”

大厅内乱成一片，众说纷纭，嘲讽声、哄笑声，使得一向骄傲的娜莎无地自容。她两眼泪汪汪，双手捂住脸，扒开人群，扭头跑出俱乐部。

“站住，你这个不知好歹的混蛋！难道你的嘴巴是黄金垒成的，竟敢把屈辱的脏水泼向娜莎这样的天使？！有本事，我们在拳台上较量！”亨利抓起一瓶啤酒，咕咚咕咚几口就灌进了肚子，然后毫无顾忌地解开裤子，“吱溜吱溜”地撒满了一啤酒瓶尿，挑衅地揪住郑强的衣领说：“都说你的躲闪功夫好，我倒要领教领教。咱们打赌，如果我出十拳，你拳拳能躲过，今天就饶了你，如果躲不过，哼，就赏你这瓶‘英格兰’啤酒！怎样？”

“OK！——看那个臭小子敢不敢！”

“亨利，拿出你的招绝啦！我们要看中国人是怎样喝‘英格兰’啤酒的！”

“哈哈……快比吧！”

这时，乔治出现在俱乐部，当他明白大伙起哄的原因后，便走到亨利面前，说：“你不能这样，亨利！”

亨利一看是乔治，非常反感地扭过身子，说：“你一边去，这儿不关你的事！你从我手里夺走了娜莎难道还不够吗？”

乔治生气地说：“亨利，你胡说什么？”

“我胡说？！既然是这样，这儿也用不着你插手！”亨利撇下乔治，回头又怒冲冲地盯着郑强，“怎么，你害怕了？！”

郑强双目怒视着这个好斗的男人，他仇视眼前这个骨子里把中国人当作狗的“英国佬”，“哼，走！”郑强出人意料地折身大步走到大厅中央，整个大厅轰动了！到处都是男人的号叫声，女人的尖叫声，众人把亨利和郑强围在大厅中央，像观看动物园里的一对打架的猛虎。

亨利本来就是水手中一位出色的拳手，今天，他要当着众人的面出出风头，更何况，对手是个被他的情敌乔治所宠爱的中国小子。他在心头暗暗发誓，要狠狠地打！朝死里打！哼，混账乔治，你夺去了我的娜莎，我报不了此仇，却也能让你难堪难堪。郑，这个臭小子，也该你倒霉！

“亨利，打呀！打呀！”

喝了点酒的亨利，像头被激怒的公牛，瞪着血红的眼睛，挥起有力的拳头。“啪！——”

好险！郑强只觉眼前闪过一道寒光，第一拳，他平安地躲过了。

亨利并不在乎。他稳稳神，然后默默地移动脚步，一步，两步……水手们也围拢过来，郑强被挤到了大厅的旮旯。

“打呀！亨利！挥动你的铁拳吧！”

“中国臭小子，等着喝‘英格兰’啤酒吧！”

郑强处在一个极不利的地方。乔治着急起来，他也跟着喊道：“郑，快向左转移！”

狡猾的亨利未等郑强动半步，他右脚往前一迈，迅速堵住仅有的一点点空隙。

郑强无路可走，他与亨利的距离近在两臂之间，他“呼呼”作响的心跳甚至可以被对方听得见。亨利稳了稳架势，嘴角轻蔑地朝郑强露出一丝微笑，然后慢慢提起拳头……

“啪！”

郑强敏捷地将头一侧，拳头落在了钢制的壁板上，大厅内顿时如雷轰鸣。

亨利的左拳峰有些发麻，他觉得自己刚才不该用这么大的劲。不过，他并不后悔。他重新平衡了一下身子，两眼始终没有离开过郑强的脸。

“啪啪！啪啪！！”一连串如箭般的拳头突然飞向仅能在三尺

空间里活动的郑强，在他眼前如万炮齐鸣。而他竟然没有眨半下眼皮，他知道眨不得，一眨眼不仅十有八九会挨打，而且有可能脑袋开花。亨利不愧是个拳坛好手！郑强佩服对方的强悍力量，却并不被其淫威所吓倒。他迅速、准确地躲过了亨利的一串“连环炮”。

“七拳啦！”有人大声提醒亨利。

“住嘴！”亨利不允许有人在这时插嘴，就在这短促的声起声落间，郑强脱开了这个被动的角落。亨利生气地提着两个大拳套，像老鹰赶小鸡似的向郑强逼迫过去，最后总算又把郑强逼到了一个角落。

“嘿，这下那臭小子该完蛋啦！”

“亨利准能击中他！”

刹那间，全场变得鸦雀无声，在场的人个个屏住了呼吸。谁都看得出来，眼前的亨利只要一抬手，没有打不着对方的道理。

乔治的手心在出汗，他的好兄弟郑强这一次是非挨打不可了！

亨利深深地吸了一口气，仿佛要运力推山倒，他的右拳对准郑强的脸，闪电般地向前挥去……

这时，只听到场上发出“啊！——”的一声惨叫。

乔治痛苦地闭上了眼睛。

在场的所有人几乎都闭上了眼睛。那个姓郑的中国人也许骨头都被砸得粉碎，这一点似乎不用怀疑。可是，当女士、小姐和水手们惊骇之余，睁眼定神看时，又全都惊呆了：郑强安然无恙，而亨利则像死了亲娘似的在那儿“哇哇”直叫。原来，他那落空的拳头正击中隔舱板上的一只铁钩，鲜血如注溅了一地……

乔治脸上露出了笑容，他大声喊着：“郑，好样的！好样的！”

但是更多的水手愤怒了，他们拿着瓶子，跳上桌子，“乒乒乓乓”地乱砸一通，嘴里不停地痛骂亨利：“什么鹰王，给我们丢尽了脸！”“混蛋亨利，再不把这个浑小子打倒，我要你的命！听到了吗？畜生！该是最后一拳了！”

什么，最后一拳？恼羞成怒的亨利一下完全失去了理智。他把鲜血淋淋的手从铁钩上拔出，趁郑强不备之际，猛然顺手抄起一张椅子，朝郑强狠砸过去……

“当心！——郑！”

是乔治！郑强还未听清他在说些什么，只觉在自己的一侧有异物向这边袭来，他本能地将身子一侧……

“咚！——”“啊！——”一声撞击，一声尖叫。大厅内的人顿时惊恐万状，高喊：“乔治！乔治！……”

郑强定神一看，原来是穷凶极恶的亨利想用椅子砸他未成，却落在了来不及闪躲的乔治身上。郑强再也按捺不住心头的怒火，他飞奔扑向亨利，拳头像击鼓般地砸向这个凶残的“英国佬”！亨利猝不及防，一下被击倒在地，众水手都吓呆了。

“啪！”郑强抓过桌子上的一瓶啤酒，拧开盖子，“咕咚”几口喝完后，扭过身子解开裤衩，一泡尿将酒瓶灌得满满的，然后抓起方才亨利打赌的另一瓶尿，跑到正躺在地上呻吟的亨利面前，石板凿钉般地责问道：“先生，有言在先，谁输了就谁喝，那么，我问你，是喝中国的‘黄酒’呢，还是喝你自己酿的‘英格兰’啤酒呢？”

亨利哭笑不得，狼狈不堪。水手们可乐坏了：“喝，英格兰的中国的，都可以，哈哈哈……”

“等着！”亨利在一片耻笑声中左手托着受伤的右手，挤开人群，灰溜溜地离开了。

“乔治，你伤着了吗？”郑强走到乔治跟前，焦急地问道。

乔治微笑着摇摇头，说：“没伤着骨头，过几天就会好的，郑，今天你真了不起！”

“勇敢的密斯特郑，来，请接受我真诚的礼物！”一束怒放的鲜花放在了郑强的怀里，他抬头一看，是娜莎！她正微笑着看着他，眼里闪着炽热的光芒。

“亲爱的，你没事吧！”娜莎弓下腰，揭开乔治的衣服，关切地看他的伤势。

乔治的脸上露出轻松的微笑，说：“没事，娜莎，咱们回船，今晚该给郑庆贺一番！我敢保证他将来一定可以成为路易斯式的伟大拳王！”

娜莎与郑强一起，扶着乔治回到了“伊丽莎白号”上乔治的卧舱内。娜莎告诉乔治：“我爸说，他刚接到印度尼西亚发来的一份电报，要我们‘伊丽莎白号’在一个星期内赶到雅加达港，有一批货要运。爸爸决定明天我们就离开上海港。”

“明天就走？”乔治感到突然。

娜莎点点头，说：“是的，这是一批运往非洲的粮食，爸爸说对方的老板催得很紧！”

“乔治，你走了，我向谁学西洋拳呢？”郑强一听着急了，“你不能走，我不愿离开你！乔治，你说过要教我怎么进攻的，快想想办法呀！”

乔治拍拍郑强的肩膀，点点头说：“别急，我想的也是这个！”他站起身，在舱里踱了几步。“噢，娜莎，你能不能在你爸爸面前替郑强说说，让他留下。我们此行非洲，多则半年，少则也有三四个月，要是郑能留下来，我就可以把西洋拳的最后几套技术都教了。郑，你愿意吗？”

郑强忙答道：“愿意，只要与你在一起。”

“娜莎，现在就看你的了！”乔治说。

娜莎狡黠地一笑，对乔治说：“你是我爸最得意的助手，如果我和你一起为郑说情，准能成！”

“好，明天我们一早就找你爸去！”乔治高兴地说。

（五）

第二天一早，郑强刚刚踏上“伊丽莎白号”，天使般的娜莎就跑过来告诉他：“我爸爸同意让你跟我们一块儿出港。”

“真的？”这是郑强做梦也没想过的事。他失去了陈汉强这样的大师，再不愿失去如亲兄弟一般的乔治了！他太爱拳击了，为了当拳王，郑强可以舍去一切。昨晚，当他把准备与“伊丽莎白号”一起远航的消息告诉母亲时，母亲听后吓了一跳：“阿强，你疯啦！”“姆妈，为了当一名拳王，给阿爹报仇，也许我只有这一次机会了！”他终于说服了母亲。

“郑，你的事，我帮你办完了，难道你没有一点奖赏吗？亲爱的！”

“哦，奖赏？”郑强见娜莎那一双调皮而炽热的眼睛正盯着自己，不由心慌意乱，这位东方青年男子实在受不了这种挑逗的目光，他语无伦次地说：“我，我每天给……给你打工，做活，行不行？”

“每天给我打工、做活？哈哈哈……OK，太棒了！亲爱的！”娜莎望着面前这位害羞的东方小伙子，觉得十分开心，她有意想捉弄捉弄他，“那好吧，请跟我来！”

她把郑强领到“伊丽莎白号”的最高舱室。娜莎拉开一扇门，说：“这儿是我的卧室，常人是不能来的。就是乔治也得由我准许后才能到此，不过，你例外。以后，你每天都可以到这儿来！”

“……蓝色的大海，那是我的情怀，那是我的青春；汹涌的浪涛，那是我的追求，那是我的理想……”娜莎显得格外高兴，不由哼起一首小夜曲，“哎，快进来呀，站在门口干吗？”她见郑强畏畏缩缩地站在门口的样子，十分好笑。

“来，我的仆人，你应该学会听主人的话！”娜莎一把将郑强拉进舱内，然后拧开一台精美的留声机，那狭窄的舱内仿佛一下变成了宽阔的宫殿。

郑强呆呆地站在那儿，半晌不敢抬头。这是一个姑娘的世界，活了十八岁的他还是第一次在一位姑娘的卧室待着，他不知该如何是好。

当音乐徐徐而起时，一边的娜莎像一下子将他忘了似的，她把那件水手式的外衣一脱，露出一件黑色的紧身衣，她那白嫩的脖颈，在黑色上衣的衬托下，如同白玉一般。她的舞姿奔放、优美，简直让人着迷。郑强虽然不敢正视，但他双目的余光看到了这一切。

“郑，来，我们一起跳一个。”娜莎今天的情绪特别高，过来一把拉住郑强的手。

郑强则像触电般地迅速将手抽了回来：“我……我不会！”

“那——我给你看幅画！你可别再说不会呀！”

这个娜莎，难道就这样小看咱中国人！郑强心里这样说。

“你看她美不美？”娜莎拉开床后的丝绒帘，声音充满了柔情。

老天爷！郑强简直不敢相信自己的眼睛：那是一张巨幅女裸体像，而且竟是娜莎自己！

“小姐，请问你要干什么事？如果没有事我就走了！”郑强低着头，脸色通红，带着愤怒的口气说。

娜莎却并没有注意这些，她还以为这个封建的国家里长大的小伙子是见了女裸体像害羞呢！便半开玩笑地说：“我亲爱的仆人，你要干什么呢？能陪我玩玩就是‘活’呀！”

“假如是这样，那么小姐，我将永远不会再进你的卧室。”郑强说完，扭头就走出了娜莎的卧舱。

“哎哎，郑！郑——”

“怎么，骄傲的公主，难道你也有被人冷落的一天，而且是个穷得兜里不装一分钱的中国臭小子！”亨利不知什么时候出现在娜莎的舱口。

“哼，一边去！”娜莎转身把门“嘭”的一下关死。

亨利的脸上露出一丝冷笑。

这天，郑强忙了一天。晚上，当“伊丽莎白号”一出吴淞口，他一头倒在那张吊床上就呼呼睡着了。

皎洁明澈的月光下，娜莎身着白色晚礼服，见乔治他们都在自己的岗位上，便悄悄地来到一间水手小卧室。她敲了一下门，说：“郑，咱们到甲板上去听听海潮！”

里面没有动静。

门是虚掩着的，娜莎蹑手蹑脚地推门而进。舱内，郑强平躺在床上睡得香香的。望着他那香甜的睡姿和充满阳刚之气的东方男子汉的身体，成熟的娜莎春心萌动，呼吸急促，她感到自己的脸烧得厉害，情不自禁地轻步走向吊床。作为一个船商老板的千金，她在水手中从来是受人爱慕的对象。接受男人的亲吻似乎对她已经失去了吸引力，但是，也不知咋的，当郑强这位不起眼的中国小伙子出现在“伊丽莎白号”后，她的心就一直没有平静过。爱情，对像娜莎这样在海上生活了多年的英国姑娘来说，早已不是什么新奇的字眼。她曾经接受过亨利的爱情，可这位充满野性的花花公子的欲焰让人不得安宁，尽管娜莎也是位情欲旺盛的姑娘，可她觉得亨利有着不可告人的心思，虽然她至今尚未触摸到，但她害怕与这样的人长期混在一起。后来，乔治来了，这位水手家庭出身的小伙子，有着白马王子一样的英俊潇洒，而且还是英格兰拳击俱乐部的著名拳手。娜莎以她“公主”的身份，疯狂地追求着这位白马王子。然而，乔治却始终对她不冷不热，并且常常在众人面前把热情得发烫的娜莎冷在一边，这使自尊心极强的娜莎最不能容忍。可气的是，娜莎还常常见一向表现得不卑不亢的乔治在自己的父亲——船老板面前唯唯诺诺。

“你不敢得罪我父亲是你害怕被开除！”娜莎这样刻薄地损他。

“是的，我不像你那样富有。我得有一份理想的工作，我不想让你父亲把我从这个职位上撵走！”乔治说。

“你要不理我，我可以让父亲把你从‘伊丽莎白号’上赶走！”娜莎赌气道。

“我想你不会这样的！”

“为什么？”

“因为你的心里有我。”

“见鬼！”娜莎气得握紧拳头，扑上前去，使劲地在乔治那石板一样坚实的胸膛上撞击。

她拿他没有办法。火一般的她与冰一般的他怎么能相容呢？

一位东方男子的出现，使娜莎倏然感到了一丝希望，像干枯的松枝着了火似的迅速燃烧……

此刻的娜莎感到浑身燥得厉害，她情不自禁地走向吊床，颤抖着的嘴唇缓缓贴向熟睡着的郑强。不料，郑强一翻身，把偷情的娜莎吓了一跳，她赶忙掩上门，又蹑手蹑脚地走到床前，伫立片刻，从自己的手指上摘下一枚戒指，轻轻地戴在郑强的手上……

……夜色多美好，姑娘你在哪里？让我欲醉醉不了，让我欲死死不了，哎哟，我好悲怆……

甲板上，亨利手里拿着酒瓶，摇摇晃晃地哼着小曲走来。

他看到有人从郑强的小卧舱走出。“嗯，是娜莎！深更半夜的，她到那里干什么？……那里有什么值得这个小妖精着迷的？

哦，不管怎么说，我要去看看……”半醉的亨利走过来，笨手笨脚地推开小门，见吊床上直挺挺地躺着一个人。

“唔，是郑！”亨利那双浑浊的眼睛顿时睁得溜圆，“你这个中国魔鬼，伤害了我还不算，现在，你又像那个渔船上长大的浑小子乔治一样，来抢我的爱神。我，我要你去见上帝！见上帝！——”失去理智的醉鬼举起酒瓶，朝郑强的头上猛砸下去。

郑强还没来得及“哼”一声就昏了过去，鲜血顿时从他的额上“哗哗”流出……

“啊！血！血……”这时，亨利一下清醒了过来，他惊恐万状地夺门而逃。可又一想，既然如此，不如干脆……吃了豹子胆的亨利一咬牙，折身回到小舱，撤下吊床，将昏迷的郑强背出舱外，弄到一侧阴暗的船沿处，正准备将郑强往下推时，发现郑强的手上有东西在闪光。亨利麻利地将它摘下，塞进自己的口袋，然后使足劲，将郑强推向黑茫茫的大海……

（六）

郑强醒来的时候，发觉自己躺在一张“吱吱嘎嘎”作响的竹床上。“哎哟！——”他刚想动一下身子，顿时感到头上像灌了铅似的。他微微抬手一摸，原来整个儿脑袋被布条裹着呢！这是怎么回事？我的头怎么了？

郑强想支起身子，可根本动弹不了。他只好靠着一双眼睛看他所能看到的一切：竹子编成的房顶，几串晒干的鱼片和一只未退毛的野鸡——小时候，他在乡下时，见过这样的野鸡，还有，啊！蛇！四壁几乎挂满了蛇！那蛇伸着长长的赤色舌头，向他游来……“啊！——”郑强大叫一声，沉甸甸的身子一下从竹床上摔下来。

"哈哈哈……别怕，小伙子！那都是些蛇皮！"一个洪钟般的声音说道。郑强定神一看，是位白须老汉站在自己的面前，只见他放下手中的篮子，笑盈盈地走过来，扶起郑强，就往床上抱。

"大伯，这是什么地方？我怎么在这儿？"郑强最需要知道的就是这个。

白须老汉推开一扇用芦苇叶织成的窗帘，说："从这里往外望去，透过一片绿油油的芦塘，便是一望无际的大海，这是你大伯的王国，当年乾隆皇帝下江南想来而又不敢来的地方。我祖爷爷从河南搬到这里经历了三朝四代，小岛一直昌盛不衰，到我爷爷那辈，他给这里起了个名字，叫长兴。

"长兴？"郑强想起了爸爸曾经对他说过，吴淞口外有个小岛，那里有许多珍贵的蛇兽，是不是就是这个长兴岛呢？他问："大伯，这儿是否就是那个遍地是蛇的长兴岛呀？"

老汉抚了抚白须，笑哈哈地说："对了对了。不过，跟你说的有点不大一样，至少，我们这个小屋的地面上没有蛇呀！你说是吗？哈哈哈……"

两人大笑起来。

"说真的，小伙子，我还真怕你永远闭着眼连句话也不说，陪着大伯永久留在这蛇岛上了！"老汉端来一碗香喷喷的炖蛇汤，幽默地说，"你得感谢这鲜嫩清香的蛇汤噢！"

郑强感激地点点头，可他还是不明白自己怎么会到这儿的。我不是跟乔治、娜莎他们乘着"伊丽莎白号"远航了吗？我头上的伤又是怎么回事？"大伯，你能告诉我，我是怎样到这儿来的吗？"

老汉叹气道："三天前，我到岛东边拣蛇蛋，见你躺在了沙滩上，一摸你的心窝，还有一点热乎气，就背了你回来。你可真有能耐，躺在我的小竹床上没吱一声，我还真怕你醒不来呢！你前面的事，我可一点不知道，还想问问你是咋回事。大伯在这儿生活了六十五个年头，从海里拣起来的，连你怕不下一打了，漂到这个小岛的，十有八九是在海上遇了大难。可你不太像。头一天，我背你回家后，细细看了你的伤口，看样子是被人用什么硬器之类砸伤的。我琢磨着，你或许是为了啥事被别人害的也说不准。就这样，把你留了下来，跟我一起喝了几天蛇汤，瞧，还真管用。这不，你总算醒过来了！”

郑强“扑通”从床上滚下，双膝跪在地上：“多谢大伯救命之恩。我郑强永世不忘！”

“噢——快起来！快起来！”老汉责怪郑强身子骨未好，不该施这等大礼。然后乐呵呵地道，“不瞒你说，大伯已经三年没有人做伴了，要说谢，大伯我还得谢你呢！”

幽默的话，使郑强的脸上不由得露出了笑容。

“小伙子，你安心歇着。我再给你弄几副蛇胆药来，这伤口也就差不多该好了。”老汉在一旁一边扒着蛇皮，一边自言自语地说着，“唉，如今也不知是什么年代了，这大陆上的人要我说就是太多了，要不干吗穷的穷，富的富。咱这小岛，你瞧，就没有什么你欺我压的不平事。有东西大家一起吃，遭大风大家一起受。那年，有对小夫妻在海上落难逃到我这里，说什么也不想离开这儿。要不是怕他们家里人着急，我还真希望他们留下。这不，三年啦，如果他们留下来，大伯我也该当爷爷了。哈哈哈，小伙子，你说对吧！”

老汉的话，勾起了郑强的遐想。不过，此刻他更想弄清楚自己是怎样落难的。也许是“伊丽莎白号”在海上遇到风暴，全船人都……想到这里，他赶快问老汉：“大伯，你救我的时候，有没有发现其他人，或者有没有发现破船板之类的东西？”

老汉摇摇头说：“那天夜里一片月光，海面上风平浪静，根本不会有翻船一类的事。”

这就奇怪了，难道我是被人害了！是船老板？是娜莎？都不像，他们干吗要害我？会不会是亨利呢？我的好乔治又在哪儿呢？还有我在上海的妈妈和妹妹，她们一定在为我海上平安而求神保佑呢！天哪，这怎么办？一个不得而知之谜，久久留在郑强的心头。现在，他最盼的是早日回上海，见自己的亲人。

就这样，尽管老汉日夜为他精心调理，郑强还是闷闷不乐地整天躺在床上。一个星期过去了，他的伤势基本痊愈，也可以下地走走了，可他的心事仿佛更加重了，成天说不上一句话。他觉得自己失去了好朋友乔治，就等于失去了心爱的西洋拳业。这对郑强来说无疑是沉重的打击。父亲的仇未报，师傅陈汉强又远在海角，刚刚交上心的乔治如今又离开了，他怎能不忧伤？难道自己当西洋拳王的梦就这样破灭了！唉！

老汉将郑强的长吁短叹全都看在眼里。这天，天气晴朗，海面一片宁静，老汉对郑强说：“小伙子，走，跟大伯走走，看看我的蛇园。”

郑强不便推辞，只好无精打采地跟着老汉出了门。绕过一个小丘，然后来到一个石头垒起的小园。与其说是园，倒不如说是一个小石山。石山仅有东边一扇门，山中央有几座小峰。看得出，这都是人工垒成的。郑强望着这工程巨大的土石山，再抬头望向这渺无人烟、一片荒野的小岛，不由问道：“大伯，你建这个蛇园的时候，来了多少人帮你呀！”

“人？帮我？”老汉乐了，“除了龙王爷来过几次，从没人帮过你老伯呀！可惜龙王爷不近情理，他每次来不是帮忙，而是帮倒忙。有一次，把我精心垒起的一个‘三潭印月’给冲倒了，我只好又重新垒。你瞧，那边的三个小塔像不像杭州西湖里的‘三潭印月’？”

郑强小时候曾跟母亲到杭州烧香见过西湖的一大名景“三潭印月”，想不到，在这小小的荒岛上也见到了这般景色，不由得为白须老汉富有想象力的设计赞叹和吸引。眼前的这个“三潭印月”当然比起西子湖里的要差得多，并且又是在旱地上。不过，在郑强看来在这荒岛上有如此精美的建筑简直是太神奇了！那三座“石塔”足有一人高，中间洞穴对穿，蛇在那里栖身玩耍，别有一番情趣。

“你到这边来看！”老汉把郑强引至小丘后面。这里，有个大的水池，水池里面各种栖水蛇种在那里尽情畅游。“此处你大伯戏称为‘龙潭’，因为这水是龙王爷所赏啊。”老汉摸着白须，津津有味地领着郑强在蛇园里转了一遍。

在这里，郑强第一次见到了如此多的蛇。那各色各样的赤蛇、眼镜蛇、野蟒……有的他从来没见过。虽然他从小在南方的广东长大，那里的人有吃蛇的习惯，但比起蛇岛来，简直是小巫见大巫，不可相提并论。但是，更令他惊叹的是眼前这情趣别致、精美壮观的蛇园建筑！“大伯，这么说，这些都是你一个人垒起来的？”他问。

老汉拍了拍一块巨石，仿佛触景生情：“就在这块石头上，那年也是这个月份，我父亲和母亲，为了给病重的我补补身子，出海打鱼。谁知那天海上起了大风，大风伴着海啸，席卷了这个小岛，我从惊恐中醒来，紧紧地抱住了这块石头，才免于一死。等大海风平浪静、海啸退却后，我拼命地呼喊我的阿爸阿妈，可是他们再也没有回来……我阿爸爱养蛇，阿妈是杭州人爱西湖，为了纪念他们，我就在这为阿爸垒蛇园，为阿妈筑一个西湖，让他们的灵魂在生前钟爱的乐园得到安息。我垒啊垒啊，一年、二年……十年、二十年……直到我五十三岁那年才垒成了今天这个样子。如今，这个世界上，我就一个人，我把自己的心血都倾注在这个小岛，这个蛇园……”

郑强深深地被这位孤独老人内心蕴藏的巨大感情波澜所震撼！“真正的拳王，不仅仅是拳坛的胜利者，更应该是生活的胜利者！”他想起了师傅临别时对他说的话。看来，我当不了拳王！我永远当不了拳王！我连个普通的老人都不如！我还能成什么大器呢！

他为自己悲哀！

他病倒了。老汉以为他的伤势又严重起来，一连几天忙着又是捕蛇又是捉蟹，而郑强则三餐食不下一碗饭。

“你是想家了吧！”老汉终于明白过来了，他说着这话，脸色却非常难看，后面的话说得声音很低，“要是这样，我想法让路过的渔船把你带回上海吧。”

“老伯，你是我的救命恩人，我舍不得离开你啊！”郑强忍不住心头的怅惘，“扑通”跪倒在白须老汉的脚下。

老汉的白须在颤抖：“孩子，快起来，你妈有病，带着你妹妹也不易，他们也会想你的！走，今儿个再陪你大伯上蛇园给我的那些蛇子蛇孙们喂一顿饱食。”

郑强高兴地“哎”了一声，跟着老汉来到蛇园。上岛后，他还是第一次亲眼见白须老汉怎样给蛇喂食的，他感到大开眼界。你瞧，老汉站在园中央的一个“指挥台”上，左手提着一只铁桶，那铁桶装的全是小鱼、青蛙、蚯蚓之类的小活物。老汉把右手放在嘴上，吹出一声声“吠吠——”的怪音，顿时，那成百上千条在洞里睡着的、躲着的、赤色的、黑色的……各种蛇闻声而动，昂首急待着。这时，老汉从桶里抓起一把“食”，用力向四面的空中撒去，就在这瞬间，群蛇蓦地“噌噌”跃起，其速度之快，猎食之准，真是妙不可言，精彩极了！郑强看得如痴如醉……突然，他振奋欢呼起来：“有了！有了！——”说着，他拔腿就往大海边奔去。

老汉不知出了什么事，赶忙放下蛇食，急急忙忙地从后面追过来，问："阿强，你怎么啦！出什么事啦？"

郑强拉着老汉的手，又折过身来说："走，大伯，请你再给我喂几次食。"

"给你喂？"

"不不，给蛇！给蛇喂食！"郑强乐得快笑出眼泪了。

"这孩子！"老汉也弄不清他在搞什么鬼，只好重新回到蛇园，抓起蛇食，往群蛇头顶撒去。

空中，细雨般的蛇食，地上，纷纷跃起的群蛇。

郑强拍手跺脚地嚷着："妙！太妙了！大伯，你看，蛇在猎食的时候，简直像离弦的箭，又快又准，又有劲！不是跟我们打西洋拳时击发拳的动作差不多吗？你知道，我拜了两个师傅，他们都说我发拳的速度和力量不够，我一直摸不着门道。如今我找到了好老师！大伯，我不走啦！我要跟你一起住在小岛上，你高兴了吧？啊？你快说呀！"

老汉抚摸着银须，大笑道："我说呢，我祖传的蛇药治伤怎么会不灵了，原来你得的是西洋拳病！哈哈，小子，你先别着急，想想看，是不是还得用我的蛇给你治治呀！"

小岛上，洋溢着这一老一少欢快的笑声……

（七）

繁华的上海南京路路口，一条铺天盖地的宣传广告醒目地挂在那儿，任汹涌的人潮推来推去。上面写着两行醒目的大字：

东洋独眼大拳王重振雄风威震支那

中国拳击手谁敢出战务必先备棺材

人群里，几位信天主教的老太太在胸前划着十字，哆哆嗦嗦地喃喃道：“吓煞人喽，吓煞人喽！”

“听说那独眼日本人前年来上海可威风呢！连南拳王郑大侠也惨死在他手里！”

“就是，我亲眼看见那个东洋人把郑大侠打出拳台。”

“哼，中国人有的是高手，我看，不见得打不过东洋人！”

众人议论纷纷。

这时，远处走来一位脸色黝黑，身材粗壮的小伙子，他就是刚从蛇岛回来的郑强。如今的郑强已是个标准的小伙子，那强健的身体，国字形的脸庞，让人看去，像有一股用不完的力气，使不完的劲，听得众人议论，再看看巨幅广告上写的字，郑强脸色立刻变得铁青！

“阿叔，你知道东洋人的擂台设在哪里？”他问一位中年人。

中年人告诉他：“就在英国租界西斜桥会那儿。”

西斜桥会是繁华的市中心地段。日本人此举意味深长，他们是想变本加厉地欺辱咱中国人！郑强想到这里，拨开人群，大步朝西斜桥会走去。

此时西斜桥会早已人山人海，日本独眼拳王站在擂台中央，来回地吼着，倒像动物园里被人围观的狗熊。

“山野！果真是他！”郑强走近拳台，一眼就认出了这个仇人。同时，他还看到了坐在台下的山野的教练宫本，他依然是那副铁青面孔。

“哐哐！哐——”台上掌锣的还是那个瘦猴，他还活得不错，只是脸拉得更长了，因而更像猴样儿。他拉着和他那面破锣一样的嗓门喊着：“诸位诸位，东洋大拳王山野近年转战东南亚，百战百胜。今番来华，意与中国拳王再比高低。有应战者请自备棺材，台下观众当心舌头伸出来回不去哟！——”

夹在人群中的蔡阿毛等武林人士早已怒不可遏。只见蔡阿毛跳到台前，大声说道："我来应战！"

瘦猴上前细看一眼，道："哈哈，又是你这毛孩！上次吃了顿苦头还没有够吗？好吧，既然今天再想比，不知你买好了棺材没有？"

"喂，告诉你，洋人屁股后面的哈巴狗！棺材倒是有一口，是专门为你准备的！"蔡阿毛的话，惹得观众一片嬉笑，瘦猴气得脖子上满是突起的青筋。

"喂！我的其他人的不要，陈汉强的，我要！"山野蛮横地走过来，对瘦猴说。

"啊！——哎哎！"瘦猴非常惊诧，可又不敢多言，只好重新敲起铜锣道："山野大拳王说了，要找会打西洋拳的比武，不懂西洋拳的不要。问一下陈汉强来了没有？啊——陈汉强来了吗？"

"简直是欺负人！"

"这些东洋人是害怕咱中国武术。"

台下的武林人士义愤填膺，议论纷纷。

"别嚷了！这个山野明明是看不起咱中国武术。"蔡阿毛说。

"阿毛说得对，他们就是看不起咱们。"有人说。

"那咱们怎么办？就让这小子威风啦！"众人围着蔡阿毛，让他出主意。

蔡阿毛胸脯起伏，两道愤怒的目光死死盯着台上的山野，他感到一种难以忍受的耻辱。

"听说陈汉强大拳王早回澳大利亚去了！"

"这下糟了。除了他还有谁会西洋拳呀！"

"可不，看来是打不成了，走吧！"

"走喔！——"观众纷纷退场。

"且慢！"这时只听有人大声喝道，众人折身一看，原来台上出现了一位中国青年。

“是阿强弟！”蔡阿毛又惊又喜。

台下，瘦猴打量着郑强，怪里怪气地说道：“你是陈汉强？哈哈，冒牌货又不准备口棺材，你给我快快下去。我要陈汉强！”

郑强字字像铆钉凿铁板似的回答道：“我知道，对付山野用不着我师傅出战，我郑强足矣！”

“噢！——快看，陈大拳王的徒弟来了！有好戏看啦！”观众群情振奋。

“你会打西洋拳？”瘦猴还是不信，咧着一张丑脸问郑强。

“不但会，而且还把你和山野的棺材也一起备好了！”

“说得好！——”郑强的话引来台下一片欢呼。

台上的山野虽然不懂得几句中国话，但从台下观众的情绪看，人们在支持旁边的这个中国人，而在嘲弄自己。这种耻辱已经积蓄了一年多，他在瘦猴的头上重重敲了一下，让他赶紧鸣锣开战。

瘦猴连连称诺，于是，一声锣响，整个喧喧嚷嚷的赛场顿时鸦雀无声。

“咚！咚咚！……”人们听到的只是台上阵阵激烈的出拳声与双脚过分用力的撞击声。

山野的攻势凌厉，较之三年前确实令人刮目相看。然而，“陈汉强的徒弟”郑强一上场就把人们的视线给抓了过去。瞧他，那灵巧的躲闪，轻盈的步伐，与横冲直撞的山野形成了鲜明的对比。山野的拳头不能不说厉害，但对眼前的这位郑强却没有半点作用。山野击出的拳头是急促而有力的，可他的目光充满了恐惧和惊疑。在台下人根本没来得及觉察之际，郑强乘山野收拳的一个瞬间，跃起一串碎步，瞄准对方的胸部、脑门、下颌，一下甩出数十个拳头，那拳速如闪电、如飞箭，山野像遭电击一般，毫无半点回击之力，一下倒在了台上……

“喔！——太精彩！太精彩啦！”全场观众起立振臂欢呼。这种奇迹谁也没有见过！有人一看表，惊得直探舌头：“好呀，才七秒钟！这个小伙子真了不起！”

“这还用说，他是陈汉强大拳王的徒弟嘛！”旁边的一位说。

台上，山野摇摇晃晃地站起。

郑强又一次飞箭似的出击！

山野再次倒下。

蔡阿毛等在场观众前所未有的振奋，高喊：“太棒了！太过瘾了！”

“是啊，洋人没什么了不起的！”

“一、二、三、四……”裁判在数点。

趴倒在台上的山野艰难地抽动了一下身子。教练席上，宫本满脸惊骇地站起。

“五、六、七——”当裁判喊到“八”时，山野费了吃奶的力气才爬起来。

“小伙子！快打呀！打死他！”

“对，快打！打死东洋人！——”

赛场上口号声震天，人们希望看到最精彩的一幕。这一幕终于出现了，山野像喝醉了酒似的，在台上转了一圈，又“扑通”倒在了台上，而这一次，郑强连脚都没挪动一下。山野彻底地完蛋了！一条毛巾从宫本手里飞向拳台的绳圈内。裁判无可奈何地走过来，举起郑强的右手。

“万岁！中国拳王万岁！”

在观众的欢呼声中，有人跳上台，将郑强高高托起。

蔡阿毛等武林人士脸上挂着复杂的表情，悄悄地从人群中走出赛场。

“郑先生，你的毒蛇，毒蛇一样的动作和发拳，前途大大的！”郑强听到有人在夸他，便转过头来，当他看到站在自己面前的竟是日本教练宫本时，不由得鄙夷地瞥了他一眼，轻蔑地说："宫本先生，蒙你夸奖了，事实上我们中国人并不像你们所说的是什么'东亚病夫'，从今天的比赛你大概可以得出这个结论了吧！"

宫本像负罪似的毕恭毕敬地站在那儿，说道："宫本一生视中国武术为我师，几次访问贵国，意在吸取中国武术之精华而为西洋拳击所用。没想到，一年前有幸从郑先义大师那里领略了中国武术之风采，今日又看到中国自己的西洋拳王，我不胜敬佩之至。郑先生，在此，我宫本作为日本国西洋拳协会理事，郑重邀请阁下到我国访问，如果您不介意的话！"

宫本的话让郑强大吃一惊，他不由得抬起头来细细看了看这位平日难见一丝笑意的日本大教练。郑强从对方的眼睛里看出了诚意。

"别听他的，东洋人不是好东西！"

"他们是输了不服气，想让你到日本出丑。阿强，此事性命攸关，别上他们的当！"

众人七嘴八舌地劝说着。郑强低头思忖片刻：去，还是不去呢？"一个真正的拳王是没有国度的，任何胆怯都是无为的表现！"他想起了师傅的话。

郑强抚摸着拳套，沉思着……他抬起头，两眼久久地凝视着宫本教练，突然，把手伸了过去。

宫本高兴地笑了，说："你是真正的拳王！"

（八）

日本。三月的神户正是樱花盛开的季节，这里到处充满着蓬勃的生机。

经过三天的长途海上颠簸，郑强在宫本的精心安排下，一下船就要在神户一座拥有五千多名观众的武术馆内与日本观众见面。第一轮的对手，宫本选的是最有权威的全日本拳击协会 57 公斤级冠军田中幸夫。郑强脱下练功服，登上拳台，全场一下爆发出雷鸣般的欢呼声。

宫本微笑着走过来对他说："郑，你的好运，瞧，神户人对你多么崇拜！"

郑强知道，这一切都与宫本的精心安排分不开，看着那门口的一张宣传画便知，那画上写着："东方盖世拳王郑强今日出场，日本大拳王田中幸夫欣然应战，好赛在今天。"

见对手田中幸夫走入绳圈，郑强便开始做起准备动作。

观众立刻喧闹起来，不知从哪飞来的酒瓶、硬币等东西落了一台。郑强见田中幸夫退出拳台，拳场上的喧闹声更加强烈，弄不明白这是为什么。开始，郑强以为田中幸夫要弃权呢！可看着他泰然地坐在那儿的样子又觉得不像。

郑强走到绳栏边，问了一下翻译。

翻译瞪了他一眼，嘲讽地冷笑道："他们要你下去，换上姑娘和音乐。"

"为什么？换上她们干什么？"郑强弄不懂。

"看看吧！这是日本的习惯！"翻译很不情愿地回答郑强的问题，只听他悄声对一旁的一位日本人说道："瞧，这个没见过世面的中国人，简直是个白痴！"

郑强根本听不懂他们的话，但从其神色可以看出，他们是在嘲讽自己。确实，在观众的一片欢呼声中，郑强一点弄不清楚是怎么回事。

在各种霓虹灯光的闪烁下，由六名年轻漂亮的姑娘组成了一个歌舞队走进赛场，然后在拳台上跳起一段日本民族舞，这种舞很优雅，富有古典美。郑强对此还明白点儿，因为日本的民族舞是从中国唐代舞演变而来的。接着，姑娘们又换成一种快节奏的吉卜赛舞。郑强对此却一无所知，尽管上海也有许多洋人跳这个舞、那个舞的，但类似这样露着肚皮，把屁股都恨不得扭斜的“怪”舞，他还是第一次见到。

观众在台下有节奏地与台上的舞女们一起踩着鼓点，不管怎么说，郑强在好玩中感到有一种和谐的美。

后来，舞女们就过来拉他一起跳。郑强连连退却，可那些舞女似乎有意捉弄他，在台上追逐不停，观众也发出各种稀奇的怪叫声。

“宫本先生，这、这我不行，不行呀！”郑强扭着脸向宫本苦苦哀求。

宫本大笑，于是点点头，又朝舞女们叽里咕噜地说了通日本话，那几个舞女便去找田中幸夫。姑娘们得到了满足。田中幸夫根本用不着邀，一手挽着一个舞女的腰，一手拉着一个舞女的手，狂欢般地跳了起来。

鼓点急促，舞女们在飞一般的旋转中开始将身上的衣服一件件地脱下，并一件件地扔向台下，观众席上的男士们疯狂地抢着，女人们则在一边声嘶力竭地尖叫着。

“先生，这，这到底是我表演还是她们表演呢？”郑强不可思议地问宫本。

宫本只好不停地解释：“郑，这是在日本，日本人观看拳击赛之前总得安排些特别节目！”

“这么说这也是你安排的？”

“请不要误会！”宫本又赶忙解释道，“我一直力争不这样搞，可武术馆的老板说，不这样就会影响他的收入，我们的拳赛也得取消！”

郑强好不容易才稍稍平静些。他想，也许宫本说得对，这儿毕竟是在日本。瞧，田中幸夫对这一切应付自如，一点儿也不觉得别扭。

田中幸夫得到了女人的最高奖赏。

“瞧人家多美呀！那才是真正的拳王！”戴着眼镜的翻译在郑强旁边用中国话说道。

郑强觉得好笑：“是不是拳王与女人都得这样？”

“哐！”比赛开始，郑强早已等得不耐烦的锣声终于传入耳中。

身材矮小的田中幸夫，也许是方才受到女人的奖赏而显得跃跃欲试，他的拳头如连珠炮般朝郑强击来。看热闹的男人与女人为他们的拳王欢呼高喊着：“田中，打死他！打死他！田中！”

但是，郑强像一只灵巧的山猫，躲闪得巧妙而灵活，根本不让对方击中。相反，他利用田中收拳之际，“噌噌”地连连发出两拳，这一直一勾，把田中幸夫一下捅出拳台。

武术馆顿时淹没在喊叫声的漩涡里。当郑强正准备回到自己那一角时，只听宫本一声叫喊：“危险！”

郑强下意识地将头往下一缩，感觉有个苹果似的东西掠过他的后脑勺。

“杀死这个中国人！”大厅内清楚地传来一个女人歇斯底里的叫喊声。

“让他滚出赛场！我们不要看他赢！”又一个女人边跺脚边号叫道。

郑强真担心这些日本女人会上台撕碎他。

“别在意，郑，她们是在为她们崇拜的田中幸夫叫屈！”宫本走上台告诉郑强。

真是不可思议。郑强第一次领略到了日本这个民族。

神户的这一场拳赛，郑强最后以五比零获全胜。当他被宫本扶向休息室时，突然一位挂满珠宝的日本妇女上前抱住他。郑强大叫一声，抬起右手，一下将那女人甩出好远。那摔得不轻的女人，坐在地上伤心地号啕大哭起来，嘴里还在不停地喊着。

“先生，她在说什么？”郑强弄不明白。

宫本笑笑，说：“她爱上你啦！爱得快要发疯啦！”

“爱我？”郑强真是哭笑不得，“我以前根本不认识她呀！”

“这我相信。可她说她对世上有力量的男人都爱！”宫本说完，把郑强独自推进了更衣室。

郑强边脱衣服，边摇着头自言自语地笑起来：原来这世上还有这样的女人。

“对了，你说对了，亲爱的！”

“谁？”郑强大吃一惊。

郑强高高地举着拳头，直逼那女人道：“你、你给我出去！要不，我会、会打死你的！”

“啊！——”只见那女人双手抱头，夺路而逃。

“出什么事啦！郑！”这时，宫本来到更衣室。只见郑强瘫坐在地上，连话也说不出来。

宫本回头瞅见门外那女人，顿时明白了，笑笑说：“她们不会有恶意的，别怕。再说，碰见你这样的男人，她们再也不敢来了！”

郑强苦笑了一下：是呀，刚才我的那副尊容一定是很吓人的！

（九）

返回下榻的旅馆，郑强顿感浑身像散了架似的。他简单地洗完澡，就钻进了被窝，没半分钟就睡着了……不一会，有人急促地敲门。“谁呀？”“我是宫本，快开门！”

宫本兴冲冲地进门来对他说：“郑，你的运气真好，全日拳击协会已经同意我们到东京去。三天后的晚上，你将要与全日最优秀的拳击手比赛。别紧张，你一定能赢他们。如果你赢了，你想后面是个什么节目？”

宫本闭着眼睛说道：“天皇陛下将在皇宫接见你这位使者！”

“我的天哪！”郑强受宠若惊，“这是真的？”

宫本点点头，说：“你的大名与拳术如今在整个九州列岛上无人不知，无人不晓！”

郑强慌忙跪在宫本面前，不无感激地说：“先生，你的侠义和大恩我郑强永世不忘！”

“哈哈哈……这可就见外了，能看到中国有自己的拳王，这也是我的心愿！明白吗？”

不明白。郑强还从来没有见过和听说过有像宫本这样关心、爱护中国人的东洋人……

宫本看到郑强疲倦的样子，嘱咐他：“你好好休息吧，我走了。”

郑强蒙上头又打起呼噜来。

一位姑娘看着熟睡中的郑强喃喃地说着什么，叫他：“快醒醒，都什么时候了！”

郑强猛然醒来，发觉有人将盖在自己身上的被子给掀开了。他揉揉双眼，睁开一看，嘿，日头老高了！再看看卧室里，一位穿着和服的温情女子端着两盒饭站在他的面前。

“对不起，打搅郑先生了。不过，我爸说让你早点吃早餐，然后要赶火车呢！”

郑强感到奇怪，因为这个姑娘说的全是中国话。

“姑娘，你是谁？给我——送饭？”

姑娘睁着一双大眼睛说：“是我爸让给你送饭的！”

“你爸是谁？”

“你不知道？”姑娘乐了，“我是宫本教练的女儿呀！”

郑强恍然大悟。

“多谢你了，师妹！”

“师妹？咯咯咯……”姑娘笑弯了腰，“我们这儿管女孩子叫小姐。不过，师妹也挺好听的，你以后就叫我师妹吧！”

两人全都笑了。

“你还没有问我的名字呢！”姑娘噘着嘴，装着生气的样子。

郑强看着这样子挺好笑，说道：“你真像我那个十三岁的小妹。”

“什么，我都十七啦！”姑娘噘着嘴说。

“噢，小姐对不起！”郑强斜眼看了一下正在抿嘴发笑的姑娘，便放下了心，“对，师妹，请问您的尊姓大名，是不是也是什么川子、幸子的？”

“不！我叫玲玲，秀夫玲玲。”

“这可是我们中国人的名字呀！”

“对，因为我的血管里流的是中国的血！”

“你真是中国人？请告诉我，这是怎么回事？”

“这是个谜！”秀夫玲玲调皮地在郑强面前卖了个关子。

郑强跟宫本与秀夫玲玲一起来到了东京。东京对郑强来说也是个谜，他们下榻的旅馆极其豪华和现代化。

“爸爸，我同郑强哥出去玩玩，行吗？”玲玲在宫本面前撒着娇。

“不行，明天他就要同东京民众见面了。我必须将郑强上台后的每一个细节都调理好，否则，后果不堪设想。”宫本拒绝了女儿的要求，带着郑强来到一个训练馆，两人就摆弄了起来。

“你应该首先学会向贵宾问候致谢的礼节！”宫本把郑强拉到自己身边，不断摆弄着他的双手与两条腿，“记住，向高贵的宾客致敬时，右手得伸开掌，并把它放在胸前，这表示你从心里真诚地感谢他。”

郑强觉得好笑："拳台上，拳手是主宰一切的上帝，为什么要向那些贵族、太太们行礼呢！"

"因为他们出了巨额的奖金，明白吗？明天你的身价将是一千万日元！"

"一千万日元是多少？"

"嗯，等于你们中国的三百万块大洋！"

"什么，三百万！我值三百万？"郑强瞪大了眼，以为宫本是在同他开玩笑。

"对，就是可盖两个上海码头一样多的钱！所以你要向那些出资赞助拳赛活动的大亨们致谢！"宫本告诉他。

这是郑强头一回听说此事，他心情很激动，说道："先生，我明晚一定要打赢！等有了钱，我就回国在上海开一个很大很大的拳击馆，再请你和我的陈师傅去当教练。那时，我们中国的西洋拳手就可以进军奥运会，那时，我们就可以向世界宣布，我们不是'东亚病夫'！"

"好！有出息！"宫本紧紧拥抱郑强。

"还有我呢？郑强哥，难道你不准备带我到中国的'东方巴黎'去？"不知什么时候，秀夫玲玲溜到跟前。

"哈哈哈，这孩子！"宫本抚摸着宝贝女儿的头，脸上充满了幸福的微笑，郑强却闹了个大红脸。

（十）

东京都万人武术馆内，最后一声锣敲响了。当右手被高高举起时，郑强觉得再也没有力量在这个地球上站稳了，他像一块被抽掉了钢筋的水泥楼板，一下就塌了。抢拍的记者、赶来献花的儿童、想搂住拳王亲一亲的女人，全被执勤的保安警察挡到了一边。

“我们要见中国大拳王！”

“你们不能这样独裁，他将属于我，我爱他！”

记者们、女人们怎能甘心！可是，他们又争不过警察，于是，宫本教练就成了他们围攻的对象。郑强迷迷糊糊地看到，被挤得连气都快喘不上来的宫本在拼命地向他打手势，可无论如何也听不清宫本在说什么！他被警察架到更衣室。

这儿安静极了，什么人都没有。郑强倒想，这儿要是能像神户武术馆就好了。他太累了！以至刚坐下就呼呼地打起呼噜来。

“喂喂，醒醒！”有人摇着他的身子。

郑强弄不清自己睡了多长时间，也许是几分钟，几小时吧？他抬头见是两个陌生人，心里不免有些紧张。

“郑先生，我们是奉宫本先生之命，接你回旅馆的！”一个高个说。

郑强一听是宫本让他们来接自己的，便放下心。他有气无力地对他们说：“帮我拿一下东西，一副拳套，一个包。”

高个向剃小平头的同伙使了个眼色，小平头便立即将两样东西背在身上。

他们带着郑强出了后门，那儿停着一辆轿车。

“为什么不走前门？宫本先生在哪儿？”郑强问。

“前门的观众没有走完，这儿更方便些。至于宫本先生，我想他应该在旅馆那里等你吧！”高个一边说着，一边赶忙打开车门，让郑强进去，他和那个小平头则坐在郑强的两边。

“开车！”轿车顿时像箭似的驶入了黑色的夜幕之中。

东京的夜晚真美，路上的汽车也多。那纵横交错的立交桥左右盘旋，几上几下，郑强一下搞不清哪是东、哪是西。

“你们要到哪儿去？”郑强见轿车驶向市郊，前面的路灯越来越少，他着急了。

没有人回答他。

“停车！停车！”他一把揪住司机的脑袋，轿车一下方向失灵，差一点儿撞在迎面开来的一辆卡车上。

“郑先生，如果你不想死在东京的话，请放开司机！”车内漆黑一片，是那个高个在说话。

郑强放开司机，又转过头找那两个家伙算账：“你们想干什么？难道想绑架我？”郑强一把揪住那高个的衣领。

“你的劲真大呀！请你放开，先生！”郑强只觉腰间被一个硬邦邦的东西顶着，他马上意识到这是个什么东西。

“请不要激动，马上就到！”是小平头在说话，“说实话，上司让我们来邀请像你这样的大拳王，要不是有两把枪，我们谁敢冒这个险呢？你说呢，拳王！”

郑强把拳头握得紧紧的，恨不得给这两个家伙重重的一顿拳头吃。可手枪这东西毕竟不是好玩的，他强忍愤怒，没有动手。

车在一条小弄里停下，两个家伙一前一后地押着郑强往一座古寺式的塔庙深处走去。

这大概就是日本黑社会吧！郑强想起了小时候父亲给他讲在日本保护孙中山先生时所遇到的那些惊心动魄的经历，想起了日本黑社会如何绑架的故事。郑强正想大喊一声，可是，眼前的这两个家伙太精明了，也许是惧怕这位拳王，他们一步不离地用枪逼着郑强，使他没有半点挣扎的可能。

“佐藤一太郎，货已到，请过目！”在一个厢房门口，押送郑强的那两个家伙向里面禀报道。

那个叫佐藤一太郎的家伙从里头走出，上下将郑强打量了一番，对着塑像一般站立在两边的几位同僚说道：“真是好样的，宫本的眼力果真不错！我可以断定，全日本没有一个人可以在十个回合中把他击倒！你们说呢？”

“是！”

“既然如此，就按计划行事，不得有误！”佐藤一太郎说完就离开了厢房。

留下的这些家伙马上像饿狼似的向郑强扑来。郑强不知他们想干什么，本能地往后一退，哪知后面也早有人挡着。郑强深知虎穴难逃，便一下拉开架势，决定与这帮家伙决一死战。

“哈哈哈……郑先生，犯得着这样吗？”

郑强回头一看，啊，原来是独眼山野！“山野，你想干什么？快放我走！再过一小时，天皇还要见我呢！要是你们抓着我不放，贵国当局不会饶恕你们的！明白吗，山野？”

“嘿嘿，尊敬的郑先生，用不着你提醒。至于天皇接见，我们会让你准时参加的。不过，你得答应我一个条件。”山野歪着头说道。

“什么条件？”

“三天后，就在今天的那个万人武术馆内，你我再一次决战，答应吗？”

郑强不知山野搞的什么鬼，他讨厌这个家伙，从心底里早就想杀掉这个残害父亲的仇人。可如今，决不能乱来。现在自己还是他的阶下囚呢！郑强斜了对方一眼，思忖片刻，说：“这事得请宫本先生定，况且他也是你的教练。”

山野一听这话，阴森森地说道：“不错，以前他是我的教练，可如今早已不是了。至于你同我的赛事，完全由我的另一位老板，刚才你见过的那个佐藤一太郎先生主持。怎么样？难道你不愿意和我比试？”

郑强觉得山野是在嘲讽自己，便大义凛然地说道：“笑话，我能在上海轻而易举地打败你，也就能在东京让你不出三个回合！”

“哈哈哈……不，不不！”山野一阵仰面大笑，说道：“三个回合太少了，必须在十个以上，那样才够味，才能让那些有钱的富翁们打大赌，押大注！你知道吗，当把你将和我决战的消息放出来，整个日本乃至东南亚都会轰动。那时，可不是你今天的一千万日元了，也许是两千万！三千万呢！我要在东京创造当今世界拳击大赌博的纪录！”

郑强的心在流血。从他学西洋拳后，一直把这项运动视为神圣的振兴民族精神、强健民众身体素质的伟大事业。可来到日本后，他看到了拳击在国外的另一种价值，这种价值就是血淋淋的大赌博！而拳击手竟是可悲的赌本，他对此感到厌恶。“我对这种钱不感兴趣！”他说。

“可我感兴趣！”山野那只仅剩的眼里闪着对金钱的贪欲野火。他阴阳怪气地凑到郑强的耳边说道，“我还告诉你：这场拳赛，你一定得输！”

“笑话！这是不可能的事！”郑强瞪大了惊疑的双眼，差一点要跳起来。

“不要着急，这一切都是安排好了的事，就像你们中国人演戏一样，当锣鼓一敲，让你出场你就得出场，让你收场你就得收场！”山野说完，哈哈大笑。

“办不到！”郑强气得下意识地把拳一挥，恨不得把这个‘独眼龙’一拳打倒！

“办不到也得办！”山野凶相毕露地朝旁边的两个打手使了个眼色。

那两个膀大腰圆的家伙一转身，不一会儿，从里屋押出一个反绑着的姑娘，推到郑强面前。

“郑先生，你好福气呀！竟然有这样一位漂亮的姑娘爱上了你，可我山野却苦苦追求了她两年都没成。”山野酸溜溜地说着，一把将反绑着的姑娘的头扭过来。

“山野，你这个畜生！我总算没把你看错！”姑娘破口大骂。

“啊！是玲玲，秀夫玲玲！”郑强大惊。

“强哥，你怎么也在这里？”玲玲扑上前来，心惊胆战地哭了起来。

两个打手见山野在使眼色，便过来把玲玲拉到一边。

“怎么样，答应我的条件吗？”山野重新问郑强。

郑强仍然斩钉截铁道：“不可能！我一定要打赢你！”

“好！——”山野恼羞成怒，命令两个打手道：“给他点颜色看看！”

郑强一听这话，以为他们要冲自己动手，便一下拉开格斗架势。可那两个家伙没冲他来，却皮笑肉不笑地走到秀夫玲玲面前，然后三下两下将姑娘的外衣扯了个光。

“畜生！畜生！——”秀夫玲玲边骂边哭，不一会儿就瘫倒在地。

那两个打手见这只美丽的羊羔毫不费劲已成了他们手中的猎物，便赶忙解带脱衣……

“畜生，你们谁敢动一动！”郑强暴跳而起，一个“老鹰展翅”飞过几名歹徒的头顶，直扑两名正想伏在玲玲身上的恶棍。哪知“独眼龙”山野眼虽只有一只，心眼可不少。他早听说郑强不但是中国头号西洋拳手，而且又是武术世家的后代，武功肯定非同一般，所以早有准备。此刻见郑强要动真格的，赶忙一拍双掌，两边厢房内立即跃出十几名空手道高手。

郑强一看这阵势，知道今日非有一场恶战不可。他静静地注视着眼前这些对手，想起父亲曾给他讲过日本空手道的功夫主要在掌上，要对付这帮家伙，绝不能让他们接近自己，尤其是无防御的后身。真是心到手到，郑强瞅见大厅右侧有根大柱子，便一阵连环拳杀出包围圈，将身子贴在大柱子上，这样就避开了四面受敌的困境。

众空手道高手毕竟非一般打手，他们仗着人多势众的有利条件，轮流向郑强发起进攻，这场面可谓精彩、惊险至极。郑强使的是拳，空手道用的是掌。拳掌相斗，郑强自然居于上峰。加上他那毒蛇般的出拳，先上阵的几名空手道高手纷纷败下阵来。

“笨蛋，给我一起上！”山野气急败坏地在一旁督战。剩下的七八个家伙顿时一齐扑向郑强。好一场厮杀！满厅的拳掌撞击声，“噼里啪啦”仿佛要将整个寺庙震个粉碎。郑强拳脚并用，撂倒一个家伙，又向正面袭来的家伙挥出一记重直拳。那家伙“噢——”的一声惨叫，滚出三米之外。郑强的左肩也感到一阵难以忍受的麻木酸疼——他也尝到了空手道的厉害。

十几分钟的激战后，郑强终于寡不敌众，被两名空手道高手用手枪逼着不得动弹半步。

“怎么样？还是继续坐下来谈谈我们的条件吧！”山野得意地坐在太师椅里喝着热腾腾的茶，“你是一位很了不起的拳坛高手。其实，嘿嘿，你就是世界拳王，在我们这儿也是无用的，因为东京是我的世界！明白吗？是我的世界！”

郑强把头转到一边，轻蔑地说道：“哼！三年前，在上海你就是号称什么威震东南亚的大拳王，其实，你只是个无耻的大王八！”

“王八！哈哈哈！”山野听了此话却大笑，“郑，你的大概还不太了解，这王八在我们日本是个吉祥的词，是高贵的赞誉呀！哈哈哈，我——山野非常乐意的接受你的尊称。不过，今天的，我要把这一尊称赠给您阁下，让您感受感受当王八的滋味！”说着，山野朝众帮手大喝一声：“来人，我把这深爱着中国小子的小姑娘送给你们了！”

“哈哈哈，好！来呀！来呀！……”众歹徒顿时迫不及待地脱衣解带，然后像一群饿狼，扑向早已失去反抗能力的秀夫玲玲。

“你们这些畜生，给我住手！”郑强忍受不了这种兽性的暴虐，他像一头受伤的雄狮，发出一声震撼山河的怒吼！这声音把在场所有的暴徒都吓了一跳。

“看住他！看住他！”山野慌忙令两名持枪者拦住发了疯似的郑强。

“怎么样？两个结果由你自己选：一是答应我的条件，二是亲眼看着秀夫玲玲……”山野阴阳怪气地走过来说道，“我说你这位‘东方毒蛇’，拳坛上你再毒都是好样的，可如今看到这样的事，你总不能也像毒蛇一样不懂人情，就连爱着你的漂亮姑娘都不救呀！”

郑强怒视着山野这个心比毒蛇还毒的畜生，恨不得举起拳头，把他的另一只眼也打瞎。“你、你把秀夫玲玲放了，我答应你的条件！”最后，他从牙缝里挤出这句话。

“好，中国有句古话，识时务者为俊杰。”山野得意地伸出大拇指，然后转身对手下说：“快把秀夫玲玲好生照料，谁敢胡来，我就收拾他！”

“我要你立即把她放了！”郑强坚持道。

山野一听这话，忙笑眯眯地过来解释道：“郑先生放心，此刻天已黑，我想这时让秀夫玲玲走不太安全，你说是吗？只要隔日你我决战的最后锣声响起，裁判高高举起我的手的时候，你的秀夫玲玲马上就会得到自由的！”

‘独眼龙’真毒，他是想让秀夫玲玲作人质逼我听从他的摆布！郑强心想：走着瞧。

“好，我们的合作痛快顺利，现在，我亲自送你到皇宫接受天皇的接见，佐藤一太郎已在那儿等候。当然，还有你我的教练，宫本先生。”山野说完，即令两名随从，“护”着郑强出了黑乎乎的寺庙。

在大街上，早有一辆高级轿车等在那里，走了个把小时，车子在一个远远望去非常宏伟的园林处停下。

“尊敬的外务省小岛干事，您要的货我已准备好了，现在，我把中国大拳王郑先生交给您，等天皇接见完毕后，‘物归原主’，由我亲自照料郑先生，你对此不会介意吧！”在大门口处，早已有人在等候。山野朝那穿着西服的“小胡子”说道。

“小胡子”拍拍山野的肩膀，“放心，谁不知老弟是咱外务省大臣的公子啊！这点小事，兄弟们万无一失！”

虽然他俩说话声音不大，但郑强听得清楚。看来，山野不仅黑道厉害，而且，官门也挺硬。得多加小心才是，郑强在心里暗暗合计着。他朝四周瞅了瞅，好像并没有什么人。难道山野说的宫本先生也是谎言？他正在疑惑地想着的时候，只听一声：“走吧！郑强！”

原来，山野与那个“小胡子”在叫他。

“郑，你一生中最荣耀的时候到啦！祝你好运！”山野奸笑着冲郑强说道。

“天皇已经在会见厅等候，不能再耽搁了，走！”小岛催促道。

郑强看着这帮串通一气的家伙，一下对神圣的天皇接见产生了厌恶感，这无非是山野他们一手操纵的鬼把戏。郑强想找个机会溜之大吉，但他看了看左右，见四周都站着一个个荷枪实弹的哨兵与皇宫侍卫队员，逃是不可能了。他又想起了尚被山野扣押的秀夫玲玲。现在，他多么想见到宫本先生。先生对他在赛后的不辞而别和女儿的突然失踪一定很焦急。对，山野不是说宫本先生也要来皇宫接受天皇接见吗？只要见到宫本，我就可以将玲玲的消息告诉他。至于我的安全是小事，不能让先生的千金小姐受难。这是至关重要的！郑强想到这里，便大步跟上小岛进了森严而又富丽的天皇宫殿内。总之，一踏进这块日本国的圣地，郑强就感到心头像压着一块越来越沉的石头。但无论是怎样的紧张和思绪纷乱，对天皇的接见，郑强还是怀有一种特殊的好奇感。这种好奇感使他联想起许多事。当年师傅陈汉强千里迢迢回国兴建西洋拳馆，意在摘掉戴在中国人头上那顶“东亚病夫”的帽子。可是，堂堂一个大中华，竟然少有几个人能领会他的苦心，社会和武林人士对西洋拳的排斥，体现出中华民族严重的封闭意识。在这短短的几天里，郑强感受到了日本对西洋拳的重视，在西洋拳问题上，中华民族与其他民族所持的态度差距之大令他震惊！一个在中国被人歧视的西洋拳手，竟然会在异国的土地上，获得至高无上的待遇，他长长地叹了一口气……

“天皇陛下到！——”

郑强突然被一阵威严的呼喝声从思绪中惊醒。这时，他才发现自己已走进了一个华灯齐放的大厅内，厅内已有许多人，还簇拥着一大群举着照相机的新闻记者。在这众多的陌生人中，他突然发现了两张熟悉的脸庞：一个是才见过一次，但给他留下极深印象的人——就是几个小时前参与绑架和恐吓他的那个佐藤一太郎；一个便是郑强急于想见的宫本教练。可是，郑强却无法走过去与他交谈，因为宫本像所有的人一样，一直目不斜视地肃立在那儿。郑强刚想朝他那儿走一步，一位宫廷侍卫就将他拉至原位，像看待一个杀手似的用眼睛死盯着他。

郑强终于明白了：这是日本人的圣地，所有的臣民只能听其摆布，人们站在那儿连大气都不敢喘，真糟糕！他心里骂道。

“接见开始！”有人喊了一声。郑强心想，该是向皇上叩首磕头了吧！可他看看左右，谁都没有下跪，这倒是个新鲜事！在中国原先有皇帝的时候，就是丞相见皇帝还要磕头三呼万岁才行。

“这就是大拳王，中国的郑强！”郑强还在想着“天皇老爷”

身着龙袍，摇着鹅毛扇，由两边成百宫女侍候着摇摇晃晃而出的情景时，有人已经走到他跟前，朝一位身着西服、显得文质彬彬的中年男子介绍道。那看上去最多只有三十岁的男子微笑着伸出手来，说了句郑强根本不知道是什么的日语。

“天皇陛下夸奖你了不起！”旁边翻译说。

“喔！这就是天皇陛下！”郑强还有点不大相信自己的耳朵，可当他用惊疑的目光询问翻译时，那翻译不仅肯定地点点头还用眼色示意他赶紧同已伸出手的天皇握手。这工夫虽说只是几秒钟的事，可全场人都紧张得头上直冒汗，而郑强既觉得异常轻松又觉得很紧张，心想，这和中国戏里的皇帝不一样啊！郑强定了定神，大大方方走上前去，微笑着同天皇握了一下手。这时他感到最大的收获是：“咱这个头还比天皇高出半个拳头哩！”

天皇给他腰部系上象征“拳王”荣誉的宽皮带。“咔嚓！咔嚓！”郑强的眼前一片光亮，弄得他简直睁不开眼。噢，原来是记者们在照相！

当一片耀眼的光亮逝去，郑强的眼睛恢复正常时，他发现天皇早已像神仙似的不见了。还有他急于想见的宫本先生也不知什么时候离开了！接见厅内，仅剩下几名皇宫侍卫和外务省小岛先生，以及那个高深莫测的佐藤一太郎。

佐藤一太郎注视着不知所措的郑强，脸上透出一丝淡淡的奸笑。仿佛在说，郑强，你的声望在日本已经到了登峰造极的地步，全日本，甚至全世界都知道你是当代最杰出的拳王。可是，在后天的拳赛中，你又将成为被世界嘲笑的败将！

“混蛋！”郑强仿佛从一场噩梦中清醒过来。上前一把揪住佐藤一太郎的衣领，大声喊道，“我不上你们的当！后天的拳赛我不参加，不参加！听到了没有？你这个老杂种！”

佐藤一太郎的脸上毫无表情，好像什么都没有发生似的，他只是轻轻地问了句："难道你忘了答应我的条件？"

条件？什么条件？！"啊！"郑强松开那只抓住他衣领的手，突然发出呼天抢地的喊声："秀夫玲玲！宫本先生！"

（十一）

这时的宫本就等候在皇宫门前，可是，除了看到几辆外务省的轿车外，他根本没能见到他想见的郑强。

"你，给我把中国的郑强交出来！还有我的女儿秀夫玲玲，她跟你们无仇无怨，你们把她弄到哪儿去了！我要到内务厅，到天皇那儿告你们去！"宫本来到东京都佐藤公馆，对着这位名为东京武术首领，实为黑社会一霸的拳坛败类，拍案怒斥。

开始，宫本并不知道郑强突然失踪的去向。当那场震撼全日本的擂台赛结束时，他知道东京混乱，说不定有人会借一千万日元赌注的拳赛作乱，便想领着胜赛的郑强早早离开现场。当然，还有一件非常重要的事是替郑强从大赛的经纪人那里领回一千万日元的奖金。天真而又正直的宫本哪里知道，从他带着中国拳王郑强踏上日本国土的第一天起，就有人早早设下了一道道陷阱，这些陷阱安排得天衣无缝。当他骄傲地看到郑强如秋风扫落叶般击败最后一名拳手，正要上台抱住郑强好好祝贺一番时，他被一大群不知什么人包围了，原来是一群蜇人蚊虫似的记者。

"请宫本先生谈谈这场大赛的观后感！"

"作为日本教练，你带中国拳手到日本称王称霸，是何用意？"

……

宫本没有回答这些喋喋不休的记者一句，他的眼睛一直盯着台上的郑强，在这几分钟内，宫本觉得自己的脖子和腿肚子一下被拉长了好几寸。他越想接近拳台、接近郑强，越有人有意把他拥到一边。直到他看到几个保安模样的人员把累得差不多快趴下的郑强从拳台扶进后门走向更衣室时，他才想起应该帮郑强领取那笔一千万日元的获胜奖金。

为了安全起见，宫本特意请了两个保镖。一个“东亚病夫”一夜之间成为全日本、全世界崇拜的巨人，宫本为郑强感到骄傲，也为自己慧眼识真金而高兴。他甚至破例地在记者面前接受了一位漂亮女郎的热烈拥抱和亲吻。“先生，今晚全世界所有的人都应该与你和你的拳手分享荣誉。”她说得多甜。

“她真是个迷人的女人！”宫本今天兴致太高了。忽然，他望着那女郎远去的身影，想起了自己的宝贝女儿。咦，只顾着郑强的拳赛，秀夫玲玲不知到哪儿去了！武馆门前的人潮已渐消散，他没有看到女儿的影子，大概回旅馆忙着给郑强备水备饭吧！呵呵，要是他俩能成为一对，该多好啊！宫本不由得忆起了一段甜蜜而又心酸的往事——

……那是十八年前的事啦。那时，还没有秀夫玲玲，而宫本也不叫宫本，只是一个漂流在南洋苦力码头上的名叫秀夫的小伙子。秀夫从前在日本北海道生活，因为违反家规被赶出了这个有钱的商人家。他生性倔强，又学得一身空手道好功夫，于是，当不少从南洋发财回来的男人告诉他那儿遍地都是黄金和美女时，充满好奇心的秀夫竟然身上没带几个食宿钱，便搭上了一艘贩纱商船到了南洋印度尼西亚的雅加达市。

那时的雅加达是葡萄牙和英联邦的殖民地。十九世纪中叶的西方工业革命，给这个橡胶之国带来了巨大的繁荣。大批西方商人的涌入，使这儿的工厂和橡胶农场像雨后春笋般出现。资本家从东南亚各国输入大批劳工，其中有一半以上是女工。这些劳工没有几个是发了财的，大多生活在水深火热之中，女人的命运更不用谈。秀夫来到这里，发财的梦很快破灭了。开始他在一个橡胶农场工作，农场主让他干的是又臭又脏的清渣活。一天干十三个小时，一个月连半日清洁身子的时间也不给。秀夫实在受不了了，只身跑到雅加达市区的孔雀港。凭着浑身力气，他找到了一份较为理想的工作——每天与近百名劳工负责搬运装卸各地来的货物。码头的管理员是个红鼻子的葡萄牙人。那家伙生性野蛮，又是西洋拳击手出身，他每天到码头监工，从不用皮鞭之类的东西，总喜欢用双拳来对付那些动作慢、体弱有病的工人。大伙儿暗里都骂他是“红鼻子猪猡”。这个红鼻子的葡萄牙人又高又大，浑身毛茸茸的，打人是他的嗜好，他把击打矮小的日本人称为“拉平头”。占码头总人数一半以上的日本劳工对这个“红鼻子猪猡”恨得咬牙切齿，可又没人惹得起他。同籍的日本劳工知道秀夫会空手道，于是请秀夫治一治这个恶棍，这也是秀夫乐意干的事。

这一天，秀夫装着有气无力的样子，背着一包从伦敦运来的香料往码头上一甩，顿时，香料撒了一地。那红鼻子见了便挺着毛茸茸的大肚子气势汹汹地走过来，不问三七二十一，“咚咚咚”地朝着秀夫挥拳就打。

那秀夫早有准备，他见对方拳头击来，便迅速将身子往后一仰，红鼻子的拳头落空，倒是直冲冲地露出两只胳膊。秀夫瞅准对方手腕要害处，举起左右掌，丝毫不差地击在红鼻子的手腕上，那家伙顿时像上了屠场的猪仔，“嗷嗷”叫个不停，痛得满地打滚，那双充满血丝的眼睛盯着比他低出整整一头的秀夫，满面惊恐和疑惑。

第二天，红鼻子没有再来码头，工人们像过了一个节日。可是，这天晚上，秀夫突然失踪了。原来，这个红鼻子不但是码头上的监工打手，而且还是孔雀港上一个黑势力的重要成员。

那天秀夫刚吃过晚饭，到码头一侧的江边去游泳，天色已黑，秀夫脱下一条发臭了的汗衫，正准备往水下跳的时候，几个蒙面人将他擒住并塞进了一个麻袋，他怎么挣扎也不行，知道这一下完了！如果他们把自己这样往大海里一扔，一会儿他便会一命呜呼。不过，秀夫发现这些人没有这样做，在一个黑咕隆咚的地方，他被人从麻袋里拉了出来。

“就是这个小子，一个不起眼的日本人！”他见一个蓝眼睛的大汉对坐在转椅里的一位戴着黑亮墨镜的卷发男子说道。

这是一个铺满厚得几乎漫过脚面的暗绿色地毯的小巧的房间。房间深处的一角有个小酒吧，虽然小，架子上却排列着各式各样的酒，屋里错落有致地放着牌桌、酒桌、沙发及安乐椅等，照明的灯光柔和安恬。

屋里播放着静静流淌的音乐，但不知是从哪个角落发出的声音。秀夫发现，房间里除了那个蓝眼睛和戴墨镜的男人之外，还有六个女人，其中有五个是西方女人，一个个全身赤裸着。秀夫感到强烈的感官刺激。在日本时，尽管他也与自己家里的一个年轻女佣人有过风流韵事，但这些高大、丰满的西方女人的性感显然是任何东方女子无法比拟的。这些裸体女人似乎对男人一点也不加掩饰，她们主动地走到那蓝眼睛和戴墨镜的男人身边，有意依偎过去。

不过，他的视线很快停止在另一处的另一个女人身上。这是个东方女人，而且秀夫断定是他的日本同胞，因为他来到南洋后，就听说这里的资本家每年要从日本贩来上千名妇女，尤其是那些年轻的妇女，她们来到异国，不是干最低下的苦力，就是沦为歌女、娼妓，大概眼前的这位也是吧！不过，这位坐在转椅上的东方女人似乎浑身变得洋气了，那柔软的黑发学着那些西方时髦女郎往后肩披散着，身上穿着一件四不像的布拉吉和游泳衣的混合裙，裙摆不仅丝毫遮不住她那匀称的紧绷绷的大腿，而且由于她高高地架着腿，连臀部的浑圆线条都清楚地显露出来。她坐在椅子上，可面前并没有斟着酒的杯子，大约是侍酒的女招待吧！也可能是侍酒兼陪客人的吧女。她长得太美了，东方女性的秀美加上西方女人的打扮，使她比其他几个裸体女人更有魅力。至于秀夫，则是第一次见到同一种族里最美的女人。当秀夫正盯着她的时候，对方也抬起头，用一对扑闪扑闪的黑眼睛惊诧地看着他。

“日本人，听说你会空手道，而且功夫不浅，是这样吗？”那个戴墨镜的男人说话了。

秀夫没有说话，两眼却死死地盯着对方，心想大概今天他们是想在这儿让我上西天！

“密斯玲，你给这位先生端杯酒来！”

听到戴墨镜的男人的话，那位酒吧女托着一杯威士忌走到秀夫面前，她用复杂的眼神看了看他，好像在责备他不该到这个地方来。

秀夫默默地喝了这杯威士忌，他知道后面的戏就要开幕了。果然，戴墨镜的家伙朝那个蓝眼睛大汉使了一个眼色，那大汉迈着傲慢的步子，直挺挺地站在秀夫面前。动手吗？秀夫的脑子一片空白。

大汉一个人自己摆弄起来，好像有意要在秀夫面前显示一下威力，他弯起右臂，鼓出一块大肉疙瘩。沉闷的房间里又缓缓荡漾起一曲阿根廷探戈，伴随着这欢快的旋律，大汉右臂上的肉疙瘩，像跳舞似的跳上肩头，横过宽阔的肩背，滚下左肩膀。这时，探戈乐曲终了。接着，又响起了华尔兹舞曲。这回，那块肉疙瘩真又像跳华尔兹似的，柔和地滚动着，并且奇妙地回到了原来的右臂上，“了不起！”秀夫情不自禁地称赞道。

“日本人，听说你的功夫不浅，竟然把我手下的人打得双腕骨折。今天，我给你出两个节目，如果你胜了这位奥地利大力士，我就放你出去，并且由你从这五个女郎中挑走一个。如果你输了，那就乖乖地听从他的安排。”戴墨镜的家伙自信而又傲慢地说。

“我会将他喂鱼吃的！头儿！”大汉笑嘻嘻地转身对戴墨镜的家伙说。

秀夫的心一惊。他最关心的是哪两个节目？

那大汉似乎立刻察觉了他的心思，便走到酒柜前，取出一瓶威士忌。他先将脱下的衬衫搭在右肩膀上，然后将酒瓶放在那上面，弯起手臂，他瞧了秀夫一眼，示意他注意。接下来的一瞬间，被夹在如普通人的小腿一样粗的前臂和刚跳过舞的臂膀上的那块肉疙瘩之间的瓶子，“咔！——”一声粉碎了，那玻璃碎片碰在肉疙瘩上，居然像玻璃球撞在石板上似的被弹得老远。

女人们一齐抽着冷气。

大汉没有说话，只是抓起一个威士忌瓶放在桌上，然后朝秀夫看了一眼，意思是说该轮到你啦。

女人和那个戴墨镜的人全都盯着秀夫，秀夫觉得另有一双灼热的眼睛在看着他，那就是酒吧间那个最漂亮的女人。

该我上场了。秀夫沉着地脱下上衣，那几个女人马上就“吃吃吃”地笑起来。秀夫想，大概她们见我胳膊上根本没有能与大汉相比的那块大肉疙瘩。她们确实是该笑，秀夫看看自己的胳膊也觉得脸红，因为实在没法同大汉的胳膊相比。

大汉双手抱膀，静静地挺立在他面前，显得很得意，或者是想看看这个矮小的日本人怎么与自己比武。

秀夫淡淡一笑，走到酒吧女面前，顺手又拿了个酒瓶，这引起了在场所有人的惊奇。

两个威士忌瓶是并排立着的。

秀夫稍稍沉下腰，然后拉开架势，随即他伸掌从右向左横着劈去，只听到“嘭”的一声，两个小石头子一样的东西随着掌风飞了出去，女人们伸长脖子还在发愣，原来，她们看到，两只瓶子依然原封不动地立在那儿，只是少了瓶塞。

秀夫瞥见戴墨镜的人在点头与酒吧女的惊叹！

那大汉显然觉得自己输了一筹，粗暴地将搂着他的一个美女推到一边，然后在房间里腾出一块空间，冲着秀夫说："不错，在玩瓶子方面，好像你们空手道有特殊的技巧。可是，如果是摔跤我却不服你。怎么样，你对这个节目总不会说不吧？"

秀夫知道，今天是很难出这个屋的，于是干脆说道："OK。"

大汉哈哈大笑，然后说："因为你已经'OK'了，我就告诉你吧，我是职业拳击手，也曾学过你们日本的柔道。所以，劝你小心点。"

这时，秀夫也回了嘿嘿一笑。

大汉卷起衣袖，缓缓拉开架势，那几个美女早就吓得躲到了戴墨镜的男人身后。

小小的房子里，死一般的沉静，那音乐也不知什么时候停了。秀夫所能看到的是一张大脸盘上的一双小眼睛，气势汹汹地俯视他，并且闪烁着愚弄人的贼光。秀夫不明白这个高大的对手是要摔他，还是用拳击。他正在窥测，而对方却已经撩开长腿抢上一步，打出一个有力的直拳，那速度如同闪电，如果不是闪得快，秀夫的鼻子与眼睛该要分家了。二记、三记……大汉的拳头像抽风似的频频出击，秀夫每每险险闪过。

可是，对方丝毫没有减速，他狡猾地在进攻中改变了战术，依仗着高大的身材，一下将秀夫抓住摔倒，然后像老鹰抓小鸡似的，张开双手，高高举到头顶。

大汉开心地将"小鸡"旋转着……

女人们发出了阵阵尖叫声，那个酒吧女早就把双手捂在脸上。

剩下的就是最后一幕：把这个日本人扔下来！大汉这样想。可是，他万万没有料到，就在这时，他的两只手腕像挨了一棍似的发麻。“哎哟哟……”他连叫几声，顾不得“扔小鸡”，而“小鸡”则自个儿平平安安地飞了下来。大汉终于尝到了空手道的厉害，不过最致命的攻击是当他前胸失去防范时，秀夫重重地给他的那三拳。

秀夫知道，自己出的拳正好击中他的肋骨。

一阵骨折的钝响后，大汉发出低低的短促的呻吟，弯下腰来，一下滚倒在地上。

“你！——”这时戴墨镜的人也气得把墨镜一搁，眼睁睁地盯着这个矮小的日本人，不知说啥是好。

“先生，该我挑你的女人啦！”秀夫说。

美女们顿时精神振奋！

“你！你！还有你们！……哈哈哈哈，”秀夫指着她们大笑道，“也许有一天等你们端端正正地把衣服穿上，我感兴趣时再来请你们。现在不！”

他转身，走到那个酒吧女身边，大胆地抱起她：“走吧！”

“现在？”她又惊又喜道。

“现在！”他朝她微笑着。她扔下酒瓶，欢快地依偎在他的怀里。

两人走出房间，那受伤的大汉声嘶力竭地喊道：“日本人，你不能带她走，要不，我会杀了你的！”

她突然发抖起来。

“别怕，我们到码头上去，那儿都是我们的人！”他对她说。

后来，他知道她叫玲玲，不是日本人，而是中国人。她的命运则与秀夫知道的那些下南洋的日本女人一样悲惨。被人骗到南洋，骗到妓院，又被黑社会的头目骗到戴墨镜的人的地方，她的一生除了受骗，就是受苦。

不久，这对相依为命的青年在一艘破船上结了婚，一年后生下了一个小女孩，秀夫给她取了个具有象征意义而又值得纪念的名字——秀夫玲玲。

秀夫忙着为妻女挣钱。玲玲把安睡的女儿放在船上，上街为丈夫买些他爱吃的甜食。没想到时隔一年多后，她竟然被那个大汉看到了，大难就这样临头了。

“难道你真的爱上了那个日本人！”

她坚定地回答：“这是上帝的安排！我们已经有了孩子。”蓝眼睛的大汉没想到这娇弱的女子竟敢顶撞他，那不是反了吗？

“那么我就让你去见上帝！”他像疯子似的举起拳头朝她打来，直打得她满脸是血重伤倒地。

秀夫抱着满脸血淋淋的妻子，发誓要把那个蓝眼睛狗杂种打死。他从此学起了西洋拳，并把空手道的技巧运用到拳击中。

不出一年，他的功夫威震雅加达。秀夫学成后的第一件事，便是来到那个两年前与妻子玲玲相识的地方。

他找到了仇人，同样打得对方满脸是血不省人事。

后来那戴墨镜的人和他的部下带着警察到处找他，他无法在雅加达再待下去了，秀夫带着女儿搭上了一个好心商人的货船回到了日本，并从此改名为宫本。

宫本的西洋拳术很快名扬九州列岛，各地投师者不绝，其中包括有权有势的山野。他传授拳术，是希望民众强健昌盛，不受外人欺压。宫本没想到他的高徒山野却把他的这种精神，渐渐演变成了欺负弱贫的自我强胜欲。宫本两度跨海至中国，意在切磋拳艺，广结朋友，没想到败将山野落人仇恨的深渊，一陷再陷，直至发展到今日叛师害人的地步。

宫本长叹一声，不觉恍恍惚惚……

（十二）

宫本回到下榻的旅馆，不但没有见到郑强，连女儿的影子也没见到。他着急了，一则为自己的千金，二则他刚刚接到皇宫送来的“圣旨”，要他做好准备，三小时后天皇陛下要接见郑强。可如今，郑强连去向也不明，真是火烧眉毛！

不尊“圣旨”，是要杀头的！这时的宫本顾不得找女儿之事，他手忙脚乱地拿起电话，找到武馆馆长，让再查一下郑强赛后的去向，对方又一次证实，确确实实有人用车接走了大拳王，而且是从后门走的。

宫本眼珠一转，大惊失色道：“坏了，肯定是哪个黑帮干的！”

“丁零零！……”桌上的电话铃突然响起，宫本赶忙抓起听筒。

“喂，你是宫本先生吗？”对方是一个沙哑的声音。

“是啊，你是谁？”他急切地问道。

“这个你用不着问。”沙哑的声音顿了一下，“如果你不想违背天皇‘圣旨’的话，我们可以做笔交易，你看怎么样？”

宫本紧张地问对方：“你想干什么？肯定是你们把郑强拳王弄走了！”

“算你说对啦！不过，这并不重要，重要的是几小时后，你怎样去见天皇呢？天皇接见的事要是放了空炮，这欺君之罪是什么结果，这一点我想你不会不明白，唔，是这样吗？！”对方充满了威胁的口气。

宫本气愤无比地说：“你们必须把郑强给我送回来，否则我要通知警视厅！”

对方吃吃大笑起来，说：“宫本先生，要是这样的话，事情就更糟了。我想你是不敢这样做的，是不是呀？”

是啊，这话，宫本仅仅是说说而已，这些黑帮什么事都能干出来，对他们一时还想不出好办法，“说吧，你们要干什么？”宫本泄气了。

“很简单，把刚才你得到的那张支票交给我们，这样，今晚天皇接见郑强的事将按时进行。”

“你们……太毒辣了！”宫本气得咳嗽了半天说不出话来。

对方却一笑道：“宫本先生，这与掉脑袋相比，可就不算什么了。再说，留着郑强这样的大拳王在，你下次不照样可以获得第二个、第三个一千万日元吗？”

有什么办法？宫本想，眼前救郑强和按时赴皇宫接受天皇接见是最要紧的。想到这里，他便对对方说：“好吧，我答应，但你们必须保证郑的安全，保证今晚天皇接见的事不出任何差错。”

“请宫本先生放心，我们从来说到做到。”

后来的事就非常简单。宫本把一千万日元的巨额支票送到了事先约好的一辆黑色轿车内，郑强也准时赴皇宫接受天皇接见。

“山野，佐藤一太郎，你们这些黑了心肠的狗！我要到天皇那儿去告你们！”经过方才皇宫的一幕，宫本这才恍然大悟，原来，这一切都是山野与佐藤一太郎他们干的！他们把郑强当作人质，以天皇接见为借口从而骗走巨额支票，“败类！所有的日本人都会诅咒你们！”

宫本在佐藤一太郎的官邸门口大骂，可对方不但一反常态没有把他当作疯子交给警视厅，而是转告了一个更令他疑惑不解的消息：明天，郑强答应在东京另一个国立大武馆与山野再度交锋，并声称这是一次真正的“东方大战”。

“我不相信。郑强的一切活动都是由我安排的，这么大的事他不会事先不跟我商量就自己定了！”宫本使劲地摇着头，不相信有这样的事。

“看，这是郑强亲笔在这份应战书上签的字！”他们拿出一份东西，那上面确确实实是郑强的笔迹。

宫本的脑海里一片空白。他明白凭自己的力量在东京都与佐藤一太郎等对抗将于事无补。没有别的选择，只有等待，等待那场凶多吉少的“东方大战”。

从昨天开始，郑强的名字与他的诨号“东方毒蛇”就在日本到处流传开了，天皇的接见使他的名声盖过了日本有史以来最著名的武士。东京的各大报纸还在尽可能地加以渲染，今晚将要举行的他与山野的东方拳王争夺战，将使全日本的人疯狂。直至下午三点，押给郑强的最后赌注是1000万日元！这纪录不仅在日本是前所未有的，即便在世界级的拳击赛中也是罕见的。东京国立武馆的15000张座位票早已销售一空，后来又加了300张“特优座号”，这些特优座号都是留给日本皇室成员和政府要员，以及从世界各地特意赶来的大亨们的。每张特优座号票价为200美元，这也是国立武馆建馆以来最高的票价。总而言之，这场“东方大战”牵动了全日本每一个人的心，人们都把能目睹“东方毒蛇”的风采视为一生中的幸事。

现在，离开赛仅剩五分钟了，全场座无虚席，一片狂欢。佐藤一太郎以全日本武道主席身份发表了把郑强几乎要吹到天上的讲话。

“先生，你能不能缩短一些讲话时间？我们要中国的郑！”一位贵族女士高喊道。

“对！我们要郑！我们要拳王郑！”与此同时，几乎全场所有的女士都站起来一致要求着。瞧她们的样儿，一个个急得都要发疯似的。在靠近运动员出入处的两边座位上的女士们，正忙着准备请拳王郑签字的各种各样的东西。许多人抱着小狗，希望自己与小狗一起获得大拳王的亲昵。

真是无奇不有。两位大拳王即将出现，喜煞了女士们，也把男人们都快气死了！一个个痛恨自己这辈子干吗不学一手西洋拳呢！那样，女人们不也会投到自己的怀抱中吗！咳！混蛋，这样的好事竟然让一个中国小子给占了去！一位贵族公子当场气晕在座位上，场内又引起了一阵骚动。

“噢！——万岁！——”拳王终于出现了！整个武馆像炸开了的油锅，所有的人都站了起来，用各种不同的方式欢呼、呐喊。男人们抛帽子和摇衣服，女人们把手帕和鲜花抛向拳王。

警察把郑强和山野层层包围，他们才得以进入赛场中央。

“警察！蠢猪！应该让天皇把你们送回猪圈去，滚到一边去吧！拳王是属于我们女人的！”一个妇女愤怒地叫骂着。

一切都无济于事，拳王必须安全到达比赛的位置。

“今天的拳赛，将是日本乃至整个东方世界有史以来最激烈、最精彩、最伟大的拳赛，红方的擂主，是刚刚被我们所崇敬的天皇陛下亲自接见的当代最伟大也是绝无仅有的中国拳王郑强。他的对手，绿方擂主，是我们所熟悉的日本盖世拳王山野先生！”一向不被观众情绪所影响的主持人今天也抑制不住内心的激动，他的开场白故意言过其实地炫耀一番，在武馆内掀起了一阵山呼海啸。

整个拳场上，只有一个人默默无言地坐着，他就是宫本。宫本弄不明白这场闹剧的起因，他甚至在心头恨郑强：这样大的事，居然擅自做主，要知道，这不是在你自己的国家，而是在日本。你的对手是帮心狠手辣，戴着一副假面具且权势高贵的家伙。看着那前排主宾席上得意扬扬的佐藤一太郎，宫本就越发感到今天的拳赛不对劲。这几天，秀夫玲玲的失踪，被人敲诈去的一千万日元奖金，搅得他心神不定。然而，现在他更关心的是这场举世瞩目的拳赛。他离开原来的座位，挤到靠近台边的地方。几个工作人员一见是大名鼎鼎的宫本教练，连忙给他腾出一个座位。

现在，他和台上的郑强仅隔两三米。宫本的目光一直盯着郑强，希望他能发现自己，他有许多很重要的话要对他说。可是，台上的郑强似乎有意不朝这边看，这可真把宫本气坏了。

“小崽子，该你倒霉了！我与他们打了几十年的交道，难道不比你清楚！”宫本心里骂道。

“哐！——”共为十五局赛事的第一局开始了！ 15000 多名观众的心随着这场“东方大战”的开局锣声紧张得几乎要悬到高高的武馆屋顶上去了。

山野，这位日本人中的巨人，一直是日本男性的崇拜对象，他在生活中是个暴君，在拳场上则是个魔王。他拳法娴熟，拳路刁钻，勇猛异常，力大无比，他第一个亮相就以一串旋风般的进攻把郑强逼到台边。

男人们为他欢呼！

可是，女人们则相反。

“我讨厌这个秃鹰！”

“瞧见他那独眼龙的尊容，我就会感到恶心！”

坐在台前的一对贵妇人，挥着拳头嘀咕着。

台上，一对“雄狮”继续厮杀着。在一片男性的嚎叫声中，山野似乎得到了最好的发挥，今天他的临场情绪极佳，仿佛每一根毛孔都绽放着力量。与此相反，郑强一直处在防守之中。

“我敢发誓，我的秃鹰将摘下今天这场大赛的桂冠。哼，那个中国佬根本不可能像报纸上吹得那么神！噢，他又挨了一拳！太棒了！”

“哎哟！”一位妇女抓起身边一个男人的胳膊就咬，“我看你还用不用拳头打我！”

“啊！——”男人疼得直叫，他两眼盯着女人，感到不可思议，“你、你怎么学起狗来了！”

“你才是狗！你仗着那个秃鹰的威风用拳头打我，看我不咬死你！”女人抓起男人的胳膊又要咬。

“哎哟，别别别……”男人吓得连忙抽回胳膊，赔礼道，“真是对不起，方才是看到我的秃鹰打得太精彩了，那中国小子快完蛋了！”

这下轮到女人举拳了：“什么，你敢说他完蛋了！睁开你的猪眼看看！”她揪着他的头发，往后猛地一拉。

“啊！我的秃鹰，你不能倒呀！”男人一看台上的情景，紧张得眼珠子都快要迸出眼眶了。

台上，双方进入了白热化状态。已进行了六局比赛，一来二去，山野与郑强各胜三局。15000多名观众像大浪中的风帆，时而被掀到浪巅，时而被抛到海底。当他们在纵情欢呼时，她们却在悲痛地咒骂；当她们欢跳雀跃时，他们却在愤怒地狂吼！

他们与她们都是一群疯子！谁也没有感觉到这一切都是由高明的“导演”事先安排的。

只有台上的山野与郑强，主宾席上坐着的佐藤一太郎，还有宫本先生知道这一切。

宫本是从他们的眼睛中感觉出来的。一来一往，最后让人们的胃口吊到不能再高的程度，然后在精彩而圆满中落下帷幕。宫本看着眼前如醉如痴的观众，更觉得这场“戏法”实在可悲。难道自己不是这些被愚弄的万余名观众其中的一员！难道远涉重洋、身为异国人的郑强就不是其中的一员？也许还有他可怜的女儿——秀夫玲玲。

她现在在哪儿？我的女儿！任凭台上打得怎么“紧张精彩”或台下万名观众震耳欲聋歇斯底里，宫本都觉得这仅仅是一场戏，一场并不高明而又可笑的戏！现在，他想他的女儿。

他无论如何也没有想到，秀夫玲玲就在距离他不到十来个座位的地方。只是她不能说话，她的身边还有两个化装成观众的打手。他们把她当作一个有病的观众安排在两人中间，用口罩封住了她的嘴。如果不是郑强的坚决要求，佐藤一太郎等人是不会让这个“人质”到赛场的。

“也好，假如郑强不按我们的意思办，我们当场就可以把她干掉！”佐藤一太郎对手下的人说。

秀夫玲玲虽然不能说话，但她的眼睛是活的。她对拳场上的一切都看得清清楚楚，她的心儿关注着台上的每一幕。尤其为郑强明明可以迎头痛击山野而不奋力进攻，反被对方击得鼻青脸肿而心如刀割。她几次想扯掉嘴上的口罩，大声对台上的郑强说：“别管我，郑强，拿出你的‘毒蛇’本领来！”可每当她刚想要动，两个打手就使劲地扭她一下，她急得眼泪“唰唰”地掉下，台上“咚咚”作响的拳头像捶在她的身上。

“玲玲，你恨吧！恨死我吧！我无用，我不是拳王！可你应该明白，我不得不这样做。要不，你的生命就像路边的一朵小花会被佐藤一太郎他们任意踩踏！那样，我怎么能对得起你，怎么向我尊敬的导师、你的爸爸宫本先生交代呢？喔！——看，我又挨了一拳！这一拳我本来是可以躲过的，可我必须这样咬紧牙关任他打。可你知道，山野这家伙不但在拳台上心狠手辣，他在台下比豺狼更狠。瞧，你流泪了，不仅仅是你，场上许许多多希望我胜利的人都流泪了，他们是因看到我的落败而失望，而你是为我的落败在伤心。是的，我知道，可我又有什么办法呢？瞧，这个该死的山野，看他多得意，他可以用各种凶猛的拳头击打我，而我则不能，天哪，我算什么拳王！我算什么毒蛇！喔！——”台上，郑强又一次倒下……

“山野，再打呀！打死他！”疯狂的男士们用力顿足，喊出的声音连隔海的北海道都快听得见了。

“畜生，我看你打，我先打死你！——”一个女人扑到那位蹦得高高的男人身上，一边骂着，一边举起拳头就打。

“哎哟，臭娘们，你真的爱上那个中国小子啦！好吧！看我怎么收拾你！——”

于是，台下的男女混合“拳赛”也开始了……

好热闹呀！武馆大厅内的太阳旗四方飞扬，难以抑制情感的人们不知在谁的带领下，居然唱起日本国歌。于是，赛场又成了两派势力大示威的场面。

赛场上，出现了一边倒的局面，大和精神似乎占据了武馆的每一寸空间。

佐藤一太郎洋洋得意。

宫本目瞪口呆。

秀夫玲玲止不住的泪水直往下流。

“打死中国人！”“什么东方毒蛇！就是一条癞皮狗！”“一分不值的癞皮狗，把他扔出去！”

刹那间，大和精神不可一世！

“……六——七……”此时的裁判，如果不是爬在郑强的耳边，即便喊破嗓子也无济于事。

观众的咒骂声，裁判的数点声……受伤的郑强突然精神一振，立即从迷茫中清醒过来。当裁判的“八”字刚刚脱口而出，只见他纵身跃起，像巨人般屹立在拳台中央。

全场为之惊愕，只有宫本和秀夫玲玲的脸上闪着希望的光芒。

“郑，你是不会倒的！快打呀！把独眼龙的另一只眼也打瞎呀！”寂静的场中这声音显得格外响亮。

“郑，你是拳王！快动手呀！”那些早已气断肠的下注者们发现拳赛有了转机，顿时欣喜若狂。高举着钞票，“我加10万！郑，砸烂秃鹰！打死他！”

是的，该打死他！你这个混蛋，当年我爸就是活活死在你的拳头之下，如今，你又想故技重演来达到你不可告人的目的！做梦！看拳！

‘咚咚！——”山野像过街老鼠似的抱头倒退几步，全场一片哄笑声。

“现在是第十三个回合，也是本次‘东方大战’最关键的时刻。我们不难看出，连续惨败于山野之手的中国拳王郑强，此刻越来越显得势不可挡。真不愧是毒蛇！他那神速的出击，所向披靡，盖世无双！让我们为他欢呼，为他鼓劲！”喇叭里不知是谁说出这么一串鼓舞郑强的话来。

“给我把那个喇叭里嚷嚷的家伙揪下来，用块棉絮塞住他那张喋喋不休的臭嘴！”佐藤一太郎脸色极为难看地命令手下的人。

“是。”

场上又是乱成一片的喊声。

此刻的郑强把一切都丢在了脑后，只抱着一个念头：我是拳王，打倒山野，救出玲玲！看“毒蛇”的威力！15000多名观众的头跟着他的拳头忽儿倒向这边，忽儿转到另一边。

“好小子！打得痛快！”宫本觉得比自己上场打都过瘾！情不自禁地挤到台前，扯开嗓门给正在穷追猛打中的郑强鼓劲道：“郑强，就这样，不让对方喘气！拳峰往上抛！对！照准他的脸！打！打！打！——”

啊，是宫本先生！郑强听到身后有个熟悉的声音，然后他又看到一双熟悉的眼睛，那是玲玲！秀夫玲玲！现在是第十四局。只要这局取胜，就能彻底粉碎佐藤他们的阴谋！

赛前，山野和佐藤一太郎早已一次又一次地警告他，如果不按他们的条件办，不但秀夫玲玲活不成，就是宫本，还有郑强自己也将是同样下场！这帮无耻的畜生！他们以为靠这就可以获得钱财万贯，就会征服一个拳王！哼，想得美，我要让你们两败俱伤！

郑强一边出拳，一边思忖着即将面临的生死选择！瞧，佐藤一太郎已经坐不住了，那看护着秀夫玲玲的两名杀手已经将刀顶着她的后背。此刻，像孩子般欢快的宫本身后也有人在盯着他……怎么办？必须马上决策！迟疑一秒，宫本父女俩的生命就会受到威胁！他用双目余光扫了扫台周围，决心下定！

“咚！咚咚咚！”“毒蛇”的招数使得拳台上的“秃鹰”难以招架。山野一边消极地防守退让着，一边喘着粗气，两眼闪着可怕的凶光，说着只有他们俩人才能听到的话：“你，你答应的条……条件，为……为什么不应诺？”

“呸！那是你们强加于我的！”

“难……难道你还……还不明白我和……和佐藤……一太郎是什么人？”

“哼，是拳手，就应该明白，我们之间的高低只有在拳台上见分晓！你明白吗？”想起这几天被愚弄、被折磨的痛苦，郑强更如火上浇油，他看准对方下档空虚，一个箭步上去虚晃一个左直拳，紧接着以闪电之势，重重打出一个右上勾拳。

“喔！——”山野只觉得五味翻肠，两腿发酥，要不是台边绳圈挡住，也许早翻倒在台下了，“你……你会后悔的！”

“你若能抬起头来看看场上的观众，你就知道我决不后悔的！”

场上怎么？场上还不都是我们日本人！山野的视线越过郑强的身体，他看到了整个疯狂的大厅以及他的日本同胞。

“蠢猪，滚下台吧！我们不要看你丢脸！”

“秃鹰，滚蛋！滚蛋！”

“让我滚下台？我孬种？呸！”山野心里窝着火，生气地把视线收回到他的对手脸上：都是这个中国人让我丢尽脸。我，我不会倒下的！佐藤一太郎他们会救我的，一定饶不了这个小子的！顶、顶……顶住！不能，不能倒下！

“咚咚！”“咚！——”又一串“连珠炮”。

山野刚捂住胸口，脑袋又一下“炸”开了，他再也无力留在这拳台上，更无心想那一千万日元的赌注。他头脑里只有一件事：佐藤一太郎和我的计划都被这个中国小子搞砸了！他慢慢倒向拳台……可是，就在他将要与拳台“接吻”时，全场观众，连同坐在贵宾席的佐藤一太郎等人，被眼前想象不到的一幕惊呆了：

只见郑强把手上的拳套扔在一边，上前双手提起正要卧倒的山野，大叫一声“啊！——”当万名观众还未反应过来是怎么回事时，那满脸是血的山野像段木头似的被郑强扔到佐藤一太郎身旁，而郑强一个雄鹰展翅从好几排观众头上一跃而过……

“玲玲，快走！”

那两个紧紧要挟着秀夫玲玲的打手还未弄清拳台上在唱哪出戏时，他们“保护”的人质已不知飞向了何处。

“啊，你，你想干什么？”当他们清醒过来时，郑强赏了他们每人两只铁拳，两个家伙顿时变成了一对草包滚到了观众脚下。

“快逃呀，中国人打人啦！”整个赛场一下陷入惊恐的混乱之中，女人们钻进了椅子底下，男人们为夺路逃命而互相扭打起来。

“郑强！”

“宫本先生！”

“爸爸！”

激动得热泪盈眶的宫本刚刚被郑强拥抱着，怀里又扑进了宝贝女儿。“玲玲，让你受苦了！”父女俩真像生离死别，百感交集。

“宫本先生，咱们赶快乘骚乱之际离开这儿，佐藤一太郎会马上派人捉拿我们的。”

郑强的话提醒了宫本，他拉起女儿跟着郑强就往门口冲。

佐藤一太郎这帮家伙看来早有准备，在武馆的八个大门口迅速站满了持枪严守的门警。

“不许挤！别让那个中国小子跑了！”门警一边喊着，一边拼命地拦住横冲直撞的观众。

那些吓掉魂的观众根本不听劝阻，依旧像潮水般地拥向门口。宫本带着郑强和秀夫玲玲夹在人流中乘机而出。

“跑了！他跑了！ × 的，快把汽车开来！”警察们在呵斥着。顷刻，大街上传来阵阵刺耳的警笛声。

“不好，他们追来了！”宫本对郑强说，“你带着玲玲往左边跑，那儿是立交桥，你们想法从桥墩上下去，甩掉‘尾巴’！”

“不行，先生，我们一块儿走！”郑强刚要回头去拉宫本，只听“砰砰”两声枪响，身边的秀夫玲玲应声倒下。

“玲玲！”“秀夫小姐！你怎么啦！”宫本和郑强大惊，赶快扶起秀夫玲玲，哪知她刚说一声：“郑先生、爸爸……”便头一歪，再也没有说话。

郑强觉得满胳膊黏糊糊、湿漉漉的，凑近一看，天哪！是些白里渗红的脑浆！他禁不住大哭起来：“秀夫小姐！——”

“玲玲！玲玲！我的玲玲！爸爸跟你说话，你答应呀！答应呀！”宫本抱住女儿，拼命地用双手堵住秀夫玲玲后脑流出的血水与脑浆，可他怎么也堵不住。

“砰砰！”一阵更近的枪声。

“好吧！这些王八蛋，我要用你们的命来祭奠秀夫玲玲！——”郑强“噌”地跃起，高高地举起拳头，迎着枪声冲去……

“郑强！郑强！——快回来！给我回来！”宫本一看此景，迅速放下断了气的女儿，上前一把拉住郑强，“你的无用！还不快给我跑！跑呀！”

“不，先生，我要为秀夫玲玲报仇！我要杀死佐藤一太郎他们！”郑强说什么也不听。

“你，你杀不死他们！明白吗？回去！回你的老家去！”宫本几乎是在乞求他，可郑强抹着眼泪，依然倔着劲，宫本急了，使劲把郑强往路边推，然后抡起拳头，就朝他后背打去，郑强没有准备，一下从高高的路基上摔下去。原来，那是一条爬坡的公路。郑强从路面滚下，足足滚出几十米。当他被一株大树挡住，站在路边的污水沟中往上看时，只隐约听见几辆警车戛然而止，然后是几个不同声音的对骂声，接着又是一声枪响。

郑强心头一惊。就在这时，他见路基上有一个黑影从上面滚了下来，一直滚到他的脚跟前，像是一个男人！他心惊胆战地凑近一看。天哪，是宫本先生。

这时的宫本已奄奄一息，鲜血顺着他的胸口像小河似的流淌。

“先生！先生！”郑强赶忙将恩师扶起，泣不成声：“都是因为我，我……我不该到日本来，不该……”

宫本微微抬起眼皮，深感欣慰地说：“你来得对，你不是不甘心别人骂你是‘东亚病夫’吗？你的心愿实现了，全日本、全世界都公认你是拳王！我真高兴你今天的比赛……”

郑强一听这话，更觉嗓子像堵了棉絮，说：“先生，我对不起你。可我没有办法，他们把秀夫玲玲押起来当人质，这一场我不打，他们就会杀她，打赢了，也要杀她，所以，开始几轮中，我只能应付一下……”

宫本宽慰地笑了一下，说：“我都明白，郑强，后来你打得太漂亮了！你是真正的拳王，真正的！”

“呼呼！”又是一阵刺耳的枪声。

“郑强，你快走，他们马上就搜到这儿了！快走！”宫本用最后的一点力气，推开郑强。

郑强不忍心放下宫本。“不，先生，我背你走，想办法离开日本，我们一起到中国。”

宫本再也没有应答，他胸前的鲜血已凝固了。

“快！快！那儿好像有人！”郑强听到不远处有人在喊，那声音很像山野。不好，他们追上来了！郑强这才放下宫本，并从地上拣起几根树枝盖在宫本的尸体上，然后迅速离开现场，朝大路走去。

此时，虽已黄昏，但东京马路上依然人来车往，郑强发现许多行人看到他，都惊讶地躲到一边。“怎么回事？他们认识我？”可又不太像。他低头一看，原来自己身上沾满泥巴又混杂着血迹，一看就像杀了人似的。郑强想赶快离开这儿，可没有了宫本父女，他就像失去双目的盲人，不知该往哪儿走才是。正在他犹豫不决之际，身后又一阵警笛由远而近。郑强回头一看，还是刚才追击自己的那几辆警车，于是，拔腿就跑……

好惊险的场面！郑强猛跑，警车紧追，郑强想再拼命跑也不行了，怎么办？他往两边一看，见自己已经跑上了立交桥，好机会！只见他飞奔到桥栏边，然后双手扶杆，一跃飞出高层的桥面。

也不知立交桥的上下相距有多高，郑强只觉得自己的屁股就像西瓜摔在石头上，不烂也快碎得差不多了。他想爬起来，刚摇晃了几下，又“扑通”一下倒在了路中央！

“嘎——”一辆飞驰中的轿车在他头顶处紧急刹住。

郑强失魂似的从车头的两个轮子中央钻出来。

“蠢货，你想找死！”司机从车里出来，揪住摇摇晃晃的挡路人，气得举手想打。

“啊，是密斯特郑！”车内，一个女人用英语说着。

车门打开，走出一位颈项上挂满珠宝的金发女郎。她飞奔上前搂住郑强：“密斯特郑，我亲爱的，你怎么会在这儿？这是怎么啦？”

郑强迟疑地摇摇头，当他抬起两眼看对方时，不由得大吃一惊："是你，娜莎！"

娜莎泪水盈盈，点点头："是我，快上车。"

马达起动，轿车顿时消失在夜幕之中。

"见鬼，难道又冒出个宫本救了这个中国小子？"在立交桥上绕了几圈的山野等一大帮打手从警车上跳下，气呼呼地冲着远去的轿车喊道："给我追！"

（十三）

东京港口，一艘挂着挪威国旗的货轮停靠在码头边，露出水面的货轮躯体上隐约还能看出"伊丽莎白号"这几个字。在一间豪华的单间舱内，娜莎从柜里拿出一套内衣，对脏得不能再脏的郑强说："快换上，看你这样子，我都快认不出来了！"

郑强万万没想到竟然会在日本突然巧遇他几度在梦中见到过的娜莎。他接过衣服，疑惑地问："娜莎，这不会是在做梦吧？"

娜莎走过来，吊住郑强的脖子，柔软的金发在这位壮实的中国小伙子胸脯上摩擦着："你说呢？"她抬起头问，含情脉脉地看着他。

是她，热情，奔放，漂亮，身材也比以前更加匀称、丰满，只是她的眼里多了一分忧虑。一切都是那样实实在在。

郑强感到心头的血液在发热："不不，不能这样，娜莎！"他赶忙推开依偎在他胸前的她。

"那，你把衣服换下。"娜莎拽了拽自己的衣角，红着脸说："瞧，连我都脏了！"

郑强接过衣服，似乎在寻找着什么。他看看娜莎，不觉脸红了。

她会意一笑，转过身去。

他慌忙脱下脏衣服，又将娜莎给他的干净衣服不分里外地一起罩在自己的身上，可是他越紧张越穿不进去。“你，你别转过来！别……”郑强见娜莎转过头来在笑他，更是手忙脚乱。

“咯咯咯……”一阵上气不接下气的笑声。后来，笑声又戛然而止。

“娜莎！别，别这样，有人会进来的！”郑强完全被吓呆了。他怎么也推不开像胶一样黏在自己身上的娜莎。

“不会的，不会的，他上岸去寻日本小妞还没有回来呢！你不用害怕，啊，我亲爱的……”她喃喃说着。

“他是谁？是乔治？乔治！啊，到底是谁！”郑强一边推开娜莎，一边惊慌地四处寻觅，他的目光落在了化妆台上的那张照片上。他吃惊地看到：原来娜莎已经结婚了！她的旁边是亨利，而不是乔治！他扳过她的脸，问：“这是怎么回事，娜莎？”

娜莎长叹一声：“上帝的安排。”她拢拢头发，给郑强倒上一杯咖啡，自己则倒了一杯威士忌酒，“我知道你不喝酒，可我现在，竟然能喝上多半瓶。”

“你以前是滴酒不沾的。”

“是啊，以前，以前就像一场梦。”娜莎的眼里映着泪花，她把头埋在胸前，片刻，又抬起头来：“想听听我这几年的事吗？”

郑强点点头，娜莎则苦笑了一下。

“‘伊丽莎白号’以前你也知道一点。”她说，“我父亲虽是老板，可他年纪大了，一直准备把这条船交给他的继承人。偏偏我这个唯一的继承人又是个女的。为此，父亲就想找个女婿，而且要在自己船上的海员中找。照理，这自然应轮到乔治了，虽然我并不太喜欢他——你知道这并不是我的原因，可我们毕竟是青梅竹马，父亲也喜欢他，乔治有丰富的航海经验，父亲最需要的也是这个。圣诞节的那天晚上，父亲召集了所有人，并当众宣布，假如谁得到我女儿娜莎赠予的‘伊丽莎白’金戒指，谁就是未来的船长。父亲一宣布，所有的船员都为乔治欢呼，因为大家相信只有他才够资格得到这个位置。一向回避我的乔治，今天也一反常态，非常自信地微笑着等候我赠予他订婚礼物。可是我一听父亲的决定就傻了，我完全失神地站在那儿。就在这时亨利突然高呼起来，并随即走过来拥抱我，亲吻我，还大声宣布：“娜莎早已将‘伊丽莎白’金戒指给了我。”我父亲和众人不知怎么回事，连我也糊涂了，我又解释不清，急得眼泪都掉出来了。亨利则高兴地又搂我又吻我，并且把他的戒指戴在了我的手上。这时，我看到一个人急匆匆地离开了大家……”

“他是乔治？”

娜莎点点头说：“他走了，而且永远离开了我们的‘伊丽莎白号’，这事就在我们离开上海港的一个月后发生的。”

郑强问：“后来，你就与亨利结婚了？”

她又点点头，沮丧地说：“无论我怎样反对，父亲说他绝对不能收回当众宣布的诺言，而我就像一件衣服或一个玩物，在这场继承船主的交易中，被他们卖来买去。”

“既然你不喜欢亨利，可又为什么把金戒指送给了他？”

娜莎一听这话就跳了起来，说：“我正要问你呢！这几年来，是你的恶作剧把我害苦了！”

郑强大惑不解。

“那天，我们的货船离开上海，乔治和我为了让你留下跟着我们一起远航，在我父亲面前磨破了嘴皮。离港那天晚上，在你睡着的时候，我把我家的传世珍宝——‘伊丽莎白’金戒指戴在了你的手上……”

他站起来打断她的话：“没有的事！我怎么一点也不知道？”

“是的，你睡得像死人一样，要不是那样，也许我的命运与现在恰恰相反。”娜莎摇摇头，情绪倏然激动起来，“亲爱的郑，你知道我是多么爱你，每当我看到你在拳台上那勇敢的劲头和打败对手获胜后的骄傲，我兴奋得都要发疯了。我爱你，就像大海的浪潮，越涌越高。可你……唉，你即使不爱我，可也千不该万不该把我家的传世之宝、我的心爱之物送给亨利这样的人！”

“什么？我把戒指送给亨利？”郑强的两眼瞪得眼珠都快要掉出眼眶了，“天，哪有这样的事！”

娜莎瞧着郑强着急的样子，也深感其中必有蹊跷：“不是你给他的？”

郑强肯定地摇摇头说：“我连有这件东西都不知道，怎么可能做出那样的事！”

娜莎更觉惊诧了，问道：“那天晚上你为什么突然离开了我们的船？”

郑强痛苦地摇摇头说：“我至今没有搞清楚，那天你知道，当我听说船长同意我留下来跟你们一起远航我有多兴奋。也许白天干得太卖力了，吃过晚饭一躺到床上就睡死过去。可当我醒来时，发现自己已经在一间陌生的茅棚里，我一摸，自己的额上缠满了绷带，原来是一位养蛇的老汉救了我，我才明白——我是被人打昏后从‘伊丽莎白号’上扔下了海……”

娜莎恍然大悟：“原来是这样！”说着，她转身拉开一个抽屉，从里面拿出一支手枪就要往外跑。

“娜莎，你这是干什么？”郑强上前急忙拦住她。

娜莎气愤道：“我要去找他算账！亨利！这个狼心狗肺的家伙，他不仅害了你，又欺骗了我！是他偷偷地拿走了我送给你的金戒指，然后又把你扔下了大海！”

郑强一听这话，额上的那块伤口仿佛一下疼起来：“这个可恶的家伙！我非……”他若有所思地看看娜莎，看看那张亨利与她依偎在一起的结婚照，不由得冷冷地说道，“可他是你的丈夫！”

娜莎一下将那张双人合照扯了个稀烂：“与狼为伍的日子我早过腻了，而且他也没有当上几天丈夫就去勾引其他骚娘们去了。”

郑强搓着双手，觉得事情并不那么简单，说道：“娜莎，你想过没有，他现在不仅是你的丈夫，更重要的是他掌握着全船的大权。”

娜莎却有把握地说：“我父亲没有死，他可以让乔治回来。而且，还有你呢！亲爱的，你可得救救我呀！”

郑强极为矛盾。山野的死给他带来的冲击还未平息，此时又遇见了娜莎和仇人亨利，他不知该怎么办才好。“娜莎，我理解你，可我是从日本魔鬼的刀下逃出来的，要不是刚才遇见你，也许我的脑袋就留在东京了。你的大恩大德我永世难报，可我是中国人，我要回中国，回上海去！”

娜莎摇摇头说：“郑强，你还不知道吧？已经开战了，上海港连我们盟国的船只都不让停泊。我们‘伊丽莎白号’要不是改在挪威航海公司的名下，连吴淞口也进不去。战火纷飞的时刻，你回国有什么好！”

郑强激动地回答：“真是这样，我更应该回去！”

娜莎紧紧按住郑强，毫不迟疑地表示：“亲爱的，那我跟你走，啊，带上我吧？”

郑强摇摇头说：“不，娜莎，我的好娜莎，你不能走，你还有年迈的爸爸，还有这‘伊丽莎白号’！”

娜莎抱头痛哭。郑强扶起她，不住地安抚着：“娜莎，听我说，听我说……”

“不，我不想听！不想听！”娜莎突然把外衣一脱，又上前扒开郑强的上衣纽扣……

“别、别……”郑强的声音颤抖着，上了床的女人已不再是女人了，郑强只觉得娜莎的力量简直可以上拳台，他被一股不可抗拒的飓风卷入深渊……

“砰！”突然，舱门开了，醉醺醺的亨利出现在这对偷情的男女面前。

“嗯，你们在这里干好事？”亨利摇摇晃晃地一把将床上的娜莎揪起，狠狠地打了她一记耳光，“你这个臭婊子！”回过头来，又死死地盯着郑强：“啊，原来是你！你这个中国猪猡怎么没有死！竟然还敢来偷我的老婆！我，我要你去见上帝！”说着，拉开拳击姿势，摇摇晃晃地向郑强扑来。

郑强没有躲闪，直挺挺地站在那儿任凭亨利左右出击，渐渐地他的嘴角滴着血。

娜莎急了，哭着呼喊道：“郑强，为什么不还手！是他害了你，害了我，还有乔治！”

郑强这才浑身一震，似乎猛然清醒过来。他的目光顿时燃烧起复仇的火焰，“咚咚！”有力的拳头一下将亨利打了个四脚朝天。亨利从地上爬起来，摇摇头，酒劲也没了，那双浑浊的眼珠一下瞧见了梳妆台上的手枪，猛然扑过去抓在手中，然后将枪口对准郑强。

娜莎见此情景，飞奔上前用身子掩护郑强，说：“亨利，你打，打吧！朝我胸口打！”

亨利气得脸色发紫，稍加思索后，便声嘶力竭地嚷道：“姓郑的，算你走运，我送你到香港。不过，你要是不离开‘伊丽莎白号’，我，就杀死你，杀死船上所有的人！”

（十四）

香港，郑强默默离开码头。当他回头再向‘伊丽莎白号’告别时，看见船舱的一面玻璃窗内，泪流满面的娜莎在向他挥手，两人目不转睛地对视着，直到黄昏时分……

（十五）

上海，一条背阴潮湿的弄堂。郑强的小妹从门外欢快地进来，喊道：“姆妈，哥哥回来啦，哥哥回来啦！”

回来了，带着一身污垢和疲乏的郑强出现在离去将近一年的家门口。

“阿强！阿强！——”里屋，卧床的母亲在喊着。

呆呆立在门外的郑强这才赶忙奔进里屋。母子相聚，不由得抱头痛哭起来。郑强看着被病痛折磨得面黄肌瘦的母亲，心如刀割：“姆妈，儿对不起您！”他扑通一声跪在地上。

母亲抹着眼泪，说：“你回来就好，回来就好！”说着，又忍不住眼泪“唰唰”流下。

“妈，这是怎么啦？别难过了，啊！”郑强在一边不停地劝说着，谁知越劝说，母亲越伤心。他不明白这是怎么回事，便问阿妹：“出什么事了？阿妹！”

阿妹也只是眼巴巴地看着似乎变了样的哥哥，半晌没有说出一句话。

“说呀！到底出什么事了？”郑强着急了。

母亲将他拉到床头，认真地问道：“阿强，人家说你当了日本人的走狗、汉奸，这是真的吗？”

这话把儿子搞得丈二和尚摸不着头脑。

“姆妈，你听谁说的？在日本，我几乎连性命都丢了，怎么会当他们的走狗？”

“人家都说日本一边占领我们东三省，一边把你捧到了天上。天皇还专门接见你，不是走狗是什么？弄堂里的人都这么说，阿毛哥他们还要找你算账呢！”一旁的阿妹插话道。

郑强气得一拳砸在墙上，说：“哼，我找他们去！”

“阿强，别胡来！别……”

“哥哥……”

郑强自幼练武，虽然他在学习西洋拳时学会了常人很少具备的克制意识，可如今他却不甘忍受这等耻辱。一年前，当宫本先生盛情邀请他东渡日本切磋拳艺，他是抱着为中国人争口气的愿望出国的。在东洋的那些日子里，他有过作为中国人的骄傲，但更多的是在进行生死的搏斗。要不是宫本父女相助，要不是巧遇娜莎，也许早已死在心狠手毒的东洋人手下。当他踏上自己的国土时他多么兴奋，仿佛一个断了奶的野孩子重新回到了母亲的怀抱。无论自己怎么一贫如洗，这里毕竟是他熟悉的祖国！可眼前听到的事，使他感到简直不可思议。

“听说过没有，郑家的，男囡当东洋人的汉奸了！”

“快看看，那个模样倒蛮像人，可实际上是软骨头！”

弄堂里，几个多嘴婆子见郑强从她们身边走过，指指点点地说。听得一清二楚的郑强回过头来责问道：“你们把刚才的话再说一遍？”

多嘴婆们一听，吓得直往房里钻。

“汉奸！打倒汉奸！”几个郑强认识的男孩，冲着他不停地呼喊着。

郑强感到十分憋气又窝火，上前一把抓住一个领头的小家伙怒吼道：“告诉我，谁是汉奸！”

小家伙瞅着那只大拳头，“哇”地大哭，其余的几个早已脚下抹油，一溜烟不知躲到哪儿去了。

郑强放下那个男孩，长叹一声，他突然感到周围的所有人都是那样陌生，而他仿佛再也找不到那个属于他的世界了。

大街上的游行队伍，呼喊着“打倒日本帝国主义！收复东三省”的口号，游行的人一个接一个地从他身边走过。郑强觉得那一张张愤怒的脸是冲着他来的。他匆匆地离开大街，来到往日熟悉的心中圣地——精武馆。

这里异常热闹，进进出出的练武人中有不少曾是郑强的伙伴，他们见到他先是一怔，继而扭头就走。有几个“三脚猫”居然有意拉着嗓门高喊道：“东洋人捧出来的大拳王，怎么不留在日本当天皇的干儿子呀！哈哈……”

郑强握紧拳头，恨不得上前狠狠地揍他们一顿。他正要往里走，迎面一个人与他撞了个满怀，“阿毛哥！”郑强喜出望外地喊。

“你?！你来得正好！”蔡阿毛非常鄙视地看了他一眼说：“听说你在为日本人干事，哼，真没想到！”

郑强抓住师兄的双臂，恨不得把心掏给他看：“阿毛哥，我们从小在一起，难道你也相信这些无中生有的事！在日本的事，以后我慢慢讲给你，今天我找你是想与你商量开办西洋拳培训班的事，我想……”

“你不要再想了！”蔡阿毛粗暴地打断他的话，“如今国难当头，没有一个中国人不恨日本鬼子的，我们精武馆的所有人也与国人一样。当年霍大侠开办这个馆的宗旨你也知道，可如今，从我们精武馆出去的人竟然有人给日本人涂金抹粉……”

“谁为日本人涂金抹粉，你说清楚！”郑强急了，一把抓住蔡阿毛的胳膊，恨不得与他决个死活。

"到底是谁你清楚！可精武馆的规矩你知道，并且这也是你父亲、我师傅生前一再教导我们的。摆在你面前的有两条路：要么接受挑战，要么放弃西洋拳。是当汉奸，是当英雄，由你自己选择！"说着，蔡阿毛袖子一甩，大步离开了武馆，把郑强撇在了一边。

"啊！——"一只拳头与一块石板重重地撞击在一起，鲜血映红了一片，郑强像受伤的雄狮，几乎瘫倒在地。

（十六）

外白渡桥上，一位学生打扮的姑娘气冲冲地拿着一张报纸，责问一旁的蔡阿毛："你以为这样做也算是爱国主义吗？哼，见鬼，我真不知道你这个口口声声重义气讲师尊的人竟然会做出这样的事！你不知道你这样做会多伤师娘的心啊！"

蔡阿毛不服道："正因为这个，我才提出与他挑战。郑师傅是我们上海一代武宗，却惨死在日本西洋拳手下。郑强本该为他父亲报仇，可他偏偏在举国愤怒声讨日本鬼子侵占我东三省的前夕，甘心去当日本天皇授予的西洋拳王。我们中国武术是多少代传下来的国术，祖宗的业绩不继承，去当什么西洋拳王，这不是在我武林人士头上拉屎吗？此战我是非打不可，而且非胜不可！除非他阿强公开放弃西洋拳！"

"哼，就你逞能！我让阿强不理你！"姑娘小嘴一撅，"哗哗"几下将那张刊有蔡阿毛向郑强挑战启事的报纸撕了个粉碎，然后扔进了苏州河，扭头就走。

"哎，阿芬！你听我说！等等！……"

蔡阿毛在后面边追边喊。

郑家，阿妹伏在阿芬的肩膀上抽泣着。郑强的母亲坐在病床上长吁短叹。郑强则在一旁的小木凳上，默默地凝视着为母亲治病而煎着药的罐子。

“走，阿芬，带我去找阿毛，不像话，虽然阿强他爹不在世了，可他毕竟还是南拳王的门生！阿毛他怎能这样欺负人呢！”郑母越想越压不住心头之火，从床上坐起来，说什么也要让女儿和阿芬带她去找蔡阿毛说个清楚。

阿芬赶快过来劝阻道：“师娘别急，阿毛那边我去说，我想法让他取消这个馊主意！再说，只要阿强不理他，他也没有办法！”

“对，阿哥，你别去就是了！”阿妹插话道。

郑强痛苦地摇摇头，说：“挑战书上明明白白地写着，要是我不去，就自认从此放弃西洋拳。”

“放弃就放弃！”阿妹说。

“你知道啥名堂！”郑强粗暴地吼道。

“你，你怎么能这样对待小妹！”母亲生气了。

郑强心烦地从小凳上站起身，直往屋里走。突然他回头，对阿芬说了句：“你告诉他，我应战！”说完，“砰”的一声关上门，把自己反锁在里面。

整整一天，他没有开门。

十里洋场的大世界，中西拳术大战吸引了成千上万的上海观众，由于报界连续几天的宣传和全国性的反日热潮，人们对这场大战的关心程度已经超过了拳赛本身。不少人从报纸上获知赛手中的一位是名震东洋的受日本天皇厚待的打西洋拳的中国拳手，都想到现场亲自观战。而更多的则是武术界人士，他们把这场大战当作中国武术反击西洋拳术的雪耻之战。

赛场的大门口，两幅宣传画显示着两位擂主的诨号与尊名：一方是神龙蔡阿毛，一方是毒蛇郑强。

在一片欢呼声中，代表中国武林的蔡阿毛精神抖擞地出现在拳台上，与此相比，郑强则显得无精打采。

“阿毛，我不明白，我们为什么要相互残杀？”比赛即将开始，郑强趁着乱哄哄的场面问道，那语调像是在恳求。

蔡阿毛装作没听到，举着双手，向崇拜他的观众们招手示意。

“神龙，一定要给中国武术争气！”

“对，我们吃西洋拳的亏太多了，阿毛，这下要看你的了！”

蔡阿毛自信地点点头。

比赛场地变了样：十米见方，没有绳圈。“哐！——”开赛锣声响起，赛场一片寂静。人们只见阿毛拳脚并起，如龙腾虎啸般席卷着十米见方的拳台，那好似闪电的左右击拳，连环踹脚，直逼得郑强四处躲闪……

台下响起暴风骤雨般的掌声。

“好功夫！阿毛，一年不见，你长进匪浅！”战斗间隙，郑强小声地对阿毛称赞道。

蔡阿毛双手在胸前“哗”地拉了个弧圈：“少啰嗦，看拳！”说着，一个重击，正中对方胸脯。郑强自然没有轻易倒下，但他还没有来得及稳住阵势，只觉头顶一阵旋风，随即后背如被重炮所击，他整个身子向前踉跄了数米，“扑通”倒在台上……

在一片欢呼声中，第一局宣告结束。

铜锣又一次响起，蔡阿毛的锐气倍增，他时而腾空跃起，时而“海底捞月”，时而侧面出击，时而闪身躲开，好一派威武英豪。

那郑强说来也怪，除了防御和躲闪之外，似乎在跟着台下的观众一起欣赏一出中国武术的精彩表演。“好！好！——”他也在为师兄的神奇功夫喝彩。

蔡阿毛以其娴熟的动作，高超、惊险的功夫，又一次在观众的欢呼声中打完了第二局。

“喂，你为什么不还手？”第三局一上场，蔡阿毛就责问郑强。

郑强笑嘻嘻地告诉他：“我被你的功夫迷住了，阿毛，你打得真好！”

这还不火上浇油！原来他根本没拿出真本事来跟阿毛对阵！蔡阿毛气得牙齿咬得“咯咯”作响，他受不了这等捉弄！他要给对方真颜色看。蔡阿毛“啊”地运足一股真气，然后猛地上前给郑强来了个“闷棍阵”，郑强虽然学过一些武术，但与专长武术的蔡阿毛相比，尚有一段距离。尤其是今日之战，是中西拳术较量，郑强用的是西洋拳架势，因为这要比拿自己的一点武术功夫更好应对些。可这次大战的组织者预先就明示：去掉西洋拳赛的绳圈，以十米见方的擂台比武。对蔡阿毛来说，这自然犹如蛟龙得水，而对郑强来说则像“黄牛掉井”，只有招架之功，毫无还手之力。更何况，今日在擂台上，郑强根本无心恋战。相反，蔡阿毛则士气极高，加上在场的观众几乎一边倒地向着他。

“看招！”蔡阿毛大喝一声，“噌”地来了个“腾空飞箭”直扑郑强而来。说时迟那时快，郑强赶忙将身子往下一缩，避过这致命一击。蔡阿毛不愧是“神龙虎豹”，当他从郑强的头上飞越而过之时，来了个“牛吃回头草”。只见他伸直脚板，照准郑强的后膝窝处狠狠地一踹。惯于抗击正面之敌的拳击手哪受得了这“背后一枪”，“扑通！”郑强重重地侧卧摔倒在擂台。蔡阿毛追逐不舍，又抬起左脚，死死抵住他的后颈。郑强半点动弹不得！

“神龙！打死他！打死毒蛇！”

“为中国武术报仇！”

观众在呼唤，在呐喊！很有把“大世界”震塌之势。蔡阿毛完全被眼前的胜利和观众的情绪所感染。他扫了扫全场一张张激动的脸，顿时全身热血沸腾……他紧紧地握起拳头。

“快打呀！打死他！打死他！”

蔡阿毛的拳头高高举起，并且凝成了一股千钧之力。就在他狠狠往下砸的一瞬间，他的目光与倒在地上的郑强的目光碰在了一起。

“阿毛！阿毛！”他听到在观众的呼喊声中，有几声小得可怜的呼喊，那是阿芬和师妹的声音。蔡阿毛心头猛地一颤，拳头久久地停在半空……

大赛主持者手持大喇叭，慷慨激昂地宣布这次大赛的结局：“诸位同胞们，我们在万分激动中，亲眼看到神龙蔡阿毛连胜三局，打败了称霸拳台、名震东洋的毒蛇郑强。这场拳台大战震动了上海，再一次表明，中华国术是不可战胜的！西洋拳不堪一击！”

“对，中国武术不可战胜！”

“让西洋拳见鬼去吧！”疯狂的观众和武林人士把蔡阿毛高高地举在头顶，随着响彻云天的口号声，人们浩浩荡荡地走向街头……

赛场上，孤零零地剩下倒在擂台上的郑强一个人。他的身边扔满了废纸、空烟盒和汽水瓶。他望着散去的人群，心里是那样的茫然和痛苦……

（十七）

一切都已改变。他不再是叱咤风云的拳王，不再是名扬四海的“东方毒蛇”。他，成了一个孤独的、不受人尊重的人。

母亲的病越来越重。他不想再让妹妹跟着受苦，于是把家里的活几乎全包了。这一次没有人逼他，他自己把一双拳套——师傅陈汉强留给他的纪念品，锁在一只父亲留下的木箱里。每当清晨起来看着空的锅、空的碗时，他都感到非常难过。

上海的冬天，寒气并不轻。那时，富人家能买些煤球生上炉灶取取暖。郑强父亲在世的时候，一冬里还能买得起一两担煤球。

可如今，炉灶早已成了搁些破烂的家什。郑强听说苏州河东岸有片洋人开的棉纺厂，那儿能每天拾些废棉絮，拿回家放进手炉里取暖，去去身上的寒气。为了让有病的母亲稍感暖和些，这天天还不大亮，他背着一个破筐，骑着从隔壁的邻居那儿借来的一辆三轮车，从他家到棉纺厂整整骑了两个小时，好在他年轻力壮，这“三九”的严冬在他身上并不感到太冷。

天已亮，郑强渐渐看到了紧挨着苏州河的工厂里，足有两个篮球场那么大的垃圾堆。四周全是用破油毡、碎砖瓦垒起来的茅棚。这就是“江北佬棚”吧！提起这个“江北佬棚”真叫人心酸啊……上海这个大城市，在世界上也是数一数二的。也许与中国众多的古都相比，它只能算是孙子辈的。但从第一只外国轮船开进吴淞口到现在，这总共两三百年的历史中，它的发展速度却超过了中国现有的几百个城市中的任何一个。大上海的第一个发展期是在甲午战争之后。那时，主要是英、德、法、日等列强的冒险家、商人纷纷从船上爬到了中国东方的这块土地上，建起了一幢幢洋式的石建筑。现在我们看到的上海外滩和南京路上的那些大厦，就是那时留下的。洋商的涌入，刺激了中国本土的商人。于是有一大批小商小贩发迹成了民族商人和工厂主，这些人大都来自江浙两地，从贫瘠和遭灾异常多的长江以北的乡村来的尤其多。这些人发迹后，从自己的老家带了一大批廉价的佣人和三亲六故的血缘家族人士来到上海。这些人在上海扎根后，又像滚雪球似的从老家大批大批地引进自己的各种亲朋好友在这块富饶的土地上生根。加之，淮河一带几乎每年闹水灾，大批逃难的农民南下。虽然这些“江北佬”有个别在上海发财的，但更多的仍然是食不果腹的贫民。江北的家被洪水淹了，他们就在上海安下了家。不管怎么说，在城市里帮人洗洗衣服，拉拉黄包车，就是拣点破烂也能糊口。因此，二十世纪二十年代，上海的人口出现了急剧增长的势头。江北来的人当时一般都很难进老城内安家，因为那里不可能有足够的地皮。洋人和有钱人住的地方，就是喝水、倒马桶都得要钱。他们就在紧靠老城的苏州河两岸垒窝安家。如今在上海闸北区，我们还可以明显地看到当时留下的这种“江北棚”——只是今天的江北棚住的又有穿着时髦的大学生，又有戴着眼镜刚从国外回来的大老板。可他们的前辈并不是那样阔气，当时，这些“江北佬”虽然也都成为“阿拉上海人”，可他们在真正的上海人眼里，仍然是下等低贱的“乡下人”。洋人欺负他们，本地人瞧不起他们，确实可怜。

郑强过去早听城里人说苏州河住着成千上万从江北来的“乡下人”，有的人家七八口人住一间茅棚，两三户人家合用一个马桶，三四个男人同娶一个女人。而眼前的这一切，似乎证实了他过去一直不曾相信的事情。

河边的一排排茅棚又矮又破，东一家西一间，有的根本连挡风的物件都没有。而且他发现了一个奇特的现象，这里的中、壮年的男人少，女人和孩子多。郑强想，大概男人们都到城里拉车、帮工去了。可城里人的日子也并不都是好过的呀！他不免又感到很难过。

垃圾堆大得很，几乎有一半堆到苏州河里了。没有人管，什么脏东西都有：纸屑、烂菜、粪便……每天都有大量的垃圾坠入河中。而在离垃圾堆不远的河滩上，女人们正在那儿淘米做饭或者洗菜、涮马桶。这里没有卫生可言，只有在饥饿与贫困的死亡线上挣扎的人。

“喂，侬来干啥？”一个小男孩背着个筐，拉住郑强的三轮车，气势汹汹地责问道。

“我，来拣点破棉絮回家取暖呀！”郑强如实告诉他，并问道，“小兄弟，你知道什么时候厂里才倒这些东西？”

小男孩看上去也就十来岁的模样，可那架势倒挺像是这儿的“地头蛇”。他用左手擦了下流着鼻涕的那个冻红了的小鼻子，右手往腰间一叉，把头一歪，说：“侬是头遭来吧？有没有到三婶那里报个到？”

“三婶？谁是三婶，我不认识呀！”郑强摇摇头，他不明白到这儿捡垃圾还要同谁打招呼。

“蛮好咯，既然这样，识相点，侬快走，不然就要吃生活那就勿怪阿拉了！”小男孩捡起地上的一个烟屁股，从口袋里掏出一根火柴划着点上，颇有一副山寨主的样儿，他对眼前这位比自己高出两个头的“大阿哥”并没有半点畏惧之色。

郑强觉得有些不自在，来拾破烂，居然还要受小毛孩的气！真是人到落难时，连狗都要往自己头上拉屎。他回国后的这些日子够苦闷的了，这一下又勾起了他心头的怒火，他一把揪起那个男孩的衣领，轻轻一捏，然后往旁边一扔，蹬了三轮车就往垃圾堆上走。垃圾堆像座山似的，郑强刚蹬着三轮车行至两个屋那样高的垃圾堆中央，只听后面那个男孩“吱吱——”发出一阵口哨声，他还没有反应过来怎么回事时，倾盆大雨般的脏土、臭粪、烂瓜皮……向他袭来。待郑强把糊在眼睛上的两块烂菜叶子掀掉一看，两旁的垃圾堆顶上，十几个“叫花子”似的童男少女举着筐子竹箩在高呼跳跃，他们为自己打了个胜仗而兴高采烈着。

“喂，这里厢是阿拉的地盘，侬下次还敢不敢来！”那个被郑强摔了一跤的男孩子在上面高声地喊着。

郑强气得嘴都歪了：“来！我不但要来，还要踩平苏州河！——”他的双拳在空中愤怒地摇晃着。

“给他点厉害看看！”

“小狗宝，准备！——”

郑强只听着上面有人说话，也不知道在搞什么名堂。他把三轮车一放，心想，非治治这帮小家伙不可！他看到有条“路”可通往小孩子们登的那座垃圾山上，可是，他刚走了几步，只听上面一声“放！”他的双脚一滑，整个身体重心失落，“哗啦”一下坠入一个无底深渊。”

“咳！咳！”不知是什么臭味，呛得他无法喘息。

“× 的，被这帮小王八蛋暗算了！”郑强掉在一个烂菜池子里。

“小乌龟们，快放了我，当心我打死你们！”他声嘶力竭地喊着。

“对不起，大乌龟，要是我们放了你，下次你还会来抢阿拉饭碗的！”那个被众孩子们称作小狗宝的男孩，立在郑强头顶的菜池子上面说。

“我，快要熏死我了！你们，你们这样害人？！”郑强感到又臭又冷，他紧张了。

“侬只要答应两个条件，事情就好办。听着，第一，不许以后再到这儿来扒份；第二，不许报复。不这么办，侬就泡在烂菜池里作咸萝卜干啦！”

“哈哈哈……”小狗宝的话逗得这帮小家伙们一阵开心大笑。

“说呀！还来不来了？”

郑强心想，如今落到这个地步，连一帮小毛孩都敢欺负到头上来，真是窝囊透了！他想大声地告诉他们：我郑强连堂堂东洋人都摆得平平的，对付你们这些小毛崽子，还不是像捻蚂蚁一样容易。

可是，他把对方的力量估计得太低了。

“哎，既然他不说话，咱们就交三嫂，看她怎么处理！”有个女孩子说。

“蛮好！西瓜皮！烂草！还有木疙瘩，你们准备，阿拉放网啦！”

郑强听不清他们在说些什么，他已经冻得牙齿都在打架了。看看自己的处境，想想家中病榻上的母亲，他不由得火冒三丈，嗓门顿时提高了十几倍："奶奶的，快救我出去！——"

"哎，先生，侬不是起来了吗？还嚷嚷个啥嘛？"那个小狗宝率领他的伙伴们"一、二、三"地将罩在网中的郑强拖上地面，十分神气地说："待阿拉三嫂来了，看侬敢不敢再嘴巴子里喷粪！"

"什么三嫂，就是你老娘来了，老子也要骂她个狗血喷头！"郑强终于骂开了。

"喔喔，看模样蛮老实巴巴的，可张开双唇怎么都是粪呀！"这时候，突然冒出了一个女人的声音——当然不是郑强已经听到和看到的几个涂着花脸的女孩子的声音，她在对那帮小喽啰下着命令道，"用他的三轮车把他拉回去！"

"是！"

小狗宝带着十几名垃圾少儿军，七手八脚地把被网捆住的郑强扛到车上，然后神气活现地往河边的一座茅棚走去。到了棚前，解开郑强身上的网套，连推带拽地往棚里走。

郑强心想，凭你们这几个小家伙，能制服我堂堂"东方毒蛇"大拳王！想到这里，他反倒坦然起来，晃晃悠悠地跟着这些小家伙进了茅棚。可是，当他被押进茅棚的门时，眼前的一切使他大吃一惊，这哪是什么捡破烂的叫花子们待的地方！这是一所皇宫，实实在在的皇宫！四壁全是用高级的丝绒墙布蒙着，左右挂着明清珍贵山水画，屋顶是用金属片镶嵌而成的，看去犹如星光灿烂的大厅，即使没有那四个角落插着的蜡烛，屋里也如同白昼。再看看地面，清一色的红绒地毯，走起来让人感到如腾云驾雾一般。日本皇宫也不过如此嘛！郑强简直不敢相信这个垃圾王国里竟然会有这么个美丽的天堂。一股好奇心，倒令他忘记了逃脱的事。

“如果我没有记错的话，你就是赫赫有名的西洋拳王郑强先生！”

郑强一听有人认出他来，不由一怔。他抬头朝前看去，只见一位光彩夺目的年轻女人正闪着一双多情的眼睛看着他。这女人看上去也不过二十四五岁，长得一张瓜子脸，除了肤色稍有些黑之外，简直是副标准的贵人脸。大眼睛，浓眉毛，樱桃小口，两排洁白如玉的牙齿，丰满而又引人注目的苗条身材，她穿的是一件黑丝绒旗袍，更显得她富贵和亭亭玉立。

“三婶，你说他就是那个一眨眼工夫就把东洋人打得屁滚尿流的郑大侠？”赤着双脚，穿着一身不遮体衣服的小狗宝从门口探进一个脑袋，冲着坐在太师椅里威风凛凛的那个女人问道。

那女人双眉一竖，说了声：“出去，小杂种，这儿没你的事！”

小家伙吓得赶忙把头缩了回去，屋里现在只剩下这个女人与郑强。

“郑大拳王一定非常喜欢眼前的一切吧？”年轻的女人盯着郑强，脸上露出得意的微笑。

“不！我想不到这里会是这样。不过，作为你的俘虏，我想问一下你这位山寨王，你有什么权力独占这垃圾山头！棉纺厂拉出来的垃圾谁都有权捡些自己想要的东西，你用一群小家伙胡作非为，欺负到这拾破烂的人不感到可耻吗？”郑强说话了，他用咄咄逼人的眼光回击对方得意的神色。

年轻女人的脸一红，但这仅仅是一瞬间的事，她的脸色马上变得很难看，而且，后面的话仿佛是从牙缝里挤出来的：“我独占这垃圾山？哼，算你说对了，而且我还可以告诉你，也只有我有权利这样做！除了我，谁都不能享有这种权利，三婶我再说一遍，只有我和我的这些小伙伴们才有！”

“你知道什么，从我们出生的第一天起这里就是我们的了！”

小狗宝又探头进来。

“多嘴！给我滚远点！”女人发火了。小狗宝被另一帮小家伙拉了出去。

女人看了看郑强，极为憎恨地说：“要说可耻，世界上再没有比从一个饥饿者的碗里抢走一口残羹更为可耻的了！好一个堂堂东方大拳王，原来也是一个专门欺负贫穷者的家伙！”

“你！”郑强气得双拳紧握，恨不得上前砸烂这女人那张刀一样利的嘴，可他下不了手，能打一个女人吗？

“看在你曾经为咱中国人争过一口气的份上，放你一条生路，不过，我要提醒你，下次再冒冒失失地到这苏州河边来，就不要怪三婶我不客气了！”女人的外貌长得像个人样，可心却异常冷酷。在拳台生死线上滚过来的郑强还是第一次碰见这样的女人。拳击手的强烈好胜心，驱使他想弄清这个谜一样的女人并且最终征服她。可郑强还没有想出什么好招，就听得一声逐客令下：“小的们，送客！”

“走走！”说话间一大群野孩子前拉后推地把郑强轰出那间皇宫一般的屋子，并且一直押送到离垃圾山很远的地方才停止。

“喂，算侬运气。三婶不但没扭侬交给杜老爷，还送给你一车上等的废棉絮，八成是相中侬了！哥们！”那个小狗宝蹬着三轮车从后面追过来，扮着鬼脸对郑强说。

郑强一看，那车上果真满满地装了几大包他正巴不得弄到的废棉絮。又是一个巨大的问号。郑强想从这个小家伙嘴里得到点想知道的东西，于是问道：“哎，小兄弟，她真是你们的三婶？”

对方点点头。

“可她年纪也不大呀！”

小狗宝不高兴了，“侬晓得什么？她在这儿已经二十六年了！我们都是她养大的！三婶是我们在世上最亲最亲的人。”

二十六年！一直生活在这垃圾世界里！郑强觉得不可思议。“难道她生来就在这儿？那么，你们的家呢？你们的爹妈呢？”

“我们没有家，三婶就是我们的亲阿妈，她和我们一样，都是一生下来就在这里的。”小狗宝不耐烦了，“哎哎，侬这个人，既然便宜了侬，怎么还没个完？赶快走吧！”

郑强越听越觉得奇怪，他哪儿还想走呢，便说：“我要不走或者明天再来呢？”

“侬？！侬敢！”小家伙双手叉腰，眼珠都要瞪出来似的。

郑强好笑地说：“为什么不敢？来，看看我的拳！”他晃了晃他那曾经威震中外的铁拳，以为这毛孩子会惧怕，可他想错了。

小狗宝摸了摸鼻子，十分有把握地说：“就凭侬？哼，就是世界大拳王，只要阿拉三婶跟杜老板打个招呼，侬就过不了今朝！”

“杜老板是谁？”郑强听这小家伙一说，对那个叫“三婶”的女人倒是更增了一些好奇。而男人的好胜心又使他从心底里想会会那个支撑着这个神秘女人的“垃圾王国”的另一位“后台老板”。

“侬是不是上海人？勿是拉倒。要是的话，连杜月笙大老板都勿晓得，就别想在上海滩混日子！”小家伙不耐烦地朝这个没完没了的侵犯者挥挥手，“勿啰唆了，快走！三婶要是真急了，侬就别想站着出阿拉的地盘！”

垃圾场的这一幕奇遇，让郑强整整三天没有静下心来。如今他反正一无正经工作，二不练拳习艺，有的是空闲时间。可人一闲就越想这想那，加上家里又缺盐少柴的。郑强决定再去趟垃圾场，碰运气也许再拉回点什么来。主意一定，他就向母亲和阿妹打了个招呼，出门而去。这次他选择了一个晴朗好天的上午，这样不至于像上次被几个小家伙整得狼狈不堪。

垃圾场之大，住在城里的人也许想象不出来。平日里，他们的一簸箕废纸、一扫帚煤灰，不起眼地往外面倒，可千家万户日久天长地堆积在一起，几乎是一天就垒起一个小山包。垃圾场不再是场了，而是平地上崛起的一座山。这座山使昔日清澈见底的苏州河变得发黑发臭，使得河两岸的“江北棚”更显得寒酸、可怜……

郑强来到这里，已是接近中午时分。西北风吹得整个垃圾场尘土飞扬，纸屑满天，一派凄凉景象。据说棉纺厂和城内的垃圾是夜间和清早推出，成群成群的觅宝者一般都在这个时间里等候，而白天除了几个只能捡破瓶烂罐的以外，基本上没有人光顾这肮脏的世界。风，越刮越大，几乎连眼睛都无法睁开。郑强依稀记得那次被擒后是沿着河边的一条小道，七拐八转地进到年轻女人的那个“王国宫殿”的。今天，他来到这里，却远远闻到一阵阵焦臭味，在风声中隐隐约约听得像是爆竹响。走近一看，眼前的一切使他大吃一惊，大片“江北棚”变成了废墟，浓烟在这废墟上到处喷冒……不知什么时候着了大火。

这里遭了大难！使得无数居民失去了那些小得可怜的茅棚。住惯了城内的阁楼井院，当他第一次见到苏州河两岸的这些“江北棚”时，觉得它根本不能作为人宿的房子。可是，当现在看到满地坐着的那些可怜巴巴的难民时，他能想象得出那些“江北棚”对他们来说是何等的重要和宝贵。孩子和女人的哭声，让人无法在此久留。

郑强的心头一阵紧缩，他似乎意识到了什么。眼前是一片冒烟的废墟，他力图在这里找到那个神秘的“三婶”和那间隐秘的“皇宫”，可一切都是徒劳。

“郑……郑大侠，你，你还是又来………来了。”突然，一团木炭似的疙瘩球滚到郑强的脚跟前，两颗闪着光的眼珠子朝他盯着。

“你，你是人还是鬼？我不认识你呀！”郑强大吃一惊，不由得朝后退了几步。

那个黑疙瘩说："我认得侬，前几天侬来过，是、是三婶把侬放走的！"

郑强一听这话，又上前仔细一看："啊，你是小狗宝。"

小狗宝刚点点头，就一下扑到郑强的怀里，号啕大哭起来。仿佛失落的孩儿一下见到了自己的亲人，无论怎么叫，他只是一个劲地痛哭不止。无奈，郑强只得把他背在身上，跑到苏州河边，给他洗了洗脸，又从地上捡起一只破碗打了点河水，给渴得嘴唇都干裂的小家伙灌了几口。

"喂，小狗宝，这儿是怎么起火的？三婶和你的伙伴都到哪儿去了？"郑强最关心的是这个。他一边用破衣服帮小家伙包扎着腿上的伤口，一边不安地问着。

"是，是黄金荣干的缺德事，他把我的伙伴们全都活活地烧死啦！呜呜呜……"小狗宝哭得好悲伤。他双手抱住郑强的腿，拼命地乞求着："郑大侠，郑强师傅，侬一定要为我们报仇呀！三婶可是救过侬一命的呀！"

"黄金荣！他为什么要干这丧尽天良的事？"郑强义愤填膺。他把小狗宝背到一处避风的地方买了几个包子给他吃，又迫不及待地问："到底是怎么回事？你给我详细说说。"

小狗宝伤心得哪说得上话，半晌才缓过劲来，从头到尾把"三婶"和这个垃圾王国的秘密说了出来："其实，我们都不知道三婶叫啥名字。可从我们记事那天起，她就与我们在一起。你看到过我们那么多不大不小的男囡女囡，还有比我们更小的小囡，都是她一手抚养大的。她是我们这些孩子唯一的亲人，我们每一个人的命都是她拣来的。侬也许不会相信，我们这些男囡女囡都没有阿爹阿妈，我们不知道自己前世作了什么孽，一生下来我们的亲生阿爹阿妈就把我们扔到了这个垃圾场。三婶告诉我，那是十三年前，也是这样的刮西北风天的早晨，她从垃圾堆的一个草包里发现了我，并且把我抱回了她那个家——就是你去过的那个地方。不要急，我会告诉你那个地方为什么那么好的。我那时生下来不到一天时间，三婶抱我回家后，发现我脸色发青，身上烫得像小火炉似的，是她请了医生，又到药店里打了十几帖药才把我的小命救活了。这些都是她后来才告诉我的。三婶是我们这些拾破烂囡囡的大恩人，她几乎每年都要从垃圾堆里捡回几个刚生下就被人扔掉的婴儿。只要活下来的，她都收养下来。我们都跟着她过，她又带着我们不分日夜地捡破烂，拣了破烂换回钱，给我们买吃的，做衣服。”

小狗宝咬了口包子，又接着说：“三婶是天底下最好最好的人，她养活我们，教我们怎样占领这个垃圾场。上海的穷人多，许多人都想到这垃圾场上捡些能换钱的东西。可这垃圾场是我们的，我们生下来就在这里，它是我们的命根子。没有它，我们这么多孩子就会饿死。所以，三婶教我们，不许任何外人来抢我们的饭碗。可是，这儿每天都有很多的人来捡破烂，而且也是穷得没法才来的。有的是老人，有的是与我们一样大的小囡，也有像侬那样有力气的大人。我们二十多个小囡赶不走他们，也打不过他们。有一次，这儿来了一大帮从河南逃难过来的人来抢我们的饭碗，弄得我们几天没捡到一样能换钱的东西，大家都只好饿着，有两个小妹妹饿得病倒了。三婶着急了，她豁出命来与那些人打架，被那些人打得头破血流，我们这些小**囡囡**都吓得围着她哭了好几天，你知道，她是我们在世上唯一的亲人，没有了她，就等于没有了我们这十几个小囡。老天保佑，三婶的病好了。”

小狗宝越说越来劲，郑强也越听越出神，只插了一句话：“后来呢？”小狗宝连说带比画：“后来，她教我们在垃圾场上挖了许多大坑，上面一点也看不出来，要是遇上不讲理的陌生人，我们先叫他走，不走就让他进大坑。然后，由三婶把这些人交给杜老板处理。渐渐地，我们这儿再也不敢有人随便来了，日子过得还真蛮好呐。每天，我们轮流看守着垃圾车，车一到，大家就动手找值钱的东西。有时候，我们能在垃圾堆里找到许多许多宝贝。侬看到三婶那间房子了吗？那就是三婶用从一个纸包里捡到的一沓外国人的钱币换来的。听三婶说，那些印有一个外国女人的纸币能养活我们好几年呢！我们都住在一起，也吃在一起，我们处得好极了。三婶教我们捡到了好吃的先给小的囡囡吃，捡了值钱的东西就攒起来。大家过得可开心呢！可有时也没有吃的，我们已有好几个小伙伴饿死和病死了……”

“你们三婶和杜老板是什么关系？”郑强迫不及待地问。

“你问三婶的事？她可从来不让我们讲的。”

“我保证不和别人讲，我说话算数。”郑强拍着胸脯说。小狗宝往郑强身边挪了挪，轻声地说：“有一次，杜老板来到我们这儿。他说要找我们三婶，可三婶不愿见他，还叫我们轰赶他。这个杜老板是个有势力的人，可他在三婶面前一点儿不厉害。三婶把他关在门外让他等了半天。后来，听他们两个人说话我才知道，原来，三婶是杜老板的亲生女儿，但不是他娘子生的，而是他先前的师傅——黄金荣大亨的娘子生的。杜老板在黄金荣手下干活当差时跟黄的娘子好上后，就生下了三婶。杜老板害怕外人知道，就悄悄派人将才出世的三婶用黄包车拉到苏州河边，扔到了这个垃圾场里。三婶命大，被一个从江北逃难过来的大伯拾起抚养长大。黄金荣的娘子让杜老板将三婶扔掉时，曾在女儿身上留下了一只孔雀金镯。三婶后来一直跟着江北大伯在这个垃圾场过日子。在她十三岁那年，大伯得了痨病死了，三婶就一个人过。她看到那些被亲生爹妈扔掉的小囡囡可怜，就把还没断气的小囡囡都抱回来。”

说到这儿，小狗宝又塞进嘴里一个包子。

“侬问，她后来又怎么碰上她的生父杜月笙老板的？这事可巧了。三婶那次拾到一沓外国洋钱后，到一家股票市场去换钞票。这家市场的人见三婶的穷模样，就怀疑她的钱来路不正，诬陷她这钱是偷来的。这些人把三婶关了起来，他们的大老板一听说这事就来了，他看到三婶手上戴的金镯就眼直了，你晓得那老板是谁吗？就是三婶的生父杜月笙！杜老板后来把三婶的身世告诉了她本人，并且当场把洋钱换成银圆，又一直要把三婶接回城内的府里。可怜的三婶想了好几天，还是回到了垃圾场，与我们依旧过着捡破烂的日子。打那以后，杜老板经常来看望她，并且知道我们这儿常有人来捣乱，就对三婶说，凡是来垃圾场抢饭碗又不听劝告者，都押送到他那儿处理。这一下，垃圾场就更成了我们的天下。为了让我们这些从小没爹没娘的小囡们过上像样的生活，她特意在家里布置了一间皇帝住的宫殿一样的房间，让我们住在里头。”

小狗宝想一口气把郑强的问题都解释清楚，接着又说道：“你说她为什么叫三婶？有一次我对她说，你是我们的好阿妈，我们就叫你阿妈吧！她摇摇头说：‘你们有自己的阿妈，等长大以后我帮你们找到自己真正的阿妈。她说，她妈共生了三个女囡，她是老三，所以，让我们叫她三婶。三婶是天底下最好的人。她在家里打扮得像女王一样，可走出家，她就和我们一样穿着又破又烂的衣服，成天钻在又脏又臭的垃圾堆里捡东西。从我懂事的那天起，我们一直这样生活着，可是，不知为什么，前天夜晚来了一帮蒙面强盗，他们不管三七二十一绑走了三婶，并且在临走时放了一把大火，把我们的家和附近的这些‘江北棚’全给烧了。我因为半夜起来撒尿，发现得早，就逃了出来，可我的伙伴们全都被烧死在里面……”小狗宝说到这里，又忍不住悲痛地哭起来，“郑大侠，你一定要想法救出三婶，她那天放你是从来没有过的事！她对你好，你可要救救她呀，她是好人，啊，求求你了！求求你了！”

郑强完全被这震撼心灵的故事所感动，他赶忙扶起磕头的小狗宝，问：“你知道是谁把三婶绑走的？”

小狗宝摇摇头，“我只听到蒙面人对三婶说了一句，到黄先生那儿就明白了！”

“会不会是黄金荣发现了三婶的身世，才干出这样的事？”郑强思忖道。

“姓黄的是个杀人不见血的魔鬼，要是他把三婶抓走了可了不得呀。郑大侠，你得赶快想办法呀！”小狗宝一听便着急起来。

“别急，我想办法给你把三婶找回来！”

“哎！”

郑强把受伤的小狗宝背回自己的家，交给母亲和阿妹照料，便找到了黄金荣的公馆。黄金荣当时是上海滩上的第一大佬，几乎控制着半个上海城的地下势力。由于他的学生蒋介石此时已当了北伐军总司令，随着北伐军的势力不断扩大，身在上海的黄金荣势力也随之大增，成了上海一大巨头。他的公馆非常之大，而且戒备森严，每个入口和楼梯口都有专人把守着，陌生人根本无法进去。怎么办？郑强见一卖菜的小贩迎面过来，便灵机一动：有了。

“要买菜哦？便宜东西！”打扮成菜贩子的郑强说着一口上海话，来到公馆门口与把门的聊了起来。

“什么菜？价贵个啦？”

“勿贵勿贵，刚刚从地里厢弄出来的大黄芽菜。侬想买伢买勿到了呢！”

“少啰唆，阿拉到里头看看要勿要！”看门狗说着朝里头走去。一会儿出来说：“算侬好运气，这两天大老板火气旺，要吃大黄芽菜。进去吧，到厨房称斤算账。”

"好个好个！"郑强连连点头哈腰，然后把菜担往肩上一放，大大方方地进了公馆。公馆的厨房在后院，真是无巧不成书，这后院又是黄金荣的私牢所在地，厨房与私牢仅十几步之隔。但是，郑强并不知道"三婶"的下落，他挑着菜担跟着一个管家先进了厨房称完分量，然后跟着来到账房先生的屋里。这个屋子的隔壁，住的是黄金荣的一帮打手，这时，打手们正在你一声我一声地高嚷着："老板福气倒蛮好，没想到老漂亮标致的女儿竟然在外头流失了二十多年！"

"是个呀，可阿拉弄勿明白，这么个让人看一眼就想流口水的美人儿，黄老板却把她打得皮开肉绽，连舌头都给剜掉了！"

"个还勿简单，堂堂黄老板做了个王八，能勿在这个野种身上报报仇呀！"

"唉，苦就苦在这个美人儿哪！从小没爹没娘，靠着扒口垃圾饭长了这么大，到头来又被弄成了个废人！这个世道，好人坏人全不好当呀！"

郑强一听，差一点惊叫出声。出了账房，他试探地问管家道："先生，外面传说黄老板刚刚收养了一位失散二十多年的千金，长得全上海难得，到底是不是呀！"

管家回过头来，不由细细打量了一下这个"卖菜"的小伙子，十分奇怪地问："外面已经有人在传说？"

"哎哟，这种事还能瞒得住大家！"郑强装出一副很世故的神色，悄悄问道，"听说这个千金并非黄老板所生？"

管家一听这个很警惕地喝道："不准侬胡说！"

"哎哎。不过，要是对自己的亲生骨肉，黄老板可不该下那么毒的手呀！"郑强像模像样地长叹道。

"侬咋个晓得的？"管家觉得这个"卖菜"的越来越出格。

郑强装作十分惊讶地瞪着眼睛问："侄讲东家的，侬耳朵勿会有毛病哦？刚才账房先生隔壁头的伙计们讲个话侬听勿见？”

这小崽子还真精明！管家心里这样想，嘴上却嚷嚷：“侬这个卖菜的，管这多闲事干啥？还勿快点走！”

郑强随手掏出三块大洋往管家口袋里一塞，笑嘻嘻地对他说：“先生高抬贵手，阿拉想看看黄老板女儿的美貌，以饱眼福。”

那管家摸了摸口袋里的银圆，嘴里直嘻嘻笑，“想不到侬这个卖菜的还蛮花的哟！”

“除非是缺席的男人，侬讲哪个勿想女人？”郑强油腔滑调地朝管家挤挤眼。

管家满脸淫笑地点点头说：“这倒是。喂，侬这个小赤佬，快去快回，啊！就在那中间的一间里，去吧！”他指给郑强看。

郑强走近那间铁门锁着的牢房，趴在窗口上往里一看，“三婶”果真在里头！只是她已被摧残得不像人样。

“三婶！”郑强轻轻地叫了一声，只见她敏感地抬起头来，两人的目光撞在一起，她显得意外的惊奇与不安。“三婶。”郑强叫着这称呼，一种难以琢磨的心理使他的脸顿时红了，可他又找不到恰当的称呼。他悄悄告诉她：“小狗宝在我家，今晚我来救你出去。”

对方用非常吃惊的眼神看着他，最后，她激动地流下了眼泪。她走过来张开嘴，给郑强看了看只剩下一段的残舌，随即双手捂脸，小声哭泣。郑强怕被管家看出破绽，说了句：“你等着，我一定救你出去。”便赶忙离开了牢房窗口。

这一天深夜，黄金荣的公馆遭受了突然袭击。一位蒙面人大摇大摆地从大门口闯进，一连用拳头击倒十几个护门的看守，直奔后堂牢房砸开门锁，救出了杜月笙的孽根、垃圾场上长大的“三婶”。黄金荣是有身份的人，对公馆遭劫之事只好“打掉门牙往肚里咽”不敢声张，因此，尽管昨夜这里折腾了一夜，但第二天表面上照常迎宾送客，若无其事。只是有人发现，原先的一班看守不知到哪儿去了，公馆内外全是清一色的新人。

（十八）

“三婶”得救了，蒙面人正是郑强。夜袭黄公馆非常成功，只是临走时，遇上黄金荣的贴身保镖半夜起来撒尿。这家伙贼精，发现有人袭击牢房，赶忙折身回房间取枪，待他重新复出时，郑强领着“三婶”正在跳墙。郑强一看后面有人追来，双手将“三婶”往上一提，扔过墙去，就在这时，一声枪响，一颗子弹擦破他左胳膊一层皮。

“三婶”和小狗宝在郑强家见面，两人抱头大哭一通。可怜的“三婶”被黄金荣断了舌头，成了哑巴。

郑强与母亲商量，留在家里也不是个事。三个人合吃一碗稀饭倒是小事，一旦哪天走漏风声，杀人不眨眼的黄金荣非杀个满街血流成河不可。因此，决定马上与“三婶”的生父杜月笙接头。

第二天，郑强来到杜月笙的别墅。这时的杜月笙已是上海滩的一颗新星，虽然他的势力暂还比不上师傅黄金荣，但由于他善于拉拢社会各派力量，加之自已又年轻豪爽，不少年轻风流侠士都喜欢投入其门下。

杜月笙听郑强把黄金荣如何火烧垃圾场，如何折磨“三婶”，以及他如何救她出来，前前后后说了一通。

“我可怜的女儿！为父我定要为你报得此仇！”杜月笙听罢不觉两眼流泪。之后，他对郑强说：“郑大拳王早已是我敬佩的大侠，今日得以一见，果真名不虚传，如今，你又仗义救我苦命的女儿，自已还负了枪伤，更让我万般感激！”当下，杜月笙吩咐管家准备厚礼，重谢郑强。

可郑强说：“救人之难是人之常理，不敢受禄！”

杜月笙见郑强一身侠义更是高兴，当即招呼下面人设宴款待。

第二天，郑强亲自将“三婶”和小狗宝带到杜月笙面前，父女俩一见面，一场悲欢。末了，杜月笙把郑强拉到自己身边坐下，十分欢欣地对他说：“郑先生，我知你功夫高强，更敬佩阁下的大侠精神，我杜某门徒遍天下，今日，鄙人有意收你为我的副手如何？”

众人一听大老板要收郑强为自己贴身心腹，一个个赶忙走过来拜见：“恭喜郑大哥！”君不知，这杜月笙手下有三千黑道兵马，十六员心腹，四大金刚。一般侠士最多也只能荣升为他的心腹而已，今日杜月笙要收郑强为自己的副手，可想而知他对郑强的信任非同一般。此刻，十六员心腹与四大金刚都跪在地上，只等郑强开口应诺，便要举行三朝五夕的庆贺大宴及结盟朝拜的大典。

郑强面对这种场面，真是有点激动。但是，他的话却大出杜月笙及众人所料：“杜先生，郑强自幼受先父严教，今虽身怀一艺，但终不能违背先父生前所嘱，终生做一个良家男儿。请先生恕我郑强不能从命。”

杜月笙听郑强这么一说，脸色非常难看，说：“你是嫌我非正道上的人？”

“哪里哪里！”郑强赶忙解释，“先生的好心好意，我郑强虽涉世甚浅，可总能体察到的，只是我从不愿无功受他人之厚禄。”

杜月笙脸色渐转好看，连连摇头道：“不不，你救出我爱女，此功非我心腹、金刚们所能相提并论，这哪称得上无功受禄！”

郑强一看今天这个阵势，自己若硬顶着不收礼，不领情，让杜月笙当众难堪，也不是个事儿。想到这儿便说：“先生如果答应办两件事，郑强也就心满意足了。”

杜月笙一拍大腿，说：“别说两件事，就是二十件、二百件，只要在上海滩，没我杜月笙办不到的！你尽管说。”

“第一件事，请你收下一个可怜的孩子，他叫小狗宝，是像先生的爱女一样在垃圾场上长大的孤儿。黄金荣捣了先生爱女的地盘，垃圾场上三十多个可怜的孩子如今只剩下他一个了，他需要帮助。”

“可以，我收养这个孩子！”杜月笙答应道。

“第二件事是……”郑强略顿了一下，说：“我希望借先生您的力量，宣告从今以后不准再有人往垃圾场上扔那些刚刚出生的婴儿，一个也不准。这是因为，我从先生爱女和小狗宝等那些可怜的孩子身上，看到了那些被人遗弃的婴儿们的可怜命运。有的婴儿刚刚生出来，吸了几口新鲜空气就死了，有的就是活下来也要无尽无休地忍受人间苦难煎熬。”

杜月笙此刻双眼显得有些潮湿，也许是在为当年遗弃自己亲生骨肉的行为而忏悔，也许是被郑强的一颗金子般的慈爱之心所感动。总之，对此，他也毫不犹豫地深深地点点头，走过来将一双手重重地搁在了郑强的肩膀上，动情地说：“郑老弟，几十年来，生生死死之中，我今天是第一次痛痛快快地答应了别人让我做的事情。都说拳王是巨人，你，不愧是一个巨人！”

多少人梦呓中想碰到好机遇，郑强却有幸赶上了。然而，却真的像一场梦似的，在郑强的生活中平平淡淡地过去了。拳王又回到了他那孤独而又艰难的生活旅途上……

（十九）

一场罕见的大雪笼罩着整个上海城。雪后，西北风袭击着这一座海滨城市。早晨，大街和小弄堂里很少见人在行走。只有那些露宿街头的乞丐与穷苦人在街头、弄堂内凄怆地叫喊着，匆匆地奔忙着……

郑强家的弄堂里寒风像抽鞭似的叫着，并且不时钻进那扇“蝴蝶门”。郑母在榻头喝着药，儿子则在煤炉边发呆地坐着，母子俩对视了一眼，长吁短叹了几声。这时，阿妹带着满身雪花从门外进来，她从篮子里取出两块山芋，高兴地捧给哥哥：“你看，哥哥，我又捡到了两块山芋，快烤了给姆妈吃！”

“阿囡，快到娘被窝里暖暖手，瞧你冻的！”母亲把女儿叫到床头，心痛地说。

阿妹把那双冻得裂开了口子的手塞进了母亲心窝里，高兴地直叫：“姆妈，姆妈，你的心窝真暖和！”她顽皮地把冰冷的脸贴到母亲的脸上，说：“姆妈，我告诉你一个好消息，菜场里有个好老头，他告诉我，说想要多捡东西，就不用每天早晨来，他说只要我答应他一个条件，他便每天给我一大篮子山芋、水藕什么的。”

“他说什么条件？”母亲一下警惕地追问道。

“简单极了。”天真的女儿还陶醉在无比甜蜜的回忆中，一溜嘴把话全倒了出来，“他说他就一个人过日子，晚上找个人说说话消磨消磨时间，他夸我嘴甜人实，要我每晚陪他，还说……这事不能告诉家里人。”

“老杂种！他想干什么？”郑强“噌”地一下从凳上站起来，两眼瞪得像铜铃一样，“阿妹，你带我去见那个王八蛋，让我告诉他，由我去陪他，看他给不给东西！走，现在就去找这个老东西去！”

郑母一听便急了，说：“阿强，你不能这样做。”

阿妹听哥哥这么一说，突然明白了那个老头的坏心眼，不由得感到蒙受了耻辱，伤心地扑在母亲的怀里哭泣起来。

“你们爹去世后，这个家缺了柱子似的，往后的日子可怎么办呢？”郑母说着，心口顿觉发闷，好一阵咳嗽。

郑强坐也不是，站也不是，他干脆拎起一件破棉衣出了家门。

这时，外面的风小多了，早市过后，大街上商店的门都打开营业了。

差不多一个星期了，为了找一份工作，郑强几乎跑断了双腿。开始，他想，凭自己年轻力壮，堂堂拳王，在上海滩上寻一份活干干还不容易，可是，他万万没料到，命运偏偏与他作对。

那一天，他特意换了身卡其布短衫——别人已经全都穿上棉衣了，可他不，他觉得这样老板见了准会一眼相中他，因为他选的第一份活是码头装卸工，这还不是以力气来挣口饭吃的活吗！果然，他来到码头，找到了领班，把自己的要求一提，那个领班的上下将他打量了一遍，二话没说，就带他去见码头大老板，原原本本一说，胖得连门口都难出的大老板摘下老花眼镜，走上前，用拳头敲了敲郑强那咚咚作响的胸膛，高兴地当场拍板："好，明早就上班！工钱十块大洋！"

"哎！"郑强心里挺乐呵，想，还是这老板识货，看来，凭自己这块料，哪个地方都会混上一口好饭。月薪十块大洋，有了这钱，全家人的生活就足足有保障了，他能不高兴！可是，就在他正要与老板画押签字时，门外拥进了十几个码头工人，朝郑强"扑通""扑通"地跪在地上。

"这、这这……这是怎么回事？大哥老弟们快起来，快起来呀！"郑强被弄糊涂了，慌忙扶他们，可这些人就是不起来。

一个浑身衣衫破烂、骨瘦如柴的老人朝郑强连磕三个头，然后问："您就是西洋大拳王郑强先生？"

郑强虽不明其意，却连忙点头。不料，他这一点头，在场所有跪下的工人像经过训练似的一齐朝他磕起头来，异口同声道："郑大拳王，请你千万不要画押！求求您老了！求求您老了！"

"这，这是……"郑强更觉奇怪，便问那个上了年纪的师傅："大师傅，您这是为什么？"

大师傅说："郑先生，这还不明白，您这样的大力士来码头，一个顶十个，您想，我们这些人的饭碗不就全砸了吗？”

“是这样！”郑强恍然大悟。

“大拳王，您行行好吧！我父亲死得早，家里只剩下一个有病的阿妈和四个弟弟妹妹。一家人全靠我这份活挣来的钱撑持着，要是没了这份活，全家人就要饿死！你行行好吧！”一位看模样不到十六七岁的小工人连说带哭。

“是啊，我们这些人家里都上有老下有小，全仗着我们这份活，您老来了，我们不都得跳黄浦江啊！”众人你一言我一语，说得郑强不知该如何是好！

“都给我出去！老板要雇谁就雇谁，关你们屁事！快给我滚出去！”那个领班的家伙举起鞭子，又是抽又是用脚踢，可工人们就是跪着不起，并且嘴里不停地向郑强乞求着。

“哈哈哈……郑大拳王，怪我眼花了，竟然没有把您给认出来！”胖老板这时十分殷勤地走到郑强面前，亲自搬来一把太师椅，让他坐下。

“郑大拳王，您的大名我早有所闻，并且亲眼看过您痛打东洋拳手山野的那场比赛。今日，阁下答应来鄙人码头做事，这是我李某的荣幸，也是本码头的荣幸。我相信，由于您的到来，本码头将威震上海港。哈哈哈……来把您的名字签上，我答应将您的薪水升到二十块大洋！”胖老板把那张画押单放到郑强的手中。

“大拳王！大拳王！您千万不能画押呀！求求您了！求求您了！”这时，工人弟兄们爬到郑强的脚前一边磕头，一边恳求。

“× 的！都给我滚开！瞧你们一个个穷酸样，还想赖在码头上混饭吃！给你们吃！吃！”

这时，那个凶残的领班像条疯狗似的挥舞着鞭子。“叭！叭叭！”鞭子无情地落在这些可怜的乞求者背上、头上。于是，一声声痛苦的叫喊在老板的办公房内响起。

郑强再也看不下去了，他上前一把抓住领班的手腕，怒吼道："你再敢动一鞭，我拧掉你的爪子！"

领班那家伙吓得退到了一边，众工人弟兄又不约而同地向郑强乞求起来。

"郑先生，别管他们，只要你答应到本码头领活，即使你不干活！我李某也照样给你开薪！"胖老板一边用眼睛瞪了瞪跪在地下的那些工人，一边又诡秘地对郑强说。

"不干活也给薪？"

"对对！不干活也给薪！"

郑强一听这话就来火了。这家伙不是要仗着我给他做门面、当招牌吗？他朝胖老板嘿嘿一笑，说："我本想用自己的一点力气挣口饭吃，可现在你如此宽宏大量反让我深感不安，所以郑强我只好告辞了！真对不起，老板！"说完，他昂首走出大门。

"郑大拳王，您给我们做了大好事，我们全都不会忘记您的大恩大德！"那些跪在地上的穷弟兄们"呼啦"一下全都站起来，追上郑强，一个劲儿地道谢。

郑强看着这一张张蜡黄的脸，只是苦苦地笑了笑。他绝对不能抢他们碗里的饭，但自己却依然挨着饿。无论自己多么豁达大度，可日子总得要过，更何况，家里还有母亲和阿妹也要靠人养活。没有一份活，挨饿的不仅仅是一个人而是三个。郑强太明白这个简单的道理了。父亲在世时，一家人不也是全靠着父亲的那份薪水度日吗？当家的真够难的，他更加体察到了生活的真谛。

在一个商店门口郑强站住了——他看到一张招工的海报。

他满怀信心地推门而进："请问老板在哪？"他向一名伙计问道。

"噢，这不是郑大拳王吗！有失远迎！有失远迎！"戴着金丝边眼镜的老板像见了太上皇似的把郑强迎进里屋。

“备茶！”

热茶一杯，笑脸一张，这使得郑强内心十分有把握。他一心想的是应聘的事，茶，一口未动，他在等待机会。而老板则只顾自己一个劲地夸郑强的功夫好，似乎有意不让他插一句话。末了，他见郑强一口水没喝，便道：“郑大拳王，今日贱内不在家，实在没有人手来招待您。改日，我定在城隍庙宴请大拳王您，如何？”

这不是带着笑脸下逐客令吗？郑强是要面子的人，他想对老板说自己来此的目的，可被对方的一片弄不清是真是假的“热情”给噎了回去。

他刚出店门，就听店老板冲着那个领他进门的伙计大发雷霆道：“蠢货，找这样的人立柜台，还不如搬两个石佛爷来站堂！哼，不把顾客吓跑才怪！”

郑强气得两只拳头握得格格直响，恨不得转身揍扁那老板的一张臭脸。

……

在街头，他已经这样碰壁了不下十回，他甚至怀疑这个世界是否还允许他生存。

郑强又一次来到黄浦滩。身后，是喧闹的人群，面前，是汹涌的江水。江面上，一只渔船孤零零地漂泊在风浪间，时而被江水拥上浪尖，时而差点儿连船身都看不清。郑强感到自己现在的命运，就像那只小小的渔船，说不准，转眼间就被风浪所吞没。生活难道就是这般捉弄人？他在自问，在出神地思索……

“快跑！快跑呀！”

“洋人来了！快跑！——”

突然，黄浦滩上响起一片恐慌的喊声和骚乱。郑强转身一看，只见一名叫花子似的中国人拼命地朝自己这边逃来，那人身后两名一高一胖的外国人正追赶不休。众多的游人在为同胞捏汗、呼喊。那个逃命的中国人正想跳下一个台阶夺路而去，不料，几位牵着几只洋狗的贵妇人一惊慌，手中系狗的绳子绊倒了那个逃命的人。这下，两个洋人得意了，那个满脸胡子的高个家伙，像老鹰捉小鸡似的一把将那个中国人提到江堤上，不管三七二十一，“砰咚砰咚”地挥起拳头揍那人，那人就像皮球似的在石堤上滚来滚去，不一会，前额脑后就像开壳的石榴，流血不止……

围观的中国人，有的愤怒，有的胆怯地躲到了一边，更多的则在那里瞧热闹。

那个高个洋人挥拳的动作一看便知是个职业拳手。他根本不顾有那么多人围观，如同教训自家养的畜生那样残忍地击打着那个可怜的乞丐。

郑强看在眼里，怒在心头，他再也忍不住了，上前一把将那高个洋人的手腕抓住。

“住手！”

洋人一愣，怒气冲冲地回答道：“走开！他偷了我的钱，我要教训他！”

郑强义正词严：“我再警告你一遍，不准打人！”他的手有意在洋人手腕上使了一下劲。

洋人“哇哇”地叫了一声，挥起另一只未被抓住的左手朝郑强就是一拳，可惜他落空了。第二拳，依然如故。这个家伙呆愣愣地看着眼前这个比自己矮一截的中国人，像头被激怒的公牛向郑强冲来。

几位好心的中国人见郑强一动不动地站在那儿，连声叫喊道：“傻瓜，快走吧！不然，他们会打死你的！”

郑强心里有数，他看着对方出拳，自己只管往后连退几步，一直退到一个能舒展得开的空地上。

洋人以为这个中国人怕他，便紧追不舍，连连出拳。郑强一边灵巧地躲闪着，一边寻找机会。这一阵子，他一直没有机会动拳，同蔡阿毛那次交手后，几个月来，他饱尝了一个普通人的辛酸苦辣，心中早已淤积了不能再忍受的愤慨与怒火。今天，就在这个洋鬼子身上解解恨吧。虽然不在拳台，但只要一见对手，郑强就浑身是劲，每个毛孔里都浸着力量。他像一个高超的斗牛士，把眼前这只发怒的公牛引入迷魂阵。

洋鬼子硬充好汉，干脆把西服一脱，像头野牛似的冲过来。可他奇怪地发现，这个与所有黑头发、黑眼睛的中国人并无多大区别的对手，竟比泥鳅还滑溜，沾不了他的边。越沾不了边，他的怒气就越大，不一会儿就累得汗流浃背。在场的中国人高兴哟！叫好哟！像看耍猴把戏。

郑强觉得该是出击的时候了。在对方又一次向他发起进攻之际，他有意露出一个破绽。那洋鬼子这下可上当了，当一个右直拳发出后，以为对方又要采取躲避方式来防卫他的左勾拳。他想错了，这次，郑强丝毫没有半点避让，相反，乘对方收拳之际，一个箭步，上前先是回击一个左下勾拳，然后紧接着瞄准对方的下颌，重重地挥出一个力托泰山之势的右直拳。洋鬼子“嗷”地一声惨叫，四脚朝天，倒在一个垃圾箱上，那木盒子式的垃圾箱里装的全是烂瓜果和烟头、脏纸，洋鬼子就像拣食的猪仔，弄得满头污秽，惹得在场的中国人一片哄笑。

郑强举起拳头看了看，有一块鲜红血迹，不知道是自己的还是洋人的，他只是冷笑了一下。

方才这精彩的一幕，被另一名洋人全都看在眼里，他没有因自己的同胞痛遭一顿揍而发怒，倒是颇有兴趣地观赏着郑强的一举一动，完全被郑强娴熟精彩的躲闪功夫和蛇一般的出拳所吸引。他顾不得去扶一下狼狈不堪的同胞，反倒上前拍拍郑强的肩膀，伸出大拇指夸道：“OK！ OK！”他把郑强拉到一边，操着十分生硬的中国话问道："你，会卜克星？"

郑强把对方上下打量了一遍，见没有什么恶意，便点点头。

这时，看热闹的观众也把他们围得里三层、外三层，他们中间有的认识郑强，便大声嚷嚷起来："他是我们的东方毒蛇，郑大拳王！"

那个大腹便便的洋人一听此话，便惊喜地叫喊着："你，就是东方毒蛇，大拳王密斯特郑？"

"我就是郑强！"他点点头。

"OK！太棒了！"洋人高兴地伸出那双长满黄毛的白嫩的手，嘴里念叨，"一年前，我踏上贵国的码头时，就听说了阁下的大名。今日亲眼看到大拳王的表演，可是天大的荣幸！荣幸！"

那胖洋人恭候着，等待着郑强伸出手来。

郑强态度十分冷淡，他没有伸出手，转身便走。那个洋人急了，赶忙追过来："密斯特郑，请稍留步。"

说着，他掏出一张精美的名片，上面是几行密密麻麻的英文字母。"我叫约翰·甘舍，是华盛顿太平洋航运公司驻华分公司总裁。我是拳击手出身，所以我的所有船员都会拳击。可是，他们的技术糟透了，而在你们中国，又连个三流的拳手都找不到，无法让他们提高技术。今天，能在这美丽的上海滩见到您的高超表演，我太高兴了！"

"你想干什么？"郑强故意问他。

"郑先生，我想请你到我们水手俱乐部当拳击陪练，因为你的躲闪是世界上最漂亮的。嗯，你不乐意？请允许我把话说完，我可出高薪，一个月三十美元！"

郑强轻蔑地看了看约翰说："对不起，我是拳王，对陪练不感兴趣！"说完，扒开人群就要走。

约翰非常遗憾地耸耸肩，拉住郑强不肯放手，说："连口饭都吃不上的人对美金都不感兴趣，上帝，难道世界上的拳王都那么富有？”

最后一句话触动了郑强的心，他又想起了病榻上的母亲和冻得双手裂口出血的阿妹。

“约翰先生，我答应去当陪练！”他转过身，走到约翰面前。约翰惊喜道：“OK！不过，得有个条件。”约翰看郑强答应了，他又提高了价码，“你必须在任何时候都记住自己是一个陪练，仅仅是一个陪练。在俱乐部任何拳击场合，你不能主动出一拳。如果那样做，你就是违背了我们之间的协议。我将毫不留情的解雇你，请原谅！”

郑强皱了皱眉头，他讨厌眼前的这个美国佬，但他只能说：“我尽力按先生的准则做。”

（二十）

郑强在上海港的美国人与荷兰人开的另一家水手俱乐部里默默地当了近一年的拳击陪练。他是堂堂东方大拳王，可在这里，他仅仅被当作一个教练工具。白天，在俱乐部里干些擦地、扫垃圾的活，晚上和节假日便是他的正经活。

每逢这时，水手俱乐部里总是热闹非凡。而且，在主宾席上水手们总能看到两位赫赫有名的人物坐在那儿观看，他们就是约翰·甘舍和另一位荷兰远东公司的船王鲍利尔。两人一边品尝着中国的名茶，一边欣赏着水手们与东方拳王郑强的对练，他们把精彩的拳击当作了生活中的一个重要部分，就像西班牙人喜爱斗牛一样。对水手来说，除了女人，便是同性间的互相征服与厮杀。拳击，便能作为代替品耗去这些雄性的剩余精力。

在一片喝彩声中，黑人拳手疯狂地进攻着，郑强始终当着陪练的角色，机智地躲闪着。两人从大厅边打到大厅中央，又从大厅中央打到大厅边上。

胖乎乎的约翰对鲍利尔说："怎么样，尊敬的鲍利尔先生，我给你挑选的这位陪练你还满意吧？"

鲍利尔抚了抚马鬃一般的胡须，张着大嘴乐道："好！真是名不虚传的毒蛇，不过，要我看，与其称其为毒蛇，倒不如说是只……逃命的兔子！"

"兔子？哈哈哈……阁下不就是让我找一只这样的兔子，好让你的黑马成为下一届奥林匹克拳击冠军吗？"

"啊，对对对！先生，我们是老朋友了，不瞒您说，届时我准备在奥地利开个卜克星俱乐部，培养一批称霸世界的拳王！"

"是这样！不过，假如我没有猜错的话，阁下培养拳王是假，想获得更多的这个是真吧？"约翰从怀里掏出一个中国银圆，用手一拧，银圆在桌子上飞旋起来。

两位大亨四目对视，会意地大笑起来。

鲍利尔转头对这位美国佬说："先生不必多虑，那时我将东亚十多个码头的生意全部交给你来经营如何？"

肚子里装满坏水的约翰不阴不阳地答道："我以上帝的名义谢谢您。不过阁下，据我观察，你的黑马总有一天会被我这只兔子逗疯的，你看——"

鲍利尔朝场内一看，只见黑人拳手发疯似的追赶着郑强，任凭他左右出击，就是打不中一拳。"哈哈哈，阁下不忙，中国有句俗话，叫作'兔子的尾巴长不了，现在请您看——"鲍利尔满不在乎地说。其实不用提醒，约翰已看到，这时黑人拳手把郑强逼到了一个旮旯，不分轻重地摇摆着上臂，"劈劈啪啪"要把对方砸个稀巴烂。郑强断了退路和左右躲闪的可能，头部、胸部……挨着重炮般的袭击。那脸、那胸，连同整个身子都在爆炸！然而，他不能还手——约翰第一天就警告过他。郑强明白，为了活命，为了有病的母亲和阿妹，他只能当挨打的角色。

他，一天一天地这样忍受着……

这是一个圣诞节的夜晚。

水手俱乐部一派节日气氛，大厅中央，圣诞老人光彩照人，各国水手和船老板、阔太太、娇小姐喧喧嚷嚷，热闹非凡。

水手们以酒发泄，太太小姐们则寻找着自己的知音，打情骂俏。

一曲《蓝色多瑙河》，水手和女人们翩翩起舞，热情洋溢。

主宾席上的鲍利尔，对坐在他旁边的老对手约翰说："阁下，我是水手出身，对这软绵绵的东西不感兴趣。怎么样，让我的黑马与你的毒蛇再较量较量如何？虽然没有看过他俩正式决战，但我敢打赌，黑马准赢！"

约翰嘿嘿一笑说："是这样吗？"

"我敢打赌，昨天晚上我梦见圣诞老人赐给了我一个发财的机会。"鲍利尔情绪特别好。

"那么，我们就来让这圣诞节的夜晚过得更有意思吧！"

约翰转头对一位侍女说："叫郑强上来！"

"是。"侍女一会儿便将郑强叫了过来。

约翰一见郑强，便乐呵呵地举起一杯白兰地说："郑，鲍利尔总裁非常愿意在这圣诞节的夜晚看到你和黑马泰克的表演！来，干上这杯，我祝你好运！"

郑强看了看眼前的两位喝足了中国人血的洋老板，将杯中之酒一饮而尽。

"好，总裁阁下，该让你的黑马上场了！"约翰对鲍利尔说。

"泰克，过来！"鲍利尔朝正在搂着胖女人跳舞的一个黑人招招手。

那个叫泰克的黑人过来，见郑强也站在一旁，他便拍拍郑的肩膀，说："怎么，信仰孔子的郑也希望圣诞老人恩赐你一个印第安娘们？"

郑强抬手将泰克的手甩到一边，毫不客气地说："请阁下的嘴放干净些！"

"哈哈哈，您看，他们在一起就像一对好斗的公牛！"鲍利尔冲着约翰说道。

约翰耸耸肩，不阴不阳地说："总裁阁下，黑马和毒蛇在圣诞老人面前做精彩的表演，难道就这样平平淡淡地进行？"

"怎么，阁下想打赌吗？哈哈哈……"鲍利尔一下子来了兴趣，直起身，"你说，怎么个赌法？"

"100拳之内，如果我的毒蛇被你的黑马打中一拳，就算我输，如果打不中，总裁你就得掏腰包！"

"好！"鲍利尔财大气粗，把手往桌上一拍："我出这个数！"

"500？哈哈，凭总裁这样的身份，出这个数，岂不是连圣诞老人都要笑话吗？"

"那么1000！"

"我出2000！"

"我出4000！"

"8000！"

"约翰先生，你是不是觉得我鲍利尔胆小啊？"

"岂敢，总裁阁下的气度如同天穹，这区区几千美金何足挂齿！？"

"谢谢先生，你可是说对了，好吧，我出1万！"

"3万！"

"我的上帝，你是想送我下地狱！"

"误会误会，仁慈的上帝将永远给你带来光明！"

鲍利尔来劲了，他把女郎往旁边一推，一把抓住美国佬的手：

“5万！”

“6万！”

“8万！”

“10万！”约翰是个老奸巨猾的家伙，现在说的这个数对他来说也并不是个小数，可今天他要压压一向横蛮高傲的这位荷兰船王的气焰。他眯起双眼，挑衅地朝鲍利尔挤挤眼，怎么样，你还敢加码吗?

此时，俱乐部的所有男男女女都被两位阔老板的打赌所吸引。在众目睽睽之下，鲍利尔哪受得了这等蔑视。他两眼直冒火，干脆把西服一脱，说：“我出15万！”

“20万！”约翰头也不回。

“上帝，他真是昏了头了。”鲍利尔冲着约翰的侍从说：“小子，快给你主人拿些阿司匹林，或者法国产的镇静剂也行！”

侍从笑容可掬：“总裁阁下，我的主人是不会用这些药的。也许，它对您还真有用！”

众人哄笑。

鲍利尔气得大发雷霆：“什么，连你也来讽刺我！告诉你们吧，我的财产可以撒满整个太平洋！”

“真是太妙了！不过，阁下的胆量使我对此产生怀疑！你能否以实际行动来证明一下这是真的！”约翰挤着一双狡黠的小眼睛，朝他的对手挑衅道。

“我……我……出25万！”鲍利尔的嗓子像扎了鱼刺一样。

约翰一看时机已到，便将怀里的女郎往旁边一推，啪的从胸前取出一张空白支票，“唰唰”地在上面写了一个数：

“30万！一分不多，一分不少，怎么样？”

鲍利尔觉得今晚被这个美国佬下了面子，他咬咬牙说：“那么好吧。”他双手颤抖着也从口袋里取出一张支票，“阁下，我可是把一半的家产押在这场倒霉的打赌上了！”

约翰笑笑说：“我也并不轻松，这你是知道的。愿圣诞老人恩赐我一个好兆头！”

“哼，屁兆头！”鲍利尔心里骂道，脸色发青地把他的“黑马”叫到跟前：“泰克，你要拿出上帝赋予的所有力量，把那个该死的毒蛇打倒、打死，让他不得动弹为止！我发誓保证满足你梦寐以求的一个胖女人和全家人的幸福。”

“谢谢总裁！我的拳头不会让你失望的！”泰克晃了晃那双有力的拳头。

“好！”鲍利尔把他往大厅中央一推，“快去吧，瞧那个狐狸一般狡猾的美国山驴在向中国佬传授什么秘密！”

这时，大厅里传来了公证人的声音：“诸位女士们、先生们，今年的圣诞节，我们东方水手俱乐部由鲍利尔总裁和约翰董事长提议，下面我们将看到一场精彩而奇特的拳击赛。他们是号称‘美洲黑马’的泰克和‘东方毒蛇’郑强，我们尊敬的鲍利尔总裁和约翰董事长的赌注下到30万美元！这在远东拳击史上是史无前例的。赌注的条件是，泰克在百拳之内击中郑强，而郑强必须对此保持沉默，不还一拳！”

“喔，太奇特，太精彩了！”女人们尖叫声声。

“郑，我相信你完全能躲过泰克一百拳，重要的是你必须向我保证不还拳！嗯，那样，我会让你成为称霸世界的拳王，有享不尽的荣华富贵。嗯，你不信？”鲍利尔大声喊道。

郑强轻蔑地环视着泰克和大厅内的人群。

“哐！”铜锣响起，大厅内的人群顿时退至两边，厅中央只剩下对峙的郑强和泰克两人。

受白兰地影响的泰克跃跃欲试，他把自己的双拳晃到眼前，十分自信地赞赏着。他出拳了。第一拳打得十分漂亮，眼睁睁地落在郑强的鼻尖上……然而，没有击中。十拳、二十拳……泰克越打越凶、越打越狠，郑强越躲越妙、越躲越精。渐渐地，泰克有些急了。因为这是没有绳圈的大厅，被击的对手有了足够的空间东躲西闪。但泰克不愧是一匹黑马，他那紧追不舍的勇猛劲，使得郑强的精力也大为消耗。五十拳时，两人都是大喘粗气了！

"泰克，加油！中国佬快不行啦！"

"郑！顶住！黑马要完蛋啦！"

两位老板的各自支持者在为两名拳手高声地喝彩着。

泰克像牛一般地喘着气，两眼张得大如铜铃，真像要把对手吃掉似的。"呀！"只见他拼命挥拳，疾步向郑强扑去，随即像发射重炮似的运足气，左右开弓，直打得观众眼花缭乱，天昏地暗。

"喔——好厉害的黑马！郑非得被他碾个粉碎！"

鲍利尔也高兴得差一点从座位上蹦起来，叫道："啊，我胜啦！好样的，黑马！"

"总裁阁下，别得意，你看清是谁要倒下了？"一旁的约翰嘲笑道。

"那还用说，肯定是你那条东方毒蛇去见上帝啊，毒蛇！"鲍利尔刚刚说完，可他一下傻了，原来，毒蛇郑强坦然地站在那里，泰克却一屁股坐在了地板上。"这这！……"

"泰克！站起来！站起来！"鲍利尔的支持者急得直跺脚。

泰克站起来了，他不耐烦地朝两边的看客"啊！"地怒吼了一声，然后，像饿狼似的扑向郑强，泰克改变了穷追猛打的战术，他瞅准郑强躲到一个边角，便像老鹰捉小鸡似的将郑强逼到了毫无退路的墙角。

郑强处在绝对被动的境地，观众都为他捏着一把汗，连一向沉得住气的约翰也紧张得站了起来。

"打！打！打！打死他！打死中国佬！"鲍利尔的支持者和那

些轻视郑强、仇视中国人的外国狂热分子发疯似的喊着，仿佛要掀掉这大厅的顶盖。

两名对手此时近在咫尺，相触的目光间如同有 10 万安的电流在撞击。占优势的泰克暗暗发誓：决不错过这机会。他的眼睛盯着郑强的头，并且用左拳做了个出击的动作，但真正有力的右直拳却打在了郑的胸部，未击中有效部位。机灵的郑强识破了他声东击西的战术。

“96！”整个大厅里几乎人人都在数着。“呀！”泰克又一次发起进攻，然而又扑了空。

“97！”

“泰克，把拳头举起来！打他的眼睛！打瞎他！”鲍利尔简直要疯了！

这时的约翰再也坐不住了，扯着沙哑的嗓门，喊道：“郑，沉着！——”

厅里，除了两位打赌者的声音外，一片寂静。观众的心个个都提到了嗓子眼，他们在等待着第 98 拳！

不知为什么，泰克久久没有出拳。“怎么啦！黑马，你这个蠢猪！快打呀！快打呀！”观众着急了。但是，他们谁也没有发现，此时的黑马全身开始不正常地摇晃，到后来手脚都在颤抖。

“蠢货！笨蛋！……”顿时，骂声四起。

泰克终于出拳了！天，这哪是在打拳，简直是在耍猴戏！

泰克的这一拳太奇特了，只见那右拳左右晃了一下，又猛地缩了回去。

“狗杂种！黑马，我要把你撕碎，扔到海里喂鲨鱼！”鲍利尔哭天喊地，破口大骂，身边的女郎见此情景，赶忙端起酒杯，欲来抚慰。鲍利尔抬手将女郎猛地推到一边，“晦气的臭娘儿们！都给我滚！”说完，一屁股坐在沙发上呼哧呼哧大口喘气。

约翰未曾看到过对手的这般狼狈相，他的注意力始终盯在赛场上，“郑，快闪身躲过！”

泰克一个冲刺直拳，由于发力过猛，郑强以一个闪电般的跨步闪过，泰克和墙壁撞了个满脸花！大厅像发生了地震。

“99！”

“完了！泰克失败了！”观众在欢呼、在咒骂，酒瓶、罐头盒雨点般地向他袭来，“黑马”狼狈不堪。可此刻，他反倒出奇地冷静，冷静得两眼射出冷光，直直地盯着郑强，他把拳套扔到一边，然后踉跄地向郑强走来。三米、二米、一米……突然他从腰间拔出两把铮亮的匕首，“嚓嚓”地向郑强劈来……

“啊！——”几个女人在尖叫，跟着又是一大群女人在尖叫！男人们都呆呆地站在那儿，眼巴巴地看着一场血腥的凶杀发生！

郑强不愧是久经沙场的拳王，就在最后的时刻他也没有放松警惕，但是，他万万没有想到泰克会下这般毒手。郑强此刻仍很镇定，一边脚步不乱地躲闪着，一边准备必要时还击。突然，他觉得左肩臂上像有个发热的虫子在蠕动，啊，是血！黑马，你打了99拳，我没还一拳，可你竟然还要置我于死地！好吧，只好让你也尝尝中国人的拳头！郑强那只没带拳套的右拳，如同重型炮弹般砸在泰克的脸上。“黑马”就像摔在地上的一摊稀泥，“扑通”躺在了地上……

大厅内的欢呼声震耳欲聋，最热闹的地方莫过于约翰和鲍利尔身边！此时，两人再无半点风度可言，就在泰克倒下的一瞬间，多了一个心眼的约翰一把将自己和鲍利尔的30万元支票抢在了手里。这时，气昏了的鲍利尔也清醒过来，“喂，把支票还我！你的毒蛇动拳了！你输了！”

约翰一听此话，眼珠子都快要瞪出来了：“什么？我输了？哈哈，谁能相信你的鬼话！你的黑鬼不仅一拳没击中郑，反而行凶杀人，我要到法庭上连你一起告，无赖！听见了没有！”

“嘭！”鲍利尔拔拳就打，“你才是无赖，不把支票还给我，我砸碎你的脑袋！”

“你敢！”约翰也不是好惹的。于是，两人抱成一团，滚在地板上厮打起来，大厅哗然大乱，可谁也不敢上前相助，只见两张30万元的支票在地上飘来飘去。

正当两位大亨打得难分难解之时，一旁的郑强手在地上一抄，两张支票便捏在了他的手里。他跑到滚在地上的约翰和鲍利尔跟前说：“你们谁也没有赢，是我赢了。谢谢先生们！我非常乐意接受这60万元的礼物！”说完，他扭头大步朝大门走去。

顿时，约翰和鲍利尔傻了，大厅内所有的人傻了，眼看着郑强拿着支票朝大门口走去……

突然，约翰把死死缠着他的鲍利尔用力一推，说：“混蛋，快叫巡捕！快！”

“啊！”鲍利尔一下省悟过来，像条狗似的从地上爬起来，一把揪住侍卫的衣领，吼道：“快去叫巡捕！晚了，我宰了你！”

“快叫巡捕！别让他跑了！”

码头上，哨声、警笛声骤然响起，约翰和鲍利尔的打手及外国水手们像疯狗似的扑向郑强。

郑强见他们快要追上自己时，右手向空中一扬，两张支票像两只断线的风筝在众人头上飘荡，向江面上飘去。打手们、水手们以及刚刚赶来的巡警们一齐抬头盯着那两张共值60万元的支票！此时好不热闹，俱乐部内外一片叫喊声……望着这场面，郑强淡淡地一笑，此时他才感到左肩有些疼痛，他用右手捂着，缓缓地走了。

他的身后，是约翰和鲍利尔那绝望的叫喊声：“钱！我的钱！钱！……”

（二十一）

1937年日本侵略军大举侵犯中国领土，蒋介石领导的国民党军队不战而败，11月12日，上海落入侵略者的魔掌。顿时，血染黄浦江岸……

日本驻沪警备司令部设在闹市区外滩，为了显耀皇军的威风，警备司令部成立的那天，码头封锁，全城戒严。司令长官在南京路口的外滩广场上，发表了长篇的“告市民书”，那个留着八字胡的日军长官，就是当年在日本一手操纵追杀郑强的佐藤一太郎。这个恶魔是军国主义头目之一，一到上海，就把他正在华北战场上作战的忠实信徒、瞎了一只眼的山野调来，担任了他的宪兵队队长之职。

“司令官阁下，给我三天时间，我要踏平中国武术界，亲手杀死郑强！”山野见到佐藤一太郎的第一句话就这样说。

胸前佩戴着一大串闪闪发光的勋章的佐藤一太郎看着他那比以前更加成熟、残忍的部下，心头十分高兴。只是，他比眼前这位血性的部下考虑得更多些：“中国刁民大大的狡猾，你要以毒攻毒，明白？”

“山野明白！”

这位三进上海滩的日本恶魔，前两次的记忆给他留下的是耻辱，而战胜欲与征服欲恰恰是山野的全部性格所在。以前的两进两出上海，他靠的是拳台上的实力，虽然两次的结局并不光彩，甚至几乎使他失去重新拿起拳套的勇气，但他毕竟在中国的数万人之上显赫一时。“只要不再是无休止的轮番战，是可以踏平中国武术界的。”他心里一直这样想。当然那个可憎的、令他生畏的郑强除外。山野恨中国武术界，更恨郑强。他到上海的第一件事就是要踏平精武馆。

这天，他带了全副武装的宪兵队，在天刚刚降下暮色时，就浩浩荡荡地开到精武馆的所在地。傍晚时分，通常是精武馆人最多的时候，但自打日军侵占上海后，来这里练武的人并不太多。这天，除了赵馆长外，就蔡阿毛等武术界巨头在此共商大事。

“不好！东洋人已经开到这里来了！”一位馆员惊慌失措地从门外跌跌撞撞地进馆内报告。

赵馆长一听，站起身来说：“瞧，说来就来了！大伙赶快从后墙出去！”

“不！”已经成熟稳重的蔡阿毛此时浓眉一竖，摇摇头说：“东洋鬼子在上海的大、小头目都是和中国武术界积怨极深的恶魔，早听说那个佐藤一太郎曾几次下令铲除我上海武术界，如今他的副手，宪兵队队长又是‘独眼龙’山野，早晚，他们要下毒手的。上海滩上到处是他们的人，是躲不过的！”

“是啊，佐藤一太郎已经声称要杀杀中国武林的威风。今朝他们来武馆肯定不善，还不如一拼，保全霍大侠给我们留下的这座武林圣殿！”一位武林壮士说。

“对，宁可一死，也要保全武馆！”众壮士异口同声！

“不行！”赵馆长断然提出反对意见，“如今是日本人的天下，那样只会招致他们在上海又一次掀起血腥大屠杀黑潮，我们武术界也会惨遭厄运！”

“宁为玉碎，不为瓦全，这些日本人啥坏事都干得出，我们躲过今天，逃不了明天！”众壮士依然满腔怒火，你一言我一语。

“馆长，他们已经把武馆封锁了，是‘独眼龙’山野带的宪兵队，快拿主意呀！”刚才进门报告的馆员又一次从外面跑进屋，两腿哆嗦着一下跪倒在地上。

“不能再犹豫了。阿毛，你领着弟兄们快走，谁也不准多嘴，否则我将按武林规矩行事！”鹤发童颜的赵馆长两眼目光炯炯，双手一抬，将蔡阿毛等众壮士推出三尺之外。

“馆长，那你……”蔡阿毛无奈，带着弟兄们爬上后墙，可他们怎么也放心不下赵馆长和几个无半点功夫的馆员。

赵馆长生气了，只见他身子往下一蹲，然后将手往空中一挥。蔡阿毛等人“啊呀”一声只觉眼前一阵灰雾，不得不赶快捂脸往墙外跳下。壮士们明白这是赵馆长用的“砂堵双珠”术，以让他们快快退去。

“你的，快快说，练武的人都跑到哪里去了！”蔡阿毛等还未走出几步，只听馆内传出日本宪兵队队长山野的呵斥声。

“来去无踪，此地只有老者一人。”这是赵馆长镇静自若的声音。

“啪——啪！”一阵鞭声。继而，又是山野的狂叫：“给我统统的搜！”

顿时，武馆院内传来一阵“乒乒乓乓”的打砸声。不到一个时辰，武术界苦心经营了三十年的中国武宗一大圣地被砸了个稀巴烂。

“队长阁下，什么人都没有！”一位士兵报告道。

“说，他们的什么地方的藏起来了？”山野狂暴地怒吼道。随即“哗”的一声，他从腰胯间抽出一把指挥刀搁在了赵馆长的肩膀上，刀刃抵着他的脖颈，“快说，你的知道我的是谁？唔？”

“我知道，不就是当年被我武林人士和郑强打得连眼睛都瞎了一只的山野大拳师吗？”赵馆长说得不紧不慢。

“八格！——”山野气得双手发抖，他“嗖”地把刀一抽，赵馆长的脖颈上顿时留下一道不深不浅的口子，鲜血“嘀嘀嗒嗒”地往下直流，“哐——当！”山野把指挥刀往地上一扔，“嚓嚓嚓”地解开军上衣的纽扣，然后将衣服一脱，露出黑黢黢的胸毛，他把士兵往两边一拨，上前一把揪住赵馆长的衣襟，将其贴在一根石柱子上，“哐咚咚”用拳头像打沙包似的击打起来。

宪兵们见状个个乐开了嘴，因为他们都知道队长是全日本赫赫有名的拳坛霸王，那一拳出去，不是山崩也得地裂。可是，当宪兵们看着队长击得直喘大气时，贴在石柱上的那个中国老头双目微微合拢，像个安详的老神仙在那儿打瞌睡。

宪兵们看呆了！

山野也觉得奇怪，内心更多的则是恐惧。他用双手拍了拍“睡着”的老神仙的脸颊，赵馆长泰然自若地半睁着眼，带着轻蔑的神气朝山野轻轻摇着头，意思是说：“先生，你这两下还差得远呢！”

“气功！你的气功大大的。”山野恍然大悟，脸色顿时涨得像猪肝一般。他感到自己又一次“栽”在中国人的手里。这自然使他那颗好胜心一下膨胀起来，“我的不信，气功的看你们不行！”山野转身朝手下的士兵一挥手，命令道：“你们，统统上！”

这一下不要紧，一大群日本宪兵顿时像疯狗似的扑向赵馆长，向赵馆长浑身上下没头没脑地拳打脚踢起来……

只听见鬼子们“嘿嘿”地高声叫喊，却听不到被打者的痛苦呻吟。

虽说赵馆长有十三代相传的中国岳家硬气功——相传岳家硬气功乃是当年岳飞一手所创的传世真功夫，可终于抵不住这长时间的轮番轰炸。当宪兵们一个个打得胳膊腿抬不起来时，赵馆长已经奄奄一息了，鲜血从他的七窍缓缓流出，就连杀人如麻的鬼子们也有些吃惊！

“啊，啊！——他的，鬼，鬼……”一个小鬼子吓得直往山野身后躲。

山野“嘿嘿”一笑，顺手一把揪住这个小鬼子，然后从腰间拔出一把匕首交给他：“小岛，你把他的左眼睛给我挖了！我要把他、把所有的中国人都挖成独眼！——”

胆小的小岛一听这话，吓得几乎要瘫倒。

“八——格！你的武士道精神哪里去了？！给我死了算了！”山野想不到自己的部下竟然会有如此胆小的家伙，而且他根本不想看到这种人在他神圣的宪兵队里。于是，命令他的一名下级，“你，就地惩罚他！”

“是！”部下二话没说，向另外两名宪兵使了下眼色，吓得魂飞胆裂的那个小鬼子像一只小鸡似的被提到院外，只听“砰”的一声枪响和一声惨叫……

“哈哈哈……山野，你应该好好地训练一下你的士兵！要不，他们只不过是一群跟在黄鼠狼后面的兔子！”眼前的这一幕，使赵馆长由衷地感到好笑，他不失时机地把山野挖苦了一番。

山野并不在乎这些，他把铮亮的匕首往空中一抛，又握在手中，假心假意地对赵馆长说：“我的给你一个保留双目的机会：让上海的武术界，还有那个郑强的出来，与我比武的！唔，怎么样？”

赵馆长轻蔑地摇摇头说：“你早已是中国人的手下败将，何必再较量？”

“嗖！——”山野气得肺都要炸了，他再也没有耐性了，只见他提起匕首，上前对准赵馆长的左眼就是一刀！

“啊！——”赵馆长一声惨叫，鲜血一下溅满了他的脸。

此时的山野完全失去了人性。他一手提着刀，一手将血淋淋的一颗眼珠高高地举着，疯狂地喊着：“我要让千千万万的中国人来赔我的眼睛！赔我的眼睛！——”说完，只见他张开大嘴，一下将赵馆长的那颗眼珠子吞进肚里。

宪兵中许多人只觉得一阵恶心，可他们听到自己的长官还在这样命令他们：“把这个中国老贼，吊在这精武馆的门口，我要让郑强，让那些中国武林人来收尸！”

这惨不忍睹的一幕，隔墙的蔡阿毛等人听得清楚，看得明白，“我跟山野拼了！”要不是众人拦住，蔡阿毛早翻墙杀了过去，那不又白白送上一条人命吗？！

中国武术界承受着前所未有的耻辱！

一代武宗——赵馆长被暴尸在精武馆大门口的消息传遍了整个上海城。

“无论如何，要将赵馆长的尸首抢回来！他是为我们才被东洋人杀害的！”

“对，阿毛，想想办法吧！”

苏州河边，一幢破落的旧寺庙内，昔日主持精武馆的上海各派武林头目今天都聚到这里，共商抢收赵馆长尸首的事。

“可是，日本鬼子在精武馆内外全都设下明岗暗哨，咱们一去正中他们的埋伏。”有人担忧地说。

“是的呀，山野这个做法就是为了展示他的淫威——制服阿拉上海武术界！”

“鬼子在那儿人多势众，并且架着机枪，我们恐怕斗不过他们吧！”

“怕什么，就是刺刀立在苏州河里，我们也要蹚过去！”

“对，东洋人做的坏事够多了，山野这只疯狗一来，阿拉日子就更难过了！不如一拼！”

众人你一言我一语。又有人说：“赵馆长的尸首是一定要收的，而且还得乘着鬼子在上海的脚还没有站稳。加之，百姓对东洋人恨之入骨，我们要借赵馆长这事来个公开大游行，让全市父老乡亲支持我们武术界与洋鬼子们一起斗！”

“这个主意不行，又是白白送死。阿拉不赞成！”

蔡阿毛看着情绪激昂、意见不一的各位，因势利导地问：“现在的问题是我们想什么办法把赵馆长的尸首从日本人的眼皮底下收回来！”

“是啊，通往精武馆的正门只有一条弄堂，从这儿进太难！”一位壮士说。

“翻越武馆后墙，从邻近的房屋上面接近目标是条路。”有人建议。

“对，这个主意好！”众人赞同。

“飞檐走壁者我们不缺，据说在赵馆长尸首的旁边，山野派了十个武士出身的日本兵守护着，人去多了必定会暴露目标，而少了又怕对付不了那些日本兵。”

“要是毒蛇郑强在就好了，他一个人对付十来个鬼子问题不大。”

听到有人提到郑强，蔡阿毛的心里真不是滋味。昔日他们师兄弟一场，情如手足，自打郑强学了西洋拳，特别是东渡到日本后，两人就分道扬镳了。尤其使蔡阿毛感到惭愧和内疚的是大世界里那场与郑强的争雄战。得胜的头些日子里，蔡阿毛还觉得自己赢了郑强，挽回了中国武术界的面子。可后来才渐渐了解到，郑强东渡日本不但没有当日本人的奴才，相反几度生死未卜，屡遭厄运。尤其是在与自己交手后，全家人饥寒交迫，师母久病不起，师妹也备受煎熬。更可怜的是堂堂大拳王，师弟郑强竟然一直过着乞丐一般的生活。每每想到这些，蔡阿毛总是悔恨交加，他清楚地知道，当初要不是他逼师弟与自己比武，要不是大伙儿把师弟的东瀛之行误认为是做日本人的奴才、走狗，要不是自己狭隘的门户之见和对西洋拳术的偏见，郑强和全家人还不至于落到这般地步。蔡阿毛多次在心灵深处向师傅郑先义赔罪忏悔自己的愚昧无知、轻信和狂妄自大，若是当时与师弟郑强一起携手共事，那整个上海，甚至中国武术界也不至于被人挤来挤去。如今，国难当头，上海武术界即将遭受日本人的灭顶之灾之时，他更想念师弟郑强了。

“是啊，要是阿强在有多好！”蔡阿毛说道。

“远水救不了近火，还是我们自己想办法。”有人说。

“赵馆长的尸首已经被曝尸三天了，今晚一定要想法收回来。各路兄弟要鼎力相助。一旦尸首收回，我们就组织武林人士和市民游行，声讨日军暴行。”蔡阿毛提出具体建议。

“好主意！”

“我们赞成！”

“今晚听到海关大钟敲到十二响时行动！”蔡阿毛发令道。

“是！”各路壮士充满信心地答道。

（二十二）

十一月的上海夜晚，已有几分寒意，可是，外滩闹市依然灯火通明，各种霓虹灯如同繁星闪烁，好似少女诱惑的微笑。大街上，一队队日本巡逻兵举着太阳旗，踏着咚咚作响的步伐，从人们的身边走过。

不远处是一座德式的高大建筑，自动旋转门前，五彩的霓虹灯下一群群日本军官出出进进，他们有的醉醺醺地说着什么，有的搂着花枝招展的女人，浪荡的笑声和软绵绵的歌声不时从门内传出。这里，就是日军侵占上海后专门为那些“有功之臣”开的高级妓院。妓院内是清一色的日本陈设，但那些专门供日军享用的妓女却大部分是中国姑娘，她们大多是被日军从苏杭抓来的。

在一间安有暖气的高级套间内，赤身裸体的“独眼龙”山野正怒气冲冲地冲着一位穿着和服的中国老板大骂道：“你的良心大大的坏了，找的尽是些连骨头都没长硬的小鸡仔，我大大的拳王，要牛一样的女人，很多很多的牛一样的女人，嗯？你的明白？”

老板吓得直哆嗦：“是，牛一样的女人，我马上去叫！”说着，一边擦着额上的汗珠，一边赶忙退出。

不一会，一位又高又胖、脸上长满雀斑的女人，摇摆着那足足有单人沙发大小的双臀，来到山野面前。这一对丑八怪，仿佛一下遇到了千载难逢的机会。

山野在喊着："我是拳王！我是拳王！——这世界是我的！"汗水在他的背上像河一样地流着……

"丁零零……"床头的电话铃蓦然响起，山野一下像从"天堂"回到人间，赶忙起身接电话。

山野接过电话，还没听完就跳了起来："什么，尸体被人抢走了?！几个蒙面人？一个像拳手的人抢走了？一个都没有抓到他们？"

"报告队长阁下，他们统统逃跑了！"对方说。

"你们这群笨蛋！"山野说完，"啪"的一下把电话扔了。他紧皱着眉头，像木头人似的钉在了那儿。

"太君，快来呀！"胖女人等不及了，跑过来搂住他，温柔地抚摸着。

"一定是他，这个毒蛇！"山野突然从牙缝里挤出这句话。

"谁是毒蛇，太君！"胖女人好奇地问。

二十一层上海大厦日军警备司令部正在召开紧急会议。佐藤一太郎板着冷酷的脸，一言不发。会议桌两侧，各级长官们毕恭毕敬地端坐着。

"报告司令官阁下，宪兵队队长山野到！"一名卫士报告道。他的身后是一只眼的山野。

佐藤一太郎连看也不看地说："山野队长，精武馆的尸体是怎么飞走的？"

"这、这、这……"山野答不上来。

"如今，整个南京路上沸沸扬扬的游行队伍又是怎么回事？嗯？"

佐藤一太郎有意拉着腔调。

山野听得直冒冷汗，他是刚刚听下面人报告说上海武术界人士聚众，抬着赵馆长的尸体上街游行声讨日军。开始才百十来人，不一会儿就有上千人，他们走到南京路，把整个大街上的人都卷入了游行队伍，一下成了声势浩大的讨伐“日军暴行”的一场民众大示威。山野虽然与佐藤一太郎司令官关系非同一般，可这事影响“大东亚共荣圈”的大业，同时，在日军占领的土地上发生这类事件是日军的耻辱！

“你，辜负了我的一片心血！”佐藤长叹一声，突然又拍案喝道，“还待着干什么？快快给我把南京路上的闹事者统统驱散！”

“是！是！”山野“啪”的一个立正姿势，转身出了会议厅。

此时的南京路已是人山人海，蔡阿毛等武术界人士抬着赵馆长的棺柩，他的身边是阿勇和众多武林壮士，他们高举着标语，高呼着“声讨日军暴行！为赵馆长报仇！”的口号，浩浩荡荡地走在繁华的南京路上。国仇、家恨、民怨，使成千上万街头的热血中国人都自觉自愿地加入了声讨日本侵略军的行列。南京路像一条流动的河，口号声震天响，自以为固若金汤的日军没有想到杀死一个赵馆长竟然闹出如此乱子。

“杀！杀一儆百！”这是佐藤一太郎的信条。于是，他把镇压眼前的这场群众示威的任务交给了山野。他深知，只有山野才能下得了毒手。

山野早有心思一报昔日受辱之仇，可终得不了手。他原想借赵馆长这个“鱼饵”激怒上海武术界和郑强，以此来达到他一扫中国武林威风之目的。不料想，此举反而引出了如此大的乱子。他心头本憋着一股火，方才又被佐藤一太郎一顿冷嘲热讽，真是火上浇油。山野接了司令官的命令，迅速组织宪兵队全体人马，火速开往南京路。他们在通往外滩的路口架设了铁丝网，同时也架起了机枪，等着游行队伍的到来。

“打倒日本鬼子！”

“侵略军从中国滚出去！”

“为赵馆长报仇！”

……

山野一看游行队伍已经进入戒备区域，顿时心头燃起火焰，他把总不离手的那瓶烈性酒往旁边一扔，拔出指挥刀，命令所有宪兵准备战斗。

蔡阿毛他们看到前面的路已被日军堵住，知道今日必有一场残酷的较量。“阿芬、阿勇，你们陪着赵馆长的太太和亲属从弄堂里先撤，其余的人见机行事。”蔡阿毛布置道。

“阿毛，你得小心。”阿芬临走时十分担忧。

“怕什么，你看，我们身后有那么多人，谅他们不敢轻易开枪。”蔡阿毛自信地说。

愤怒的队伍依然向前挺进，从人们的眼里看不到惧怕的神色。

“哒哒哒……”山野开始动手了！一串子弹从游行队伍的头顶窜过。

游行队伍开始骚乱，那些胆小的人吓得纷纷离开队伍，躲进两边的店铺内，而不甘当亡国奴的勇士们则迎着敌人的枪口继续前进。

“哒哒哒……”又一串子弹窜出枪管，射进游行队伍……血腥的镇压开始了。山野高举着指挥刀，正步向前，在他的身后是一排接一排的持枪宪兵。他们的面前则是手无寸铁的中国百姓。

“阿毛，快撤！不然我们会吃亏的！”有人提醒蔡阿毛。

蔡阿毛没有说话，他两眼死死盯着迎面走来的“独眼龙”山野，仿佛想起了当年拳台上的交锋及师傅郑先义的惨死。这边的山野似乎也认出了这位当年曾与自己交手，第一个打肿他左眼的中国人。山野的左眼窟窿在阵阵作痛。

“呦——西！不错，就是他！”

“独眼龙，害死师傅的魔鬼！”

“阿毛，别往前走了，危险！”蔡阿毛直楞楞地独自朝山野走去，无论身后的人怎么呼唤，他都听不到。他身后的游行队伍停止了前进。

这边的山野也朝身后摆摆手，宪兵们也停了下来。

整个南京路凝固了，仿佛只有蔡阿毛与山野两个人。就在相距不足三米处，两人站住了。

山野拔出了战刀。

蔡阿毛拉开了架势。

一切都发生在瞬间。山野像被狗咬了似的发出一声嚎叫，只见一道白光如闪电般朝蔡阿毛的当头劈去。

蔡阿毛眼明手快，往后一闪，山野手中的那把不知杀过多少中国人的刀，顿时在这位中国武士面前失去了作用。可山野并不甘心，他再次举起战刀，像劈柴似的朝对手横劈竖砍，直杀得天旋地转。蔡阿毛看看自己的身上，虽说皮肉未有大伤，衣襟上却留满了刀痕。赤手空拳，必在下风。蔡阿毛一边防守，一边细细观察着对方的刀术。他发现山野尽管刀势很猛，但与其拳击水平相比，刀术显得笨拙甚多。尤其是那握刀的右手腕，直来直去，根本不见一点过硬功夫，蔡阿毛看到此处，心头顿生一计。

此时的山野想的是尽快解决这个给他找麻烦的中国人。要不是他，自己不至于在佐藤一太郎司令官面前丢脸。正是心急吃不了热粥，当山野又一次朝对方猛劈过去时，也许是用力过大，待刀滑空的一瞬间，他一个踉跄，险些儿来了个狗吃屎。那身后的宪兵一看队长失手，一下子拥上来，将蔡阿毛围在中间，然后一齐举枪拔刀。蔡阿毛堂堂上海武术界的一条汉子，还没有来得及喊一声痛，就这样惨死在日本鬼子的刀枪之下，血肉横飞在南京路上！……

鬼子动了刀枪，一下激怒了游行队伍中的武林人士和有正义感的民众，他们呼喊着为蔡阿毛和赵馆长报仇的口号，向敌人冲过来。可怜这些赤手空拳的热血中华儿女，在钢铁与火药组合成的暴行中纷纷倒下……南京路一下变成了血海！

山野与他的宪兵们一个个杀红了眼，整个大街成了屠场。宪兵们开始追杀那些参加游行的人们，后来干脆闯进两边的店铺，又杀又抢又奸……

南京路的地是红的！

大上海的天是黑的！

正在这帮野兽们杀红了眼时，他们看到自己的队长一个人站在大街中央嚎叫着，简直是个活生生的嗜血魔王！瞧这山野，上身光着，全身沾满血水和脑浆，他手里的那把刀也不知是砍的脑袋太多，还是碰在了铁器上，刀刃上尽是缺口。山野把战刀放在眼前看了看，然后高高举起，歇斯底里地大叫道："中国人的，你们听着！我是拳王！我是拳王！——"

像头很久没有吃到食的非洲豹在饥嚎，听得人心惊胆战，就连他手下的日本兵也纷纷从两边的店铺里跑出来，惊奇地注视着。

这一场血腥肉搏之战，仿佛一下刺激了山野那颗残暴的心：我是拳王，用刀那玩意儿不够刺激，现在要用双拳！对，让那些曾经使我瞎了一只眼的中国人尝尝东洋拳王的拳头。什么枪的、刀的，都没有拳头过瘾！

山野挥着拳头像只疯狗似的在嚎叫："我是日本拳王！"

山野大步向前走着，一个商人抱头从他身边溜过，山野顺手抓过来，"咚咚咚"就是三拳，那人立刻眼睛翻天，七窍出血，山野又像打排球似的一拳将其击出十几米外……这个商人就这样惨死了。

“哈哈哈……”山野发出狰狞的狂笑。

昔日人流如潮，喧喧嚷嚷的南京路，此时，空空荡荡见不到几个人。

“人呢？哪儿去了！你们的出来！统统地出来！——”

山野睁着一只血红的眼，紧握着双拳，不停地嚎叫：“哈哈哈，什么东方毒蛇，给我统统出来！出来！——我，我的要你看看谁是、谁是真正的拳王——”大街上死一般的沉静。

天色渐暗，远处天边闪着雷电……

此时的山野感到寂寞，甚至感到恐惧。

“毒蛇！——郑强！——”

“郑强！——毒蛇！——”

血水在地上缓缓流动，天空罩着重重黑云，山野完全成了疯子，连宪兵队的士兵们也不敢紧随着他，提心吊胆地离他远远的。

前面，空荡荡的。

突然，大街中央站着一位彪悍的中国男子，他的脸被一顶草帽遮住了半边。

山野一愣，以为自己活见鬼了！他用舌头舔了舔溅在手背上的血，揉了揉能睁开的那只眼，使劲往前看去，没错，是一个人。

“你的什么人？”他吼道。

“矮猪猡！我是你中国爷爷！”戴草帽的人毫不客气地答道。

“八格！死啦死啦的！——”山野气得浑身颤抖，举起双拳，大步上前，对准那个戴草帽的人“咚咚咚”一下击出二三十拳。这个中国人却如同石塑一般站在那儿连晃都没晃一下，令山野大惊。

山野用力地甩了甩自己的头，没错，这不是梦，是实实在在地发生在大上海闹市的南京路上！可他又像从梦中惊醒，不由得往后连退数步。

“你的到底是什么人？快快地讲！”

“郑——强！”那人把草帽一甩，露出两道咄咄逼人的目光。

“啊！毒蛇！”山野全身在剧烈的抽搐、颤抖，两只手在胯下揉擦着，声音从牙缝里挤出来：“我的找你好苦呀！”

是的，从上海到东京、从东京又到上海，这漫长的几个春秋，作为一名曾叱咤东亚拳坛的拳王，竟然被一个没有半点名气的中国人打得惨败，一贯蛮横高傲的山野，强忍着威风扫地的屈辱，屡次东渡西征，可终究未能将威慑自己的对手置于死地，这是几年来，这个日本拳王一直忧心忡忡的憾事！按照日本天皇颁发的法令规定，山野属于皇室嫡系，可以不参加“西征中国”的军事行动。但山野为了再次有机会到中国，以报旧日之仇，坚决要求当兵入伍，并通过佐藤一太郎的关系，终于实现了他的愿望。

到中国之后，他开始在奉天关东军里当兵，因为老爱动手动脚，一次把同一个连队的士兵打死了。这事一直被捅到关东军司令部那儿，按军法山野应被处死。在上海的佐藤一太郎知道此事后，即与他的好友、关东军司令官通了个电话，山野就这样不但免于一死，还来到了他梦寐以求的上海滩。佐藤一太郎对山野了如指掌，因此，任命他为宪兵队队长，意在利用这个恶棍来惩治可怕的上海武术界。山野对这个职务十分满意，他对上司这样说：“在保证不看到任何公开与大日本皇军对抗的前提下，我要严厉惩治中国武术界，尤其是那个我万分痛恨的毒蛇——郑强。”

——郑强使他成为“独眼龙”！

——郑强是他的一大心病！

山野是一介武夫，他并不了解中华民族和中国民众，尤其是小看了受侵略者奴役的中华民族。他本想在上海大干一场，以雪耻辱。可在中国这块土地上，命里注定他不走运。头件事就捅了一个马蜂窝，他把这一切都归结于那个该“千刀万剐”的毒蛇郑强。方才一路逞威，使他那颗好斗的心得了些补偿，但拳王出身的山野有着与常人不一样的秉性：如果不是对手，即使战胜一万个、一万次也不解仇！也不解恨！

郑强使他发疯！

郑强现在突然出现在他的面前。

山野兴奋，兴奋得全身每一根神经都像一台发动机，他尽量使自己镇静下来。可越这样，越不能自制，尤其是方才的一阵击打，对方竟然毫无半点反应，这使得山野的整个精神由兴奋变得紧张了！

“我，我要你死！——”他这样咬牙切齿地喊着。可是，两个拳头却怎么也攥不紧，太阳穴以每分钟二百下的速度“突突突”地跳着，他的全身失去了控制……

站在另一边的郑强异常镇静。也许只有从他那两道咄咄逼人的目光中，才能看出他心头压抑的巨大冲动。他望着眼前这个屠杀中国同胞的刽子手和疯子，几年来所吃过的酸甜苦辣一齐涌至心头。他想起了父亲的死，想起了宫本和秀夫小姐的死，想起了昔日情同手足的阿毛和德高望重的赵馆长的死，看看山野身后躺着的一个个血肉模糊的爱国同胞和父老兄弟姐妹，他再也压不住心中的深仇大恨，一双拳头握得格格作响……

山野像条疯狗似的向郑强扑来，使出他最后仅有的一点力气。郑强这一次没躲闪，也没有站在原地静等，而是将自己的全身力气集中于右拳上，利用拳击技术上的时间差，迎面朝山野痛击过去，这一拳打得好漂亮！

山野怎么也没料到自己的拳头像打在了橡皮球上，反被弹回去老远。这是郑强的一个高招：利用短距离的时间差和对方失去重心后的强大冲力，猛出劲拳，对方用力越大，产生的反作用就越大。

这个东洋魔鬼刚想站住脚跟，稳定重心，不料，郑强大步流星地冲过来，以闪电般的速度，连连击出十几个重拳，都打在山野身体的要害部位。只见山野一下像喝醉了酒似的摇摇晃晃地在原地转了好几圈，然后蓦地倒地，那光秃秃的脑袋正好撞在了马路边的一个石阶上……

“毒、毒……”山野还没有来得及说完一句话，那仅剩下的一只眼珠子直瞪着黑云翻滚的天空不动了。

远处，他的宪兵队以为他们的长官还在尽情表演出色的“拳击中国肉沙包”的杰作。当他们跑步过来上前一看，他们的山野队长已经一命呜呼。

南京路上瓢泼大雨夹着雷鸣电闪，像是为冤屈的死难者奏着低沉的哀乐，雷雨中还有一群似魔鬼又似幽灵的东西在滚动着……

（二十三）

日军警备司令部广场“天皇义士院”。

这是一个专门用来安放日军在华东战场上丧命将士的地方。这天，此地来了许多人，那阵势并不亚于前些日子驻扎在苏州的一个日军华东分区司令长官被杀后举行的悼念仪式。今天在这里安葬的不是别人，正是侵华日军崇拜的大拳王山野队长。仪式之所以隆重不仅因为山野是大名鼎鼎的拳王，更重要的是他与日本皇室多少沾了点儿亲，而且他是佐藤一太郎司令官的心腹。因此，在今天的安葬仪式上，佐藤一太郎司令官亲临，其他的日军驻沪长官也不敢不到，参加仪式的还有伪上海市政府的高级官员。

从开始到现在，佐藤一太郎司令官的脸一直阴沉着。当宪兵队六十名官兵为他们的队长鸣枪致哀时，人们看到佐藤一太郎几次用手帕擦着两只眼睛。

"黄市长，请问，那个郑强是不是共产党？或者他与共产党有没有关系？"他问那个戴着一副老花镜的干瘪的老头。

黄市长一听，眼镜差一点从鼻梁上掉下，回答说："不、不会吧？"

佐藤一太郎显然对这位他一手扶植起来的小烟贩出身的市长极为轻蔑。

黄市长那双鱼眼珠"吧嗒吧嗒"地翻了几下，说："司令官，据我所知，共产党和百姓们非常痛恨这条毒蛇，他们说他是……"

"是什么？说！"佐藤一太郎见这位干瘪老头说话吞吞吐吐的样子，以为他从郑强身上发现了什么新秘密，忙问。

黄市长不敢不答："他们说他是日本鬼……不不，日本皇军的……走狗！"

佐藤一太郎觉得新鲜："为什么？"

"这是因为，大日本皇军在实行大东亚共荣，向中国派兵援助东三省前夕，郑强正在贵国大出风头，并且接受了日本天皇陛下的授勋。所以，共产党和百姓说他是大日本的……人！"

"哈哈……"佐藤一听大笑起来。笑他几年前设下的这个圈套居然达到了目的，共产党和中国百姓竟然会这样对待他。不过，此时他对郑强非常不理解又非常失望，这位"毒蛇"不但没被他利用，相反竟然胆大妄为地在他的眼皮底下砍掉了他的"一只右手"。佐藤猛然有所悟地对黄市长说："我命令你，三天之内把郑强交到我的手里，不然，拿你是问！"

黄市长听了佐藤毫无余地的话，呆呆地在原地站了好一会儿。他对佐藤的为人是有所了解的。当初，佐藤让他当市长就是一例。那时，日军刚占领上海不久，国民党市政府大大小小的官员能跑的差不多都跑了。佐藤坐着坦克进市区时，市府大楼里空空如也，虽然日军在上海成立了警备区和华东战区司令部，但光靠日本人来管理还不行，因此，佐藤脑瓜一动，想出了扶植个伪政府的点子，让中国人来当上海市市长，这样更可以体现日本天皇“大东亚共荣”的精神，也可以缓解一下中国人对日本人的不满情绪。当然，这个市长必须绝对服从皇军。佐藤开始想找个原市府的什么角色来当市长，可找不到一个合适的人，后来想到让杜月笙或黄金荣等来当市长，可又一想不行，这类人是出了名的大流氓、大地痞，老百姓不服。正在佐藤为难之际，他的部下报告说，有位自称是国民党市党部副主任的人，非要吵着到市府大楼里来住，佐藤觉得有点新鲜，打他进城后，国民党政府的官员连逃都唯恐来不及，还有谁敢自个儿跑到他眼皮底下要房住？他倒想见见这位国民党市党部副主任是个什么玩意儿。

一位神神道道地戴着老花镜的干瘪老头被几个卫士推到了司令部办公室。“太君，那房是我自个儿花钱买的，我有房契呀！”他从油乎乎的上衣口袋里，掏出一张已经有许多窟窿的纸，抖了抖，送到佐藤面前。

佐藤从太师椅上往前探身，他没有接那份房契，倒是饶有兴致地问道：“听说，你的是汤恩伯手下的党部当官的？”

“是啊是啊，可我是挂名的，不瞒太君您说，我是汤恩伯的救命恩人呢！那年，汤恩伯还是个小排长时，就是我把受伤的他从战场上救出来的，还一口口喂他食吃。要不是我呀，汤恩伯早就寒骨露野二十五载了。那时军阀混战，北方有袁世凯，南方有……”

佐藤不耐烦地打断他的话：“你对杜月笙和黄金荣他们可了解？”

“哎哟，太君，你可真是问到点子上了，我黄某打十多年前到上海后，哪个名人不是与我有关系。就说黄金荣吧，当年他在上海滩的第一桩生意就是我给他牵的线，说起那个黄金荣来，还真能乐死你。一次，他把一批掺假的金元宝装入预先准备好的箱子里，送给一位英国老板，换回了三百条长枪短枪。那时上海还没有人像他一样手里备有那么多武器，嘿嘿，这黄金荣听了我的话，自个儿拉起了一个保镖局，后来渐渐扩大到三百来人，再后来又把杜月笙等好汉纳进了自己的势力。这杜月笙年龄不大，我一看就知是块好料，果不其然，他在黄金荣手下干了三年，尽显锋芒，后来他觉得再在他师傅手下干没意思，就来找我商量如何是好，我如此这般地给他讲了一遍，杜月笙乐不可支，连说：‘黄大人高见高见。’哈哈，后来，这杜月笙果真按老夫之意独树一杆大旗，没几年，就成了上海滩上又一个好汉……”干瘪老头絮叨起来没完没了，全然忘了眼前这位堂堂司令长官，见佐藤桌上的水杯，伸手抓过来，“咕嘟咕嘟”地喝了起来。当他准备把杯子放下时，他的肩膀如同被一根闷棍重击，“哎哟哎哟”地连叫几声。

原来，是佐藤那只有力的手在拍他的肩膀。

这时的佐藤满脸微笑，说：“黄，你的大大的能耐！你的当市长！大上海的市长！怎么样？”

“我？！市、市长……”黄老头以为佐藤在跟他开玩笑。“太君，嘿嘿，你能把我住的那间房子还给我，我就大大的感谢您了。”他那张布满皱纹的脸，突然微微发红，“不瞒太君，我还有个春花园里相好的，想把她赎出来，嘿嘿。”

“你的房子的可以给你一幢大大的楼，女人的大大的有，你的随便挑，皇军也可以帮忙从日本给你找许多漂亮的花姑娘！”佐藤说。

黄老头惊得张着满口黄牙的大嘴巴合不拢，什么？你能给我找个洋姑娘！“哎哟，我的祖宗，我就喜欢洋女人呀！太君，洋女人太有味了。当年，有位美国船长的老板娘，不知是咋的，相中了我黄某，嘻嘻，那叫什么罗丽娜的洋娘们可真会来事……”

“好了，好了，看得出来，你的花姑娘的洋姑娘的统统喜欢。”

佐藤有些不耐烦了。

不知趣的干瘪老头更来劲了，“太君你想咋的，那洋娘们呀，上帝，这是谁给她的造化，你不知道，她的胸脯那时是露着的，白得让人不敢去碰一碰。那前胸上面长着一对大得……”干瘪老头说到这儿显得有些不好意思，吭叽了半天也没说出话来。佐藤听得也挺有滋有味的。

“黄先生，你的说呀，说下去。”佐藤走到茶几前，从茶壶里倒出半杯不知泡了几天的剩茶根，递给黄老头。这个下贱家伙受宠若惊，急忙接过茶杯，“咕嘟咕嘟”两口倒进肚里，咧了咧嘴说不出是啥滋味。

佐藤又十分认真地说：“好了。你的，市长的最好人选！三天以后我们为你举行就职仪式。记住，你必须每时每事向我报告，不得有半点贻误！如果出现差错，不但解除你的市长职务，还要送你上断头台。”

黄老头这才真正觉得佐藤不是在跟他开玩笑。他简直像在白日做梦！市长！大上海的市长！这是他过去想都不敢想的事！然而，就这样简简单单地当上了——仅仅是一次小小的巧合！当然，他明白，就是因为这“简简单单”的上任，也就随时可能“简简单单”地被革掉。

如今，佐藤的心腹山野被郑强活活打死，这佐藤自然不会那么轻易地撒手不管。黄老头知道，佐藤司令官把捕捉郑强的事交给了他，意在借刀杀人。我虽是堂堂市长，可那些缺德的事还不敢干得太多、太出格。要是把郑强抓来处置，有可能引起比日本人杀害精武馆赵馆长更大的麻烦，那样更不可收拾，可如果不按佐藤说的办，佐藤这个魔鬼能甘心吗？我黄某别说保这个市长之官，就是保这条老命恐怕也难呀！

黄老头作难了！

忽然，他灵机一动：有了。原来他想到了曾救他一命的黄金荣。这个黄金荣虽然在日本人占领上海后一直在法租界窝着，可他那上千号“暗钉”还都在，并且每时每刻起着作用。就凭这一点，日本人也没拿他怎么着。对，此事唯有黄金荣方能办成，我黄某还不会沾上汉奸之嫌！

第二天，黄老头子带着五六个保镖，开着两辆汽车，来到黄氏别墅。

“哎哟哟！黄市长、黄爷叔您亲自驾到，我有失远迎，有罪有罪！”黄金荣见黄老头前来府上，赶忙出来迎接。

见上海一大霸黄金荣在他面前如此恭敬，黄老头可真是从心底里高兴。他装出一副市长和老前辈的派头，摇了摇手中的那根拐棍，说道：“不必！不必！金荣，侬爷叔今朝遇上了一件为难事，特意前来求侬帮忙的！”

“您的事还不是我的事吗？”黄金荣一副双肋插刀的江湖义气，满嘴吐着唾沫星子说道，“说吧，就是上刀山下火海，到东海龙王爷那儿取定海神针，只要您说一句话，我金荣不说一个不字！”

黄老头听了这话，激动得双手直哆嗦着招呼黄金荣与他一起坐下，“是这么件事，大概侬也晓得了，佐藤司令官的宪兵队长山野昨天在南京路被郑强打死了，日本人闹得很厉害，非要阿拉在三天之内抓到他，否则他们要血洗上海城。侬看这事多要命！不抓吧，阿拉上海人可吃不消日本人的生活，要抓吧，阿拉手下那几个耍猴的能逮得住郑强吗？唉。左思右想都不成，所以阿拉想请侬来帮忙。”

“啊呀，这件事还真有点难啊！”狡猾的黄金荣一听是这事就拉起了腔调，装作满腔正义地说道，“山野这个魔鬼，一到上海就没干好事，杀害赵馆长砸精武馆且不说，听说就昨天在南京路，他把三十多条人命给活活葬送了。该死，真该死！不过，郑强嘛……”

这话也道出了黄金荣对山野野蛮行径的几分憎恨，黄老头有点着急了，怂恿道：“侬还有什么说的，郑强也不是个好东西。是他帮杜月笙把那个侬痛恨的野种从侬眼皮底下给救走了，不治他，将来他要真的与杜月笙合在一起，那可真说不准上海就是他们的了！趁着他们还不到那个份上，阿拉劝大侄子侬得早下手呀！要不然，侬又像当年放杜月笙那样，自个儿给自个儿树劲敌！”

这番话还真起了作用。黄金荣把大烟枪往旁边一扔，直起身来，大声说道：“老子闯江过府，几经摆平上海滩，就不信治不了几个小毛孩。三福，今儿多带几个弟兄到静安寺走一趟，把郑强那个小子的家给抄了，然后给老子把他逮回来！”

“不不，大侄子，关在侬这儿不合适，佐藤要亲自处置郑强方解恨！”黄老头说。

黄金荣有点不高兴了，说：“他有本事让他自己逮不就完了？还用阿拉干吗？”

黄老头赶忙赔笑脸说：“大侄子别在意，佐藤是中国通，他晓得靠他手下那些举刀持枪的兵想逮中国武林高手，那简直等于黑夜里捉迷藏，哪儿去找呀！所以，硬把这个差使架在阿拉头上。只要大侄子侬把这件事办了，市西新开垦的三千六百亩房产地也全归你了！”

“真的？”黄金荣是从事房地产发家的，如今一听市长大人把那么大的一块好地方划归自己，心中自然暗喜万分，交易就这样达成。

这天晚上，黄金荣的三霸头三福，带着十名蒙面打手飞檐走壁来到郑家想偷袭一番。只见大门虚掩，屋内空空如也，连个人影都没有。

“奶奶的，这毒蛇真鬼，老子还没动手，他倒早已惊动了！”

三福把郑家仅有的一只破锅砸了个稀烂，“走，回禀大爷去！”

黄金荣一听三福的报告，并没有为难，在上海滩，他手下有三千“耳目”，哪个地方有几只蚂蚁在爬，哪个地方有老鼠在偷吃食，他黄某没有不晓得的。果然，第二天一早，法国租界里的一名“耳目”报告说，有人看见了一个很像郑强的人，在一个法国牧师家里。

“情报确切？”

“十有八九。”

“好！今晚行动！”

黄金荣这次是下了决心，一则为得到日本人的那份“三千六百亩房产地”厚礼，二则为报郑强那次偷袭私牢，抢出他死对头杜月笙的私生女儿之仇。晚上，他派出五名精干的高手，乔装打扮混进了租界，租界里有他的内线，于是很快接上了头，得到的可靠消息是郑强在一位牧师家当烧锅炉的小差。

这几个杀手装扮成倒垃圾的清洁工，来到牧师家门口按响门铃。

“做啥呀，这么晚了！”守门的是位六七十岁的老人，他已经解衣入被窝了，一听有人按门铃有点儿生气，因为牧师从不在夜间过九点后外出。

“哎哟老伯伯，打扰打扰！”看门的老汉刚拨开门销，这几个家伙就赶着往里挤。

“侬干啥个呀？侬……”老汉见这些人鬼鬼祟祟，赶忙阻拦，可为时已晚。他还想说些什么，只见眼皮底下一道寒光直逼着他：天，是一把亮铮铮的杀猪刀！

“老实点，这里是不是新来了一个烧锅炉的！”

“啊？是是是……”老汉早已吓得魂飞魄散。

“在哪儿？”

“在、在后面的那间旧木房里！哎，不不不，今晚牧师让他到轮船码头上接一位从法国来的客人，跟他一起去的还有牧师的两个家丁。”

“牧师为什么没去？”

“因为今晚太太病了，所以派烧锅炉的那个小伙子一起去了。”老汉说。

“侬晓得那个烧锅炉的叫啥名字？老实讲！”

“勿晓得。他是牧师前几天从大街上拉回来的叫花子！牧师看他可怜，所以把他接了回来当小差。”

“这两天他都到哪里去了？干了啥事情？”

“他啥个地方也未去。前两天牧师想改建一下卧室，叫他拆掉几间旧屋，这小伙子就晃了晃几下拳，那旧房的石墙稀里哗啦地全倒了下来……”老汉唠唠叨叨越说越来劲。

黄金荣手下的几个人一听，没错，就是郑强！几个人一合计，乘郑强接人还未回来，就赶紧杀个回马枪。要不，在租界里动起真格的动静太大了反会把事弄僵了！主意一定，他们折身就离开了牧师家。

“哎哎，你们不倒垃圾了？”老汉被这几个人弄得莫名其妙，瞅着他们远去的身影，嘴里不停地叨咕，“这年头，连倒垃圾的也没几个正经人了！”

这几个人出了租界，赶紧报告黄金荣。

“好，为防万一，阿拉来一个包抄！”黄金荣说。

再说郑强，那天因饥饿昏倒在街头，被法国牧师拉到租界里救了，他瞅着那儿多少是个有口饭吃的地方，再者租界里倒十分清静，不像外面乱哄哄的，这里既碰不到日本人，也碰不到上海武术界的那些人，加上牧师的要求，郑强就答应留下来当个烧锅炉的小差。“无巧不成书”，有些事就像鬼使神差似的，都让郑强碰上了。那天，他抽空给家捎点钱去，一到家，就听说精武馆赵馆长被害暴尸之事，连口水都没喝急忙赶到精武馆，正赶上蔡阿毛他们从日本人眼皮底下抢尸。由于郑强武艺高强，这事干得干净利索。他第二天正陪牧师上南京路办事时，又碰到了仇人山野的血腥暴行，他再也忍不住胸中的怒焰，一阵拳头结果了杀人魔王山野的狗命。杀死山野，郑强知道日本人不会饶过他，于是利用牧师悄悄地隐藏起来。他明白，日本人和伪政府的特务遍地都是，加上上海几大黑帮，只要自己一出租界，再大的本领也插翅难飞。可牧师见这个新来的小伙子憨厚老实又浑身是力气，很信任他，啥事都让他出面帮把手。这不，今晚接公使的大事也让郑强陪着跑一趟。虽说几个人坐的是汽车，可在租界之外也就不保险了，郑强的心怦怦直跳。果然不出所料，当他们把公使接到，驶回租界的半路上，一个伪军巡逻队将他们的车前后夹着截进了市府大院。车子尚未停稳，一队全副武装的日本宪兵把郑强和法国公使等人乘坐的汽车团团包围住了。

拳王——“东方毒蛇”，就这样被擒在魔鬼掌中……

（二十四）

“郑强，大概你不会想到我们会再次见面吧，而且是在你的国家！”佐藤在日军司令部的特设监狱门口，边说边得意地欣赏着他的手下将一个顶天立地的好汉折磨得像一团棉絮似的瘫在地上。

被鬼子抓进来三天，郑强连一口水一粒饭都没有吃到。佐藤存心消耗他的体力与耐力。这一点，郑强明白，因而他尽可能地在鬼子面前挺起腰杆来。可俗话说，钢靠火来炼，人靠食来撑，堂堂七尺汉子，到底也是娘生肉长的，他有气无力地抬起眼皮，朝门口瞥了瞥，骂道：“老贼，有本事我们到拳台上比一比！”

佐藤的小胡子往上一翘，哈哈大笑起来：“好，我给你一个机会，不过，得委屈你一下，比赛场只能放在这牢房里，要不，我手下的那些士兵是很难对付你这位毒蛇拳王的！”说完，他扬长而去。

这反倒把郑强给搞糊涂了：老贼真要找对手与我较量？奶奶的，找吧！就是比山野强十倍的对手，我也要使出全部功夫，把他击倒，直至打死！让你们这些杀人魔鬼看看中国人的厉害！郑强这样想，有气无力地躺着。

“畜生，给我水喝！给我饭吃！我渴！我饿！——”他爬到牢门口，使劲摇着铁窗条，大声喊着。也怪了，那几个日本看守还真给他端来了水、大米白饭和咸菜。郑强吃得特别香，连添了好几碗，直惊得看守大眼瞪小眼。

这一夜，郑强睡得特别香，而且还做了一个梦，梦见“伊丽莎白号”船长的女儿娜莎……

“起来！起来！佐藤司令官要看你的精彩表演呢！”第二天上午八九点钟，睡得迷迷糊糊的郑强突然听到有人在叫唤，抬头一看，是几个日本看守用枪托捅他胳膊。

“到哪儿去？”郑强问。

“你是大大的拳王，皇军佐藤司令官今天请了许多的人，要看你的拳术，走吧！”看守说。

对了，这是昨天说定的事！郑强想起来了。

全副武装的摩托车队护卫着载着郑强的专车，来到了西郊的一个地方停了下来。

“这是什么地方？”郑强问。

“佐藤司令官亲自筹款开设的动物园！”一位翻译奸笑着告诉他。

“动物园？为什么比赛要在动物园举行？”郑强不解地问。

那几个押送的看守与日本士兵一听，哈哈大笑起来。

莫名其妙，他警觉起来。

他们来到一个画着一条巨蟒的亭子式的屋前。一进门，郑强就看见众多上海市的日、伪军政界要人像是在参加一个什么隆重的仪式。主宾席前排坐着佐藤一太郎司令官、市长黄老头、日本华东战区司令部驻沪的高级将领、上海商界的几个巨头。这些大腹便便，或七老八十或杀气腾腾的军政要人旁边，都有妖艳的女人陪着，主宾台右边第三个座位还坐着大流氓黄金荣。

拳王出场了。他显得很疲惫，早已等候在门口的几十名记者争先恐后地举起照相机为郑强拍照。

主宾台旁，一位中国官员显得异常激动，通过扩音喇叭，向来宾说道："女士们，先生们，今天，佐藤司令官邀请诸位来此参观一场举世无双的比赛，现在，我们已经看到从门内刚刚进来的那一位，就是大名鼎鼎的'东方毒蛇'，另一位'选手'嘛……是佐藤司令官亲自从日本本土调来的杰出的'西方毒蛇'……"他的话音未落被一阵喊声打断——

"东西方毒蛇大战！"

"快让'西方毒蛇'出来吧！"

"对。各位，不要急，定叫各位大饱眼福。"

包括黄市长在内的中国官员和记者们一副奴才相，又是欢呼，又是嚷嚷。

"哎，你听说过拳击界还有个'西方毒蛇'吗？"一个颇有绅士风度的人捅捅旁边的人问。

"没听说过！"

"这就怪了！"那人自言自语道。

站在场中央的郑强，这时也被方才那位中国官员的一番话给搞糊涂了。在他的记忆中，称雄拳台的没有哪个诨号"西方毒蛇"的呀！尤其是日本，如果有，为什么当年东渡日本时没碰见呢？是当时宫本先生的有意安排？是佐藤玩的鬼花招？

正在郑强和众人疑惑与期待之时，佐藤司令官举起右手，向笔挺站立在台下右侧的两名日本士兵挥了挥，这两个士兵走向这座约有篮球场那么大的大厅左右两侧，然后按了下墙上两个并不太明显的红绿电钮。这时，台下面的木板地发出“嗡嗡”响声，地板左右启开，露出一个巨大的地下水池。看台上的人发出一片惊叹之声，郑强被人猛地一推，他双脚落空，身子一下坠下去……

“啊！——”

看台上发出一片尖叫声！郑强掉入的地下水池里，躺着一条粗如大腿的巨蟒！

“哈哈哈……女士们，先生们，你们盼望看到的另一位选手，现在不用我多介绍了，它就是由我日本天皇最杰出的臣民九田一中先生用了十三年时间，亲自驯养的这条号称‘西方毒蛇’的巨蟒！你瞧，它的身躯等于普通人的两倍，这条巨蟒生长在北海道，据说已有十八个年头了，正是一个名副其实的小伙子！九田一中虽然驯养了这条巨蟒，但始终没能改变它那凶猛异常的野性！”站着的佐藤司令官说到这里，又朝一名日本士兵做了个手势，那日本兵便从一个小侧门里拖出一只活蹦乱跳的山鸡，往池子里一扔，那山鸡在将要落地的一瞬间展开翅膀，刚想“啪啪啪”地飞起，只见那盘踞在水池一端的巨蟒“噌”地腾空而起，那有力而迅猛的三角形头颅，如飞箭一般射向山鸡，身躯好似一条飞起的巨龙……“喔喔啊——”山鸡一阵痛苦的哀鸣后，“扑”的从半空摔倒在水池里。

“娘哎！吓死人了，这么厉害呀！”

看台上，胆小的太太和来客们掩面塞耳。就连坐在佐藤旁边的市长大人黄老头也直擦额上的汗。

“诸位，你们说，我的‘西方毒蛇’是不是一位好选手呀！”佐藤拉开毛竹一样的粗嗓门，大声问看台上的中国官员，“黄市长阁下，你说呢？”

“是是！好选手！举世无双的好选手！”黄老头抖动着双手，连连应诺道。

“哈哈哈……好，现在本司令官就请诸位来一起观赏这场精彩的东西方毒蛇大战！”佐藤说完，满脸杀气地拍了一下桌子，“吉夫队长，开始！”

“是！”一位日本军官捏着嘴巴，发出一串奇怪的响声。那池子里的巨蟒像得到信号似的，扭动身子，直向郑强游去。

郑强这位顶天立地的好汉，久经国内外拳坛磨炼，也屡闯黑道上的暗礁明滩，可万万没有想到，佐藤这个魔鬼竟出了这么个毒计来治他！方才他坠入水池，定神瞅见仅距自己几米之外的巨蟒时，差一点精神崩溃了！他一下感觉整个脊骨里灌进了三九寒风……

不，千万不能酥下来！千万！在那只活蹦乱跳的山鸡一下掉到他眼前的瞬间，郑强虽然极度紧张，但他仍很镇定地叮嘱自己。

他两眼似一双铜钟直盯着前面那个可怕的对手，用双眼的余光打量了一下这个水池子……一个如同拳击台那么大的地盘！四周是光滑笔直的石壁，足有两个人那么高吧！除非有山鸡那么大的本事才能飞得出去吧！可山鸡不也没有逃脱吗？天哪！难道就落得山鸡那样的命运？不！我要活着！我是拳王！我是中国的拳王！他没有听到在他头顶的看台上佐藤在说些什么，但他能想象到此刻这恶魔那得意忘形的嘴脸！……不可能再想更多的事！瞧，对手已经开始接近他，在准备进攻呢！畜生，瞧你的眼睛，怎么那么像魔鬼佐藤的那双贼眼！来吧，你这个“西方毒蛇”！来吧，你这个恶魔佐藤！

郑强紧贴在池子的石壁上，拉开了防守的架势……他的头顶，几百双眼睛一眨不眨地盯着他，一个个张着嘴巴，心都吊到嗓子眼儿了，有的女人把头藏在男人身后，不敢直视却又要偷着看……

它在游动着，向前，向前……这仅仅是几秒钟的时间，而郑强仿佛经过了几个世纪。他的腿累得快要支持不住了，大概那根筋绷得太紧、拉得太久，他的眼睛看得发酸了，大概太用神了，好像从跌入池子后就没有眨过一下！来了！来了……郑强打了个寒战。

“放我出去！放我出去！——”突然，他使尽全身力气大喊。那声音如同万门齐发的大炮，震得整个大厅摇摇欲坠！死一般沉寂的看台上顿时大乱，哭爹喊娘的，那些胆小的娘儿们发觉自己上了大当，又哭又闹地折腾着带自己到这个鬼地方的男人们。那些男人们，也无不在发抖……

“统统的安静！”佐藤司令官气得从座位上跳起来，能不气吗？他的“选手”也不知是被郑强这突如其来的大喊声惊吓了还是怎么的，竟一下把刚刚伸出的身子又缩回了原地。

“嚯！——”那个吹信号的日本军官又赶忙连连发出几声奇怪的响声。

半晌，那巨蟒才又开始扭动起身子。

“出去！我要出去！——”郑强又发疯似的喊起来。

“嚯！——”日本军官一遍又一遍地吹响怪调。

那巨蟒似乎也开始明白了对手的嚎叫并不对自己构成威胁，于是，继续大胆地向前游去……

来了！来了……郑强又一个寒战，现在他清醒了，清醒了世界上的一切都已不存在，只有他与眼前的这个可怕的对手！而这个世界又多么不公平，他与它之间只能有一个是活的！他并不怕死，对拳王来说，最可怕的是被对方击倒后再也爬不起来……那时，才觉得可怕。可怕得仿佛整个天在下塌，整个地在下沉。

瞧，它的身子比自己的大腿还粗，那弯弯曲曲的躯体，像女人辫子一样盘着，不过这“辫子”一旦挺直会比钢鞭更硬……好一个强大的对手！

拳王并不害怕强大的对手，相反，只有在强大的对手面前，才能调动每一根神经与每一根血管里沸腾滚烫的血液凝聚、碰撞出来的全部胆略与力量！

他开始舍去那份可怕的胆怯心理，体内的血液也开始沸腾，不过，这沸腾比以往拳台上的任何时候来得慢得多，唉，简直是太慢了——就像在寒冷的露天里烧一壶开水。他的双拳握得紧紧的，身体泡在水中，显不出实际上的满身大汗，可他感到身上没有一点儿热度……

它来了，完全在有效的进攻范围之内！按它的本能，它该发起攻击了！可今天，它也对眼前的这个奇特的猎物产生了少有的兴趣。它在最佳的距离上停止前进了，并且迅速把长长的身躯盘到一起，整个形状看上去就像一条盘山公路，那“山顶”就是它的菱形的长着两颗比铜铃还要圆溜、硕大的眼珠的头！

郑强极力控制自己，沉着、镇定。他也在琢磨着：这对手在窥测自己，说不定在寻求进攻时机。

好一个老练的对手！

拳王不知该如何是好，此时的沉闷使他感到更加紧张！

也许只有这时才叫惊心动魄！

“嚯！——”池外又一次传来怪调。

宁静被打破了，拳王的神经立刻紧张起来。“西方毒蛇”此时也有点烦躁了，它等不及最佳进攻时间了！

它身躯微微一动。

它轻微抬头点水。

它瞳孔已经放大，身子在剧烈抽动……

“嗽！——”它朝前腾空而起……

郑强就像触电似的，在眼前的视觉中，刚刚闪出一道火热的光来，身子本能地往左边一闪……

“啪哒！——”石壁上如同被铜鞭猛击一下。

“喔！——”池外传来一阵惊骇声。

郑强下意识地准备出击右直拳的动作。

这是第一个回合——仅仅在几秒钟之内。如果有裁判，也许郑强会主动提出异议，因为他感到这至少像是打了十几个回合了！“曜！曜曜！——”又是一阵怪调从上面传来。

它简直要生气了。

它开始产生对主子的不信任感。

可是，它还要争气！

巨蟒第一次没有得逞，碰到了石壁，凶猛的野性上来了。

它连续向郑强发起猛烈进攻，就像老鹰捉鸡似的，居高临下地追击着，把郑强逼得东倒西斜，左碰右跌。

郑强凭着他当年所练的过硬躲闪功夫，上蹿下跳，左闪右躲。

看台上，佐藤等日军官兵呼喊着，黄老头等中国人一直不敢出一口大气。

巨蟒扬着头颅，晃动着长长的扁圆形的颈部，在郑强面前转了一圈，似乎在嘲弄对手，又好像在寻找进攻的机会。

郑强不敢有一丝一毫的松懈。

拳王从未遇到过这样的“拳击”对手。

现在它占有绝对优势，只要它伸直身躯，足足可以控制池子的每一寸空间。而与此相反，郑强则无一点可以施展拳术的余地。

人到了生死关头，不是垂手待毙就是想尽一切办法寻求活下去的手段。

它一次又一次地进攻，把池壁抽得阵阵作响，郑强感到死神在不停地拉着自己朝地狱走去。不，不能这样子！在无数次生死决战中，他从未这样窝囊过。他感到眼前突然亮了！是啊，自己不也是一条“毒蛇”吗！是毒蛇，就该像毒蛇那样进攻。

它来了。

来吧，给它点厉害！

郑强微微弓腰，左掌与眼睛形成一线，以窥测对手的动向和防御。他的右手紧贴着下颌，这是进攻的武器，就像巨蟒的那条足有半尺来长的火红芯子……它又一次将令人生畏的铲刀似的菱形头颅伸向袭击的对象，这个速度在人的视觉中仅仅是一晃而过的虚影，而郑强这一次看得清清楚楚，在对方尚未来得及射出那根火红芯子的瞬间，他身子往前一倾，随即将右拳对准巨蟒的铲刀形的头颅猛击过去……巨蟒也许根本想不到会遭如此当头一击，“扑通”一声，着着实实地甩在了石壁上。

“漂亮！东方毒蛇！——”看台上不知是谁兴奋得贸然大喊了起来！坐在佐藤旁边的黄老头惊得直用眼睛斜看他的主子，只见主子脸色铁青，于是他战战兢兢说道：“不算什么，不算什么，还是司令官的选手厉害。看它，根本没事儿！”

它确实没事儿。这种摔打对它那富有弹性的躯体根本无半点儿损伤与痛苦。不过，对手的反攻能力使它似乎也意识到：对手也够厉害的！

郑强这时也突然明白过来，今天他所遇到的对手，并不吃他那套曾经被世人称之为毒蛇式的快速进攻法！在这里，无论是多么神速、多么有力的拳头，对眼前的这位特殊的对手是很难奏效的。它的身躯又滑又圆，再有力的拳头打在上面也等于铁锤砸在棉絮上，不起多大作用。怎么办，郑强自知久战对自己必无好处，必须以最快的速度结束这场生死搏斗。但，谈何容易！

好一个魔鬼——佐藤，算你狠绝了！

吃了一次亏，它一下变得狡猾起来。现在，它重新回到自己的位置上，把身躯的三分之二留在出击阵地上，仅将上躯的一部分显露在对手的视野中。它睁着一双绿莹莹的眼睛，"吧嗒吧嗒"地看着相比之下显得异常短小的对手，好像在说：别太得意了，刚才仅仅是一次小小的失误，先生，你的死期快到了！

是的，这种感觉从第一眼看到这个强大对手的那一刻，郑强就感觉到了，而在此刻的休战中，他的这种感觉就更强烈了。

此刻，郑强应该注射一针特效镇静剂！他胸脯起伏，大口出气，嘴唇和面颊的肌肉剧烈地颤动着……

哈，你紧张了！它得意地扬着头颅，悠悠自得地摇晃着那柔软的身姿，好像在有意卖弄那漂亮的身段。

它是在为实施最毒辣的一招作准备。

它终于露出了真面目。

它乘对方高度紧张尚未得到喘息之际，"叭"地甩出那钢鞭似的长长的尾巴，将郑强胸部以下缠得死死的，然后直起身子，用铲子般的巨大头颅来回地在他眼前晃动，借以搅乱对方视线，达到目的！

郑强没有防到这一手！他一下陷入绝境……只能用他的双手护着脑袋跟着巨蟒一起晃动。他马上想到：这样下去只有可能被对方冲破防线，他必须主动采取行动！

他的目光落在了巨蟒头颅下面的"七寸"处，他的左拳慢慢张开，猛然，他的左掌连同五指像钢钳似的，重重掐在了巨蟒的要害处，竭尽全力把它死死按在池子的石壁上。然后，挥出右拳，对准剧烈挣扎中的蟒头狠狠砸去，一拳、二拳、三拳……郑强数不清自己到底打了多少拳，也许超过走上拳坛后所出拳的全部总和吧！他筋疲力尽，再无半点挥臂之力了……

他倒下去了，但，他又挣扎着站起来！……

"砰砰砰！——"一串枪声从头顶掠过。

郑强被巨蟒掀起的水花呛得直咳嗽，他听到池顶上惊慌喊叫的人声："毒蛇！毒蛇！——"

毒蛇！毒蛇在哪里？郑强睁开沉重的眼睛，左右寻觅：呵，头顶处的池壁上是一摊鲜红的血迹，那是与毒蛇决战的地方。

"啊，巨蟒？'西方毒蛇'！"郑强大叫一声，本能地将那个铲子形的可怕的头颅推至一边。这个高傲的头颅此时却连半点反应都没有，只是不停地在滴着鲜血。那双可怕的绿莹莹的眼珠子也不知到哪儿去了！

它死了！它死了！

郑强激动得心都要跳出来，可他的嗓子像堵着一团棉絮似的，出不了一丝声音。缠住自己的巨蟒慢慢地松开了，它的身上穿了许多弹孔，一定是佐藤干的！但郑强感到奇怪的是：为什么佐藤没有把自己打死呢？

他的脸上刚刚露出胜利的微笑，却一下又凝固了。

（二十五）

"这一次必须成功，否则，我将以军法处置你们这些没用的笨蛋！"日军司令部办公室内，佐藤冲着他的副官和黄市长大发雷霆。

"是是，请司令官放心，这次一定让'东方毒蛇'威风扫地，叫他死无葬身之地！"黄老头一边哆嗦着，一边向主子发誓道。

"我大日本拳王一定要顶顶优秀的！明白？"佐藤对副官说。

"是！明白。"副官报告道："根据您的指示，我已向各战区的司令长官们发电，请求他们把曾在本土的历届拳赛中获得名次、称霸拳坛的大拳王统统调至我市。"

"好！"佐藤对此满意。他转身向黄市长说："花姑娘的和要上场比赛的中国拳手准备好了没有？"

黄市长连忙回答："已经准备就绪。十个花姑娘全是水灵灵的，保证司令官满意。"

佐藤一听，哈哈大笑起来。

"另外，除郑强之外，其他九个要上场的中国人没有一个是学过西洋拳的！"黄市长继续讨好地报告道。

"呦西！"佐藤点点头，继而又板起脸，"他们不仅没学过西洋拳，而且也没学过武功。中国的武功太厉害了，我担心我们的计划又遭失败，那时情况就非常不利于我大日本帝国！"

"放心，司令官！"黄老头赶忙接过话来，拍着胸脯说道："一切都将按照您的意思办！"

打那天大失面子后，佐藤一直在绞尽脑汁，他不止一次地在办公室拍案怒吼："我不相信治不住郑强！"后来，他终于想了个可以给大日本帝国扬威，叫郑强"遗臭万年，不得翻身"的"好点子"。于是，为了实现这个计划，这几天，佐藤本人和日军警备司令部上上下下都忙活开了。

这是 1938 年的深秋。西伯利亚的寒流过早地袭击着这座东方第一大城市。

大街上，虽然行人并不很多，但那几个卖报的报童今天的生意却格外好。原来，今天的各大报都刊登了一则爆炸性新闻——20 名中日西洋拳王大赛将于本月 13 日下午 6 时在西郊跑马场举行。日方主将大山倍达，中方主将郑强。佐藤司令官任总监，赌注是中国妙龄女郎。

新闻消息还对此写了特别说明：中日双方各出 10 名拳手，一对一比赛，生死由命。赢者可当场娶一名妙龄女郎。

"又是佐藤想的鬼点子，这不是糟蹋我们中国人吗？"

"唉，这年头什么事都有！"

百姓们看着报纸直摇头，也有人对此兴致勃勃，大声嚷嚷着：

“太妙了，赢了还能得个美人儿，老子也去拼一拼！”

可是他们谁都不会想到，这是佐藤精心安排的一场侮辱中国人的把戏。

南京路惨案之后，佐藤就明里暗里设下各种圈套对郑强进行报复。但是，郑强名声太大，直接对他下毒手怕在国际上引起不良影响，而在拳台上下毒手则不会有什么麻烦，同时，又能给自己酷爱的拳击事业增添不小的光彩——打败了“东方毒蛇”！

另外，杀人对噬血魔王佐藤来说易如反掌，为了给报复之心涂上一层“文明”色彩，他于是设计出更毒辣、更残忍的杀人不见血的“打死勿论，胜者获奖”的方法，残害中国人，杀死郑强！

对于南京路的大游行，中共上海地下党得知消息太晚了，想阻止未经周密组织的群众上街游行已来不及。虽然郑强打死了山野，算是出了一口气，但死伤群众几十人，代价实在太大了。地下党后派陈联络员到精武馆联络，由于赵馆长的死，馆里一时找不到管事的人。他连续几天到馆里去，发现人们都是相见不相识，见面对视一下什么也不敢说。

一天下午，几个练习武功的人从精武馆出来，边走边小声说：“听说日本人又来馆里找西洋拳手来了，说是胜了有重奖。”

“馆里哪还有西洋拳手啊，除了郑强还不是白白去送死！”

“郑强可真是个好样的，在南京路上打死山野，也算给咱武术界出了一口气，为师傅赵馆长报了仇！”

“日本人点名要他去。”

“到哪里厢找他，阿拉听说他跑到法租界去了。”

这时，陈联络员上前搭话：“各位师傅，阿拉从杭州来到此地，专为拜见郑大拳王来的。”几个人又是小心提防，又想凑得近一点听他说下去，“我们那里听说，前几日上海武术界兄弟在南京路上吃了日本人的好大苦头，所以，特意叫阿拉来此地慰问各位兄弟。”

“先生贵姓？”一位年纪三十多岁的人问。

“阿拉免贵姓陈。”

“陈师傅，我们不要在此地久留，到前面谈。”

“好咯。”

几个人拉开距离，不一会来到城隍庙，在九曲桥茶楼找到一个靠窗户的座位坐下。

几个人边喝茶边闲聊谈起了南京路惨案后的情况。陈联络员见机行事，闲谈中把地下党的指示：“开展习武健身活动，团结广大民众，同日本占领军进行合法斗争。在斗争中防止盲动冒进，依靠工人、农友，积极参加他们组织的各种斗争活动……”用他自己的话，讲给他们。几个人听了陈联络员的话都有些坐不住了，其中一个问老陈：“侬讲讲看，这次日本人要搞‘中日10对10拳手大赛’，而且，生死不管，胜者还奖中国姑娘……”没等他讲完，老陈打断他的话，激动地说：“这是日本人佐藤的一个大阴谋！他要在拳坛上雪耻，要替山野报仇。对这次拳赛，我们一定要想法子叫他搞不成！”

“太好了！”

“陈先生，侬想出啥个好法子呢？”

老陈若有所思地说：“这就要靠我们大家想法子了。阿拉是这样想：上海方面，要靠精武馆的各位师傅把武术界弟兄们发动起来，比赛的那天都到赛场去，尽量多去人。我们杭州方面也尽量多来人，我们要占领赛场。我们要见机行事，不让比赛顺利进行，想办法救出郑强和那些被当作‘奖品’的妇女。”按照上海地下党组织的设想，所谓“杭州方面的人”其实就是党组织上海造船厂等几个工厂的浙江籍工人。

“听说比赛场地安排在西郊赛马场，离市区较远，交通不方便，要提防日本人搞鬼。”

“是呀，这就更要考虑、安排得仔细些。”老陈稍稍停顿一下，轻声说：“这么办……”

拳击赛场门口，几十个荷枪实弹的日本宪兵虎视眈眈地监视着整个赛场。

贵宾席上大多是日本人和上海政商各界人士，其中一些人是被摊派强拉来的，而观众席上今天自愿前来观看的人比以往任何一次拳击赛的人都多。

那一张张数不清的脸，几乎都是紧张加忧虑，看不出有多少激动、兴奋的神情。他们默默地站着，仿佛在等待即将开始的葬礼。

在拳台的左侧，有个临时搭起的比拳台高出一倍的看台，一看那两边持枪站着的哨兵和高挂着的太阳旗，便知是日军高级要员的座位。拳台右侧是裁判员和拳击手的座位。裁判是位金发蓝眼的男士，他那长长的胡须下面吊着一块醒目的中文小牌子，上面写着他的名字：鲍尔逊牧师。观众看到这几个字，好像有了某种信任感。在他后面，中日两国拳手面对面坐着，只是中国的拳手少了一名，主将郑强尚未出现。人们不仅猜疑，而且感到失望：已经在那儿排着队的九名中国选手竟然没有一个人像是拳击手。他们不是骨瘦如柴，就是胖得连喘气都困难的男人。与此相反，十个日本拳手个个是彪形大汉，那大得不能再大的肌肉块和黑乎乎的胸毛，显得那么凶悍那么有力量，他们直挺挺地坐在那儿一动不动。

“佐藤司令官到！——”

顿时，场内观众席上鸦雀无声，只是贵宾席上响起一阵掌声，身着军装的佐藤在一大帮日军同僚的簇拥下，前呼后拥地走上看台。佐藤刚坐下，便对站在一旁随时听令的副官“叽里咕噜”地说了一番。副官“哈依！”了一声，便朝赛场门口的几名日本兵挥挥手，说：“带人！”

赛场的大铁门“咣当”一声打开，一群全副武装的日军押着10名中国女人从里面走出。那些中国女人个个都很年轻，有学生、官太太、阔家小姐，也有花枝招展的妓女。她们都是被日本人刚刚抓来的受难者。

女人们一进赛场大门，闻风赶来的这些人的家属、朋友一齐叫喊起来，又哭又闹，赛场顿时一片乱哄哄的。

“阿伊！”“娇娇！”“宝贝！”“珍珍！”……

那些落难的女人听见亲人在喊自己，更是哭得厉害。

“阿爹！”“阿哥！”“王福！”“李贵！”……

“八格牙鲁！”日军指挥官见此情景，赶忙命令士兵逼着女人们朝拳击台前走去。面对鬼子的刺刀，10名中国女人就像绵羊似的任其摆布，她们排成一列，像展览品似的站在那儿，个个吓得面无人色。在她们身后，是持枪的日本兵。赛场上的气氛，完全与平时比武争胜的竞赛场面相反，大伙深知今天凶多吉少，最可怜的是那些受难者的亲属和朋友。

人群中，一位穿着绸缎长衫的“老财神”正一把鼻涕一把泪地哭泣着。在他的身边是位风度翩翩、穿着中山装的中年男子，外号“黄驴子”。他们俩是赌场上的老搭档，今儿个两人算是倒了八辈子霉。

昨晚他俩正在打牌，赌场的大门突然被打开，只见一群日本士兵冲进来，见屋里有两个长得蛮标致的女人，顿时咧着大嘴一窝蜂地上前，又是摸又是啃了好一阵，然后把她们像抓小鸡似的捉走了。这两个女人，一个是“老财神”的小老婆，一个是“黄驴子”约来的老相好春满楼的妓女“一枝香”。

“黄驴子”见“老财神”像死了老子娘似的，在一旁轻蔑地讥笑道："七老八十的，还要什么黄花闺女，活该！"

"老财神"一听就恼羞成怒，骂道："什么，你这个专摘野花的小王八也来嘲笑我？告诉你，我是明媒正娶，而你，只能借窝掏鸟蛋！"

"啊，老混蛋，你竟然骂起人来，看我不拧断你的老骨头？""黄驴子"拔拳就要打。

"那么大岁数了，哭个屁！"

"快看，大拳王郑强出来了！"

两人一听说郑强出来了，像是盼到救星似的又高兴得互相捶起胸来。

"是他，郑大拳王一出来，我阿珍就有救了！""老财神"简直像个疯子似的哭喊着，"阿珍，我的宝贝儿，你千万要忍一忍，郑大拳王来救你呢！"

"嚷什么，你的太太前面有四五个人呢！能不能救出还不一定呢！""黄驴子"不耐烦地让"老财神"安静下来，"老财神"哭丧着脸，六神无主地坐下来。

这边，两名日本宪兵正忙着给满身伤痕的郑强解开手铐脚镣。

那个人们熟悉的常在拳台上执锣的"瘦猴"又敲起铜锣，大声宣告说："诸位安静，安静，日中拳王大赛即将开始！两国拳手已立生死文书：输者，死不后悔，赢者，奖赏大上海美女一名。现在请荷兰大裁判鲍尔逊牧师上场！"

在稀稀拉拉的掌声中，鲍尔逊走上拳台，他在胸前划了个十字，然后将右手放在胸前，谦逊地面向观众鞠了一个九十度的躬。

"哐！——"一场惊心动魄的决战开始了！第一对出场的中方拳手是个骨瘦如柴的四十多岁的男子，而日方则是个彪形大汉。

台下一片喧哗，看台上佐藤等日军要员则哈哈大笑。

鲍尔逊刚示意比赛开始，那日本拳手就“咚咚”地对准那个连站都不知往哪儿站的中国人来了个漂亮的右直拳，随即又跟上一个有力的左勾拳，那中国人顿时像着了魔似的，在拳台上昏昏沉沉地转了几圈。当日本拳手再次举拳进攻时，那中国人竟然吓得双手抱着头，绕着拳台边沿逃窜。看台上的日本人哄堂大笑，而台下的中国观众则感到无地自容。人们忍不住高喊起来：“丢脸，快滚下去！滚下去！”

“不，我不能下去！要不，姑娘会被糟蹋的……”中国拳手——事实上什么都不是，只是在昨天回家的路上，被市长黄老头的几个“耳目”骗来的一位厨师。他在可怜地喊着，但还未等他说完，日本拳手的两个重型炮弹般的拳头早已在他脸上爆炸了，那中国人像只瘪气的皮球一样被一下击出绳圈，倒在地上再也没有起来！

中国观众不忍看到的一幕过早地出现了。日本官兵则为此高呼跳跃。

台上，“瘦猴”敲着锣，马上宣布道：“按规定，日本拳王小岛川田可获美女一名。小岛先生，请……”“瘦猴”像奴才般的弓着腰，示意他去领赏。

小岛摆摆手，说了句不太流利的中国话：“美女的留给我大日本皇军弟兄享用，我的要与中国拳手决斗！”

“万岁！”赛场门口周围的士兵一听这话，像是天上掉下馅饼一样，一下跑来十几名士兵，冲到台前，架起排在第一位的那位看上去最多十七八岁的中国姑娘就往外跑。士兵们像一群几天没吃食的饿狼，刚拉到门口的门房里，就把姑娘按在地上……那姑娘开始还喊出了几声“救命”，后来连一点声音都没了，只有日本士兵淫荡的笑声与吵嚷声。

在场的中国观众掩面垂目，那个“老财神”吓得整个儿瘫在地上。方才嘴巴还比铁硬的“黄驴子”，此时也惊得目瞪口呆。

台前，剩余的九位妇女更受不了眼前这凄惨的景象。

其中阔太太模样的少妇突然大哭大笑起来，自个儿揪着头发在地上打起滚来！身后的日本兵赶忙将她从地上拉起来，那少妇就朝他们吐唾沫。日本兵气得“啪啪”地扇她耳光。可怜的这位少妇，变成了一个不能自主的疯子。日本士兵越不让她动，她越要动，最后，四名日本士兵硬把她架在那儿。

“哐！——”第二轮又开始了。这次中方出场的倒是位五大三粗的汉子，但他连跨越拳台上的那根绳子都费了半天劲。小岛川田自然又轻而易举地击败了对手。

又一位姑娘落入群魔掌心，不过，这次日本兵大概吸取了第一次的教训，他们上来把姑娘拉走后才下手。场上的观众没有见到他们是怎样暴施兽行的，不一会儿，场外传来女人的尖叫声和士兵们放荡的淫笑声。原来，这些日本兵把那姑娘衣服扒光后，放她到跑马场上，赤裸着全身的姑娘满场跑着想逃出去，可又找不到出路，于是，那些日军士兵们开心地大笑。

一连四名中国人败在小岛川田手下，当打败第四人时，小岛瞅见第四名姑娘长得俊，把拳套往台上一扔，咧着大嘴说道：“我的不打了，花姑娘我的要。”说着，跳下拳台，大步走到女人面前，抓住那个俊姑娘就要亲嘴。那姑娘本能地往后一退，小岛生气了，一拳将姑娘击倒，抱起那姑娘走出去。

中国观众早已气愤至极，可面对佐藤布下的阵势，谁也不敢大闹，有的人骂自己的拳手不争气，有的人说这明明就是佐藤事先安排好的诡计。大家只有一线希望，就是大拳王郑强。然而，郑强被安排在最后一个出场，而且他又满身伤痕，如果其余的几名中国拳手没有一人能获胜，郑强就得一人对付除小岛以外的九名日本拳手，绝非易事。那些日本拳手个个都是佐藤从侵华日军中精选出来的，在战前均是称霸拳坛的各路好手。中国观众为郑强捏着冷汗，更为那些不幸的女人担忧……

日方上阵的第二位选手是田中一雄。他的拳路刁钻、凶猛，中国拳手上去后，不到一个回合，就被田中一雄打得口流鲜血，眼瞳外翻，裁判这时才举手示意不准再打了。当这位选手被人抬下去时，第六、七、八、九名中国“拳手”，个个吓得再没有勇气坐在那张与日本人对峙的板凳上，其中一位裤裆里已经湿漉漉地撒了一泡尿。

此时日军士兵的淫威达到了顶点，赛场一时大乱。他们像野兽似的扑向那些被当作奖品的女人，两个两个地拖下去轮奸，那位疯女人不从，他们就用刺刀捅破她的下身……

一些中国观众往外拥，日本兵则将他们往回赶……

“作孽，作孽呵，再输了，就得轮到我的宝贝儿受难啦！天哪，你救救她吧！”“老财神”揪住老伙计“黄驴子”的袖子哭天喊地。

“放开！放开！就知道你的宝贝儿！我的宝贝儿也快完了！”“黄驴子”也在一边呜咽不止。

“哐！——”台上，要命的铜锣再次响起，“瘦猴”喊道：“第六局开始，中国队上场！——”

“啊，瞧，郑强上场了！”场内突然一阵骚动。

拳台上，两拳紧握的郑强威风凛凛地站在那儿。看台上，佐藤“叽里咕噜”地朝副官说了几句，副官连“哈依”了几声，便气势汹汹地走到台前，责问郑强：“郑，你的规定的违反了，这一局的不是你，快快地下来！”

郑强冷冷地看了他一眼，说：“是的，可我前面的几位选手自动弃权了，按规定，这局该不该我出场？”

副官被问住了。观众顿时齐呼道：“对，该郑强出场！郑大拳王，一定要打赢呀，给咱中国人报仇！”“救出那些姐妹们！”场内口号四起，就连那些早已被吓得魂飞胆裂被当作今天拳台“奖品”的几个女人也仿佛看到了救星似的，失声痛哭起来，哭得最厉害的就是“老财神”的那个小媳妇。

佐藤无奈，只得命令开赛。

“郑大拳王，你无论如何要救出我太太呀！我，我给你一万块大洋！”

“老财神”爬到拳台边，乞求着郑强。

佐藤骂道：“八格牙鲁！把他拉出去！”

几个日本兵连拉带拽地把“老财神”拖走。

“郑大拳王，狠狠地打呀！……”“老财神”边喊边被拖到大门口，站在那伸着脖子看着拳台的动静。

台上的郑强默默地瞥了一眼“老财神”，心想：真是又可怜，又可悲!

现在，他需要的是集中精力，虽然他这些日子受尽折磨，身体显得消瘦疲惫，可是一颗不受人凌辱、发誓要报仇雪恨的心给他带来了无穷无尽的力量。他在台上转来转去做准备活动，又思忖着如何战胜对手的方案，他想这回拳赛也许是一生中的最后一次了，不是鱼死，就是网破。他显得异常冷静，转身接过鲍尔逊扔来的拳套。

“第六局现在开始！”“瘦猴”说完退到了一边，顿时，全场像死一般寂静。

田中一雄在日本时就得知郑强的厉害，他不敢贸然出拳，沿着拳台走动，来回地盯着站在中央的郑强。

郑强看出了对方心中的惧怕，于是，他干脆来了个穷追猛打，把田中逼得像野兔子似的满台窜。郑强瞅准一个机会，蛇一般地跃上前去，挡住对方的去路，对准田中的下颌“咚”的一拳，一下将他从台上挥了出去。

“他胜啦！郑强胜了！”“黄驴子”激动地高喊。

“啊，胜啦！胜啦！”“老财神”扒开人群，张开双手，从大门口直奔台前，“阿珍，我的宝贝儿，快跟我走。”

“老财神”拉着年轻的太太往外跑。那个叫“阿珍”的女人，平日里恨透了比她大三十岁的“老不死的”，可此刻她却一头扑进了他的怀里，两人边哭边跑……

又一个日本拳手上台。郑强以势不可挡的威力，连连将对手击倒……场内的掌声一阵高过一阵。

穿着中山装的“黄驴子”连蹦带跳地跑到“奖品”面前，忘情地拉住那个花枝招展的相好，喊着：“我的太阳，现在乌云散了，我们走吧！”

“哇！——”那妓女发出一阵令人心碎的哭声，只见她推开“黄驴子”，大步奔向拳台，搂住正在台角处休息的郑强哭起来。

“姑娘，别这样，快走！这儿不是你们久留的地方！”郑强喘着大气，把她推开。

这位历来逢场作戏的女子，此刻万分虔诚地鞠了个躬，并给郑强留下了一句深情的话：“小女子愿伺候郑大拳王一辈子！”

激烈的拳击台。

欢呼的观众。

疲惫不堪的郑强。

被掀下台的日本拳手。

四周，荷枪实弹的日军官兵把手指扣在扳机上……

“万岁！中国拳王万岁！”郑强又一次获得胜利，场上的气氛进入了白热化。中国观众的情绪前所未有地高涨，日军士兵则在不满地为连连败下阵来的同胞“嗷嗷”叫着。

郑强靠坐在台角，几个精武馆的弟兄忙给他擦汗，有的给他按摩，有的递水叫他漱漱口。然而，郑强仍是汗流不止，大口喘气。有的劝说："郑师傅，下来吧！"

"郑师傅，再打下去怕要出危险哪！"

郑强想：我要是不打下去，这场拳赛就前功尽弃，那些妇女怎么办？佐藤将要怎样处置我？中国人的脸不就丢尽了吗？！

郑强强打精神苦笑着说："各位师傅放心，我自有办法。万一我要不能活着出去，就请各位……"

深秋时节，天黑得早，场内虽然已打开了电灯，但仍是灰暗的。

"哐！""瘦猴"又敲响了铜锣。

郑强站起来，感到头有千斤重！

第七个日本拳手钻进绳圈里，他像个大树疙瘩，长着一对与他躯干十分不相称的鼠眼，那双鼠眼死盯着郑强，不知道他是在紧张还是在运气，站在那一动不动。

郑强用带着拳套的双手拍拍头，伸伸腰，在原地轻轻地跳了两下，感到稍微舒服些。

裁判鲍尔逊上来摸了摸郑强拳套，示意他往后退一步。鲍尔逊又去摸了摸日本拳手的拳套，他愣了一下，抬头看了看，那"大树疙瘩"瞪着小眼，把双拳使劲往下一甩，佐藤高喊："快快地，开始！"

"哐！""瘦猴"又敲了一下铜锣。

鲍尔逊赶忙示意比赛开始。

场下观众寂静无声。

日本拳手先发起进攻，一个左直拳挥出去，郑强用右臂一挡，顶了回去。

这是一个难对付的强手！郑强刚想利用毒蛇的快速之招再次发起进攻，不料，却反被对方一闪身，将他的右臂巧妙地夹在腋下。日本拳手咧着嘴大笑，然后又挥起拳头，趁居高临下的优势，朝郑强的后脑击打，郑强一下感到眼前一片漆黑……

“犯规了！东洋人犯规了！”观众愤怒而又焦急地喊着。

鲍尔逊赶忙将两名拳手架开。得势的日本拳手未等裁判闪开，又像野牛似的直扑对方。那两只大而有力的拳头凶狠地左右开弓，连连发起猛攻：直拳、勾拳……朝郑强的脸部、颈部、胸部劈头盖脸地袭来。众日军被这刺激的势头所感染，以为他们的拳王必胜无疑，便拼命地敲着桌子，跺着皮靴，狂欢成一团……

郑强坚持以防守战术保存体力。他闪着灵巧的身子，一晃一挪，对方的一连串重拳仅在他耳边、脸侧化作阵阵寒风，丝毫未伤及他半根毫毛，倒是高大粗悍的对手被累得大汗淋漓，气喘吁吁……

日本拳手赢了一局。

第二局开始了，日本拳手更是得意忘形，屡屡主动出击。郑强则利用灵巧的身体，诱敌满场追逐，以消耗对方的体力。那“大树疙瘩”并不知这是计，满以为郑强怕他，因而变本加厉，郑强躲得越快，他便追得越紧。第二、第三、第四回合，一直在郑强的防守中宣告结束。

关键的第五回合开始了。日本拳手攻势依然不减，但明显可以看出他的步子不再那么轻松，甚至有些疲沓。他那拳头也不那么有力、准确了，常常无力地虚晃。与此相反，一直处于被动的郑强这时不再躲闪了，他用灵巧的步伐接近对方，利用其快速的短拳，频频发起反击，那拳刁、狠、准，拳拳击在对方的要害处。

日本拳手的下颌被打歪了，眼睛肿得眯成一道缝，气得“呀呀”直叫。郑强一个右直拳刚要出击，鲍尔逊急忙护住日本拳手，“一、二、三、四……”数着点。日本拳手输红了眼，就在裁判数点护他的时候，他把裁判一推，冷不防一个右手上勾拳，不偏不斜地打在了郑强的左脸颊。在拳台上，多少次被人击打从未叫过痛的郑强，这时却“唉哟！”一声，急忙用左拳套护着脸，血，顺着左臂流下来！×的，这心狠手辣的小子在拳套上做了手脚：那黑皮拳套的掌心里裹着铁块！郑强从师傅陈汉强那儿早就听说过这拳击中伤人害命的把戏，若不是他早有提防，也许方才的那一拳会在他的脸上留下一个窟窿。好残忍的畜生！郑强的牙齿咬得咯咯作响。

日本拳手见方才一拳未能给对方致命一击，便又扑上前去。裁判鲍尔逊见到满脸是血的郑强，他本应护着郑强数点，但他却示意继续比赛。

郑强以其灵巧的躲闪避免了一次次被正面攻击的危险，虽然他没有受到致命打击，可两臂、两肋到处留下了一道道血痕……

“日本人下毒手了！”

“停止比赛！”

前排的观众最先看到了台上的变化，愤怒地呼喊起来，后面的中国人也都呼喊起来。看台上的佐藤司令官见自己一手操纵的丑事败露，顿时恼羞成怒，“啪”的一拳击得桌子上的茶杯飞起老高。“八格牙鲁！”赛场四周，日本宪兵顿时刺刀出鞘，子弹上膛，台上台下充满了火药味。

裁判鲍尔逊只好耸耸肩，双手往外一摊，命令两名拳手暂停。

“停止比赛！”台下有人大声喊道，“这种比赛是个大阴谋，我们抗议！”

郑强要求裁判检查对方拳套。裁判表示赛前已检查过，没问题，不能在比赛中再提出这种要求。鲍尔逊用眼睛斜看台下的日军长官席，佐藤微微点头。鲍尔逊示意郑强：可以要求弃权。

台下的佐藤喊道：“弃权的不要，认输的可以！”

郑强用拳套抹了一把脸上的血，心想：叫我郑强认输，办不到！我郑强还没在你日本拳手面前败过，我今天就是让你们打死也要把你们的阴谋揭穿！

郑强举起右手，斩钉截铁地说："继续比赛！"

佐藤板着面孔，笔直、僵硬地坐在那里。

灵与肉的角斗在继续进行，紧张的气氛把全场每个人的情绪都推到了峰巅。日本拳手每向前一步，每挥出一拳，观众就为郑强捏一把冷汗。

郑强小心翼翼地躲闪着对方凌厉的攻势，他知道只要再有一拳被对方击中要害，他就将血洒拳台……

日本拳手认定郑强在他的特殊武器面前已经变成了一个胆小鬼，他肆无忌惮地在拳台上横冲直撞，拼命寻找泄愤机会。他在不停地追击之中，瞅准郑强被逼到台角的一刹那，跨出一大步，挡住郑强的后路，又凶狠地打出一个有力的右上勾拳，击中了郑强的下颌……

郑强倒在拳台上……

"阿哥呀！阿哥！"沸腾的拳击场里，郑强的阿妹从被当作"奖品"的人群里跑了出来。

与此同时，场内"哗，哗，哗……"到处抛出各色的小传单，一下把拳台周围都遮住了，也挡住了人们的视线，观众开始蜂拥往拳台周围猛挤。只见陈联络员带领一群人围住佐藤，另一群人麻利地把他周围和赛场门口日军的枪夺下，另有六七个人救起郑强。

场外，响起枪声！因为场内有佐藤司令官等许多日军官兵，场外日军只能朝天开枪，以示警告。就在枪响的同时，赛场里的电话线，已由事先安排好的人割断。

陈联络员拿着佐藤的手枪，逼着他说："佐藤！你听着，现在我叫你干什么你就得干什么，要是不听我的命令，就枪毙你！"

"哈依！是、是！叫我什么的干活？"佐藤掉了魂似的规规矩矩地答应着。

陈联络员叫佐藤的副官站在佐藤身旁，对佐藤说：“现在你叫你的副官出去传达你的命令：第一，拳击场外拿枪警械的士兵放下武器，都进场内来。第二，从这里带出去的中国妇女都送回来。第三，对违抗命令者军法从事，就地枪毙！听清楚了没有？”

“哈依！是！听清楚了。”佐藤对身旁的副官说：“你去传达我的这三条命令！”

“是！”那副官手举一块白手帕，往外跑去。

过了五六分钟，那副官跑回来。被日本兵糟蹋的几名妇女惊慌失措地跟着他回来了。她们见了赛场内的情景，不知是惊还是喜，哭喊着上去就撕打佐藤，陈联络员等人劝她们不要打，因为佐藤还有大用场。

陈联络员严厉地警告佐藤：“以后不准你再搞这种拳击比赛，不准你残害中国武术界人士，不准再对精武馆进行监视和破坏，否则，一切后果由你佐藤承担。佐藤！用你的脑袋担保！”

“哈依！是，是！我的死啦死啦的有！”

“叫你副官准备三辆小汽车到门口等候，其中，你的那辆车要司机，其余两辆不要司机。五分钟后车到门口。”

陈联络员用眼瞪着佐藤，一摆头，命令他派副官立即去办。

“哈依！是！”佐藤对副官说：“快去！”

陈联络员站在拳台上高声喊道：“同胞们！自从日本人占领了上海，烧、杀、抢、掠无恶不作，咱们中国人遭受了空前的大灾难！今天，佐藤用他喜爱的打西洋拳的办法，更毒辣、更残忍地杀害中国人，迫害中国武术界人士，大家要揭露日本人的暴行！今后，日本人再搞这类活动，大家要想尽一切办法进行抵制和破坏！在这里我们要正告上海市的政界人士，你们要是死心塌地地为日本人卖命，小心你们的脑袋！”

场内又“哗、哗”抛出彩色小传单，人们高喊“打倒日本帝国主义！”“中国人不当亡国奴！”……

佐藤副官报告：“汽车准备好了。”

陈联络员命令在场的日本人除佐藤以外全都趴在地上，半小时之内不准起来。然后，用聚光灯照着他们，将场内其余电灯全部关闭。

陈联络员指挥大家快速从大门、窗户出去。

几个人架着郑强，中间夹着佐藤，十几个人带领剩下几个没有亲属认领的、被残害的妇女和郑强的妹妹，在人群的簇拥下走出大门。人们在漆黑的马路上四处散去。陈联络员带领三个人把佐藤塞进由他的司机驾驶的汽车里，郑强和另外几个人分乘另两辆汽车。陈联络员用手枪抵住佐藤司机的后背，命令道：“快开车，一直开往吴淞口！”那两辆汽车跟随其后，一路上没遇到什么麻烦。

汽车离码头还有六七百米的样子，就看到一艘灯光通明的海船靠在码头旁，朝汽车开来的方向闪着信号灯。三辆汽车在码头上停下，陈联络员命令佐藤和司机脱下衣服，把脑袋蒙住趴在座位上。前面跑来十几个中国人和一男一女两个外国人，陈联络员赶紧下车迎上前去。

“老陈！终于把你们盼来了！这么晚了，我们还以为出事了。”跑在前面的一个人急切地对陈联络员说。

“你们都联络准备好了吗？”陈联络员一边说一边和来迎接他们的中国人握手。

其中一个人向陈联络员介绍：“这位是‘伊丽莎白号’船长乔治，这位是船长夫人娜莎小姐。”陈联络员上前握手，还没等他开腔，娜莎眼望着汽车忙问：“郑在哪里？快领我去看郑。”

“请夫人放心，他在第二辆汽车里。不过，他受伤流血过多，身体很虚弱。”陈联络员话音刚落，娜莎双手捂着前胸喃喃道：

“上帝！他受伤了！”她急忙跑到第二辆车旁，拉开车门，抱着郑强亲吻。

“亲爱的郑，你怎么变成这个样子？自从上次和你分手之后，我一直在打听你的消息……”

“我也很想你。”郑强笑了笑。

娜莎和其他几个人扶郑强下了汽车。乔治走过来，以一个海员庄重的礼节，向郑强行举手礼，“我和我夫人以及‘伊丽莎白号’的全体船员，欢迎老朋友拳王郑，作为我们新的尊贵的客人！”

郑强举起紧握的双拳，以一个拳击手特有的礼节，用双手拍打乔治的双肩。但不知是由于身体虚弱还是过分激动，他又倒向陈联络员，陈联络员赶紧把他扶了起来。

郑强以前无论在拳台上得过多少次胜利，在生活中遇到多少次磨难，他都没掉过一滴泪。可现在，他再也控制不住自己的感情，流着眼泪说：“陈先生，我现在才知道，我不是在做梦，这是真的，我遇到了做梦也梦不到的大救星！”方才在车里，郑强听了几个人的介绍以后才恍然大悟。

“好了，郑强兄弟，慢慢你就会更清楚了。不能在这里久留，由我的弟兄们陪你上船，带你去一个也许又是你做梦也没梦见过的地方。”陈联络员握着郑强的手说。

“我走了，我阿妈和阿妹……”

“这你放心好了，我们都做了安排，你放心走吧！”陈联络员扶着郑强往“伊丽莎白号”走去。陈联络员边走边对迎接他们的人员说：“你们要好好地和船长及船长夫人合作，把郑先生送到目的地之后，你们要分头、安全地回来。”

“是，一定做到。”

到了船跟前，几个船员用担架把郑强抬上船。娜莎把郑强安排在船长室内。

“呜！——”汽笛一声长鸣，船开动了。在船长室内，郑强向陈联络员他们挥动着紧握的双拳，脸紧紧地贴在玻璃窗上，不一会儿，玻璃上只见一片淡红色的水痕，一道一道地往下流淌着……

古都新皇梦

至高无上，随心所欲，这曾经是骑在万民之上的历代皇帝所拥有和享受的权利，而他竟然也做起了这样的梦——一个曾被冠以“青年企业家”称号的年轻人……

试试做皇帝的滋味

古都燕京。

天安门城楼内侧是占地七十二公顷的皇宫。这里曾是七朝帝王隐身治国之地。皇宫内大小宫殿、内外厢房、龙墙飞檐……无不让人眼花缭乱，惊叹不止。

有一天，太和殿内，熙熙攘攘的游客中突然窜出一个人：只见他跨过拦绳，三步两下，一屁股坐在了“天子”的皇座上。“哈，哈，真开心！”

这是个身着一色青卡其，嘴角留着几缕山羊胡子的小青年。

顿时，殿内大乱。一名故宫的工作人员气得脸色发青，扒开人群，上前一把将这个“山羊胡子”揪出绳圈。“你……你疯啦？！”

“我想试试做皇帝是啥滋味。”

“哈哈……”游客被“山羊胡子”的话逗得哄堂大笑。

“罚款五十元。”工作人员声严色厉地说道。

“哎哟哟，同志你饶了我吧。”

“山羊胡子”突然哭丧着脸说：“我连早饭都没吃，哪来的钱呀！”

“不行！你哪个单位的？”

“山羊胡子”翻了翻白眼，从衣兜里拿出一个皱巴巴的小红本子。

“浙江省东阳县上路建筑公司……”工作人员还未来得及看清下文，“山羊胡子”就抢回了工作证，冲出人群，落荒而逃。边逃边说：“哼，老子就是想当皇帝！”

——这是两年前的事，现在可不同了。

那天是1985年国庆过后的第八天。一位头戴鸭舌帽、手提旅行包的游人———眼便知是个农民，来到故宫。

或许是因为故宫的华丽，或许是因为天安门前的行人太拥挤，他竟然在马路中央傻呆呆地站了好久。

“咔嘶——”一辆豪华型皇冠轿车“嚓”的一个急刹车，随即车内传来一句粗暴的话：“娘希匹，你想找死？”

“嗯——娘希匹？”农民一听是浙江同乡在骂他，生气地说：“你才是……”他刚想回骂一句，不料眼睛直了，“你？小玉良，小玉良！”

“哎哟，是顺福伯你呀！”车内走出一个矮小而派头十足的年轻人。他就是当年的小“山羊胡子”。瞧他今天这打扮：鼻梁上架一副镀金的德国进口的变色眼镜，上身穿一件荷兰“波斯”皮茄克，下身穿巴拿马弹力牛仔裤，加之微微发胖的身子和外凸的肚皮……嘿，一副外国富商的模样。

“阿弥陀佛！小玉良你可发大财啦？从哪儿来？乖乖，这么高级的车。”年长的顺福伯好不惊奇，他活了五十几岁，还没见过村上会有这么“吃得开”的人。

“哈哈，这算个啥。”年轻人得意地抖了抖腿，又假作热情地要拉老人上车。“怎么样，难得见上一面，到我家去白相吧？”（白相，浙江土话，意为玩）

“晚上去吧，等一会儿我还要上车站买去沈阳的票哩。”老人说。

“去部队看小狗儿？”

“嗯。”

年轻人一听，朝车内坐着的一位漂亮姑娘一挥手说：“媛媛，把包拿来。”

那位叫作“媛媛”的姑娘瞟了一眼年轻人，老不情愿地扔过一个黄皮包。“这三千块钱你拿去。小时候你对我不错，小狗儿也够哥们。”年轻人从包中取出三沓崭新的“大团结”塞给老人。

“这、这这……”老人一时慌了手脚，不知该如何是好。这辈子他从没见过这么多现钱……等他从惊恐中清醒过来时，皇冠轿车早已消失在长安街的车流人潮之中。

晚上，老人兴冲冲地来到东四大街，正准备进入那座人称“何氏皇室”的大门时，突然一声严厉的吆喝将他镇住：“你是什么人？”老人抬头一看，“天哪，小玉良这囡可真有出息，连自个儿家门都设了哨兵，嘀，就像旧时的总统府一样。”老人看着眼前这光景，仿佛觉得自已脸上也添了一层金，便笑眯眯地上前对警察说：“同志，我是这儿主人的同乡，他管我叫伯伯哩，嘿嘿，让我进去吧。”

“不行，何玉良已经被捕了。”

“什么……？”老人吓得连退几步，半晌，他还在眨巴着眼睛。

何玉良确实被捕了。上午他还驱车进出国家某部门，签订了一份建筑合同；下午，他就被老家来的公安人员逮捕了。

谁会想到，这位曾被誉为“农民青年企业家”，在首都建筑业中称雄一时的何玉良会被抓进监狱呢？

小木匠的勃勃野心

浙江东阳这个地方，离蒋介石的老家奉化只有百把十里，又与“文革”的重灾区温州市相距不远，因而，党的十一届三中全会的东风在这儿来得有些迟。1981 年，刚过完二十四周岁生日的小木匠何玉良，因为不肯替父亲还四百元债，同家人吵了一架，半夜离家出走，到了省府杭州。夜晚，他拖着又乏又饿的身子，在车站候车室里缩着身子躺在冰凉的长板椅上，不时打着冷战。

“喂，你是玉良哥吧？！怎么躺在这儿？太阿三（浙江话，阿三是太差劲之意）了。快跟我走，咱们住旅社去。”这时，一个小分头擦得油亮，身穿毛料西服的年轻人，将熟睡的何玉良从长椅上一把拉起来。

何玉良揉揉眼，定神一看，好不惊讶：“是阿炳呀！你变得这么阔气，碰到什么好运了！快说说！”何玉良与阿炳是同乡，当年又是一个初中的同学。论年龄阿炳小一岁，论本事，何玉良却自认远比阿炳强。后来何玉良做了木匠，阿炳则是个钉皮鞋的。在乡下，木匠这行当很吃香，而钉鞋的只能被视为“臭皮匠”。可如今，何玉良见两年前还时常寒酸地向他要烟抽的阿炳，现在竟然这般阔气了：一人包独间栈房，嘴里抽的是进口“良友”烟，馋得小木匠直流口水。

“咳，我还不是干那破活。”阿炳脸一红，但转脸又扬眉吐气道：“不瞒你老同学，我是前年背着一台二十六块钱买来的旧补鞋机跑到内蒙古呼和浩特的，才两年时间，你知道我赚了多少钱？”

“五百？”

“哈哈哈，不对。”

“五千？！”何玉良两眼瞪得溜圆。

“差不多。”阿炳得意地挤挤眼，慷慨地从衣袋里拿出五张“大团结”塞给老同学：“拿去，填填肚皮。”

何玉良这一夜没有合眼，他倒不是贪图这五十元钱，而是被阿炳的发财史震撼了自己的心灵。是啊，阿炳靠钉皮鞋能赚大钱，难道我做木匠的还比不过他！何玉良好不服气。他苦苦地思索着，听说城里人住房很紧张，那肯定是盖房子的行当吃香。对，我也进城去，干它三年五年，发发横财，享享福。想到这里，何玉良不由得哈哈地狂笑起来。第二天天未亮，他就离开杭州上路了。

“何师傅，只要有钱赚，就是到天边咱们也去！”同队的手艺匠们群情激昂，摩拳擦掌。

“玉良，只要你敢挑头进城，咱们有福同享，有难同当。有命上梁山，没命落东海。干！”本村人更是拔刀相助。

“农村是太苦了，我非要到城里干出点名堂。”乌烟瘴气的酒店里，何玉良一脚踩在板凳上，一手插在腰间，瞪着一双充满血丝的小眼，扫了几位难兄难弟一眼，说：“既然诸位看得起我，那我就不客气挑头了。说死了，进城以后，你们都得听我的，要不然……”

“是王八！”

“好！”何玉良将酒杯往桌上狠命地一摔：“明天我就到区里办证明。”

负债累累离天津

何玉良雄心勃勃，但是他十分清楚自己的底牌，虽然在方圆一二十里的家乡靠师兄师弟一年到头断不了生意，可要到大城市里同那些汽车、吊车、设计、会计一套又一套的国家建筑队相互竞争，那简直像是蛤蟆跟老虎打架——没法较量。然而，何玉良很精明，他深知虽然自己是个百十号人的小建筑队，但却是由他一人说了算。“别人许多明里不能做的事，我小木匠能做，还怕……”

1982 年秋收刚过，何玉良带着一百来号人马，挤上从杭州开往北京的 120 次列车。第二天天还未亮，何玉良就把一个个躺在座位下面的“候补工人”们叫醒了。

“快起来，前面到站下车！”

“不是说到北京吗，怎么天津就要下车？”

“少啰唆，我说天津下车就天津下车！”

生意人中，什么才叫“师道尊严”。师傅说方的，你就不得说圆的，再说何玉良让大家在天津下车是有他的道理：先到天津探探势头。要是立得住，就再往京城闯。建筑队里几个老手艺人对小玉良这一招连连点头。

但是，天津境况并不佳。按理说，这里有成千上万的建筑活可干。别说是一百来号人，就是一千、一万的建筑人马也远远满足不了需要。可是有哪个单位瞧得起这么寒碜的一个“农民建筑队”呢？何玉良像讨饭似的到处求活，最后总算在一个公司承包下了一项工程。

一年下来，何玉良的工程队承包的工程不少，却未能赚进分文，年底结账一算，反倒亏了五万元。对方一听说他们是外地农民建筑队，公司经理带着会计、业务员，来到海河边一排破烂不堪的临时茅棚里找到了何玉良。

“不行，说啥你也得把钱还给我们。”

“实在对不起，你看看，我现在穷得连支烟都招待不起，哪来钱还你们呀！”何玉良哭丧着脸，苦苦求情。

“那你还冒充什么总经理！”对方的书记把一张何玉良的名片当场撕碎，踩在了脚底下。

背水一战出“奇”迹

何玉良的建筑队在天津已无立足之地，气得他差一点在年三十晚上跳海河。

这时，建筑队内部也人心浮动，许多人因为出外一年连顿饱饭都没吃上而大发牢骚，有的干脆卷起铺盖回了老家，几位年长的老哥们这时也来劝何玉良把队伍拉回去。

“咱们是庄稼人，跟城里没缘分。”

“是啊，还是回家混个‘四菜一汤’稳当点。”

“不行！”何玉良胸脯起伏，此时要他回家就等于杀了他。

正在这时，当时介绍何玉良到天津干活的一位朋友对何玉良说，北京有个大工程缺木工，问他干不干。

何玉良沉思了半天，拍案说道："干！北京我早想进去，不过那时还没有胆量，虽然这一年在天津没打开局面，背了一身债，但我心里有数，胆子反倒大了。"

不能不说小木匠有一套特殊的社交手段。你准以为首都哪个单位能把这么个农民建筑队放在眼里，但不几天，何玉良的人马竟然出现在了中外合资兴建的某饭店工地上。当然，他们不是工作在电子计算机和全自动吊车上的"蓝领工人"，而是些战斗在肮脏潮湿的地下和灰场上的"黄领工人""灰领工人""黑领工人"。

"哈哈，红包真管用！"何玉良几乎笑出声，"有钱能使鬼推磨"，他确认这是"真理"，不是吗？前两天，他把六千元现金分成两个红包，一个红包送到某机构头面人物那里——

"收不得，收不得，不能无功受禄；何况中央现在一再强调刹不正之风哟！"N 公是中外闻名的老学者，什么世面都见过，但像这样第一次见面便有人向他送这等厚礼的还没见过。

"N 公，您老不要客气了，这是家乡人民对您的一点微薄之意，我们东阳百姓祝您身体健康长寿。"何玉良拿出所有的外交辞令，并装出百分之一百二十的虔诚，感动了 N 公。

"这这……离家这么多年，唉，我对家乡人民关心得实在太少了，你看我能为父老乡亲们做些什么呢？"N 公诚心诚意地说。

"我哪敢劳您大驾。"何玉良嘴说不敢，心里却高兴得恨不能跳起来。就等您老这句话呀！只见他忙从口袋里取出一张白纸，笑嘻嘻地说道："我带着县里一个建筑工程队想在北京找点活儿干，只是没有熟人，你看……能否帮忙介绍一两个地方？"

"这好说，中外合资的某饭店我晓得那儿正愁建筑力量，我给你写个条。"

"太好啦！"何玉良喜出望外。

——另一个“红包”，他是带到了某饭店工地上，并且随N公的纸条一起交给了负责工程的W经理。

“这个……”W经理是位阔绰人，经常与外国人和上层人物打交道，他瞥了一眼站在面前的这位留山羊胡子的“乡巴佬”，正想说一句“胡闹，我的工程是中外合资企业，关系到国际名声的第一流工程，区区农村建筑队怎能干得了！”不过，当他看到那红包里三百张整整齐齐的“大团结”时，便毫不犹豫地拿起办公桌上的一部橘红色电话机。

“请接工程处。你是老王吗，你那里不是缺油漆工和安装工吗？噢——，正好，你把这些活承包给东阳上路建筑队吧！”

事情就这样痛快地办成了。何玉良真想给W经理和N公跪下来磕头。“不容易，总算在北京站住脚了！”

这天他特别高兴，合同签完后，他觉得办成了一件大事，浑身有说不出的松快感。经过天安门故宫时，他按捺不住多年的夙愿：看看皇帝到底是怎样享受的。他一心做着皇帝梦，却忘了自己口袋里没有分文，于是演出了本文开头的那一幕闹剧。

从故宫回到建筑队住处，一百多号工人突然把何玉良围住。“什么时候发工资？”我们几天都没吃上饱饭了，快发钱吧！”

一天、十天，一月，二月……半年过去了，终于在这些惯于吃苦耐劳的农民建筑工人的拼死拼活下，由东阳上路建筑公司承包的几项工程全部完毕。何玉良“噼呖啪啦”一算，除工人工资、管理费、各种租税费，还余十万余元净利润。哈哈！把天津那五万元债先还掉！

“上帝，我何玉良有出头之日啦！”工地的茅棚里，何玉良独自关在屋里，抱着大把大把的钱，喊着、叫着、哭着、笑着，像个神经病患者。

在合同桌上崛起的包干枭雄

读者大概从前文中可以品味到一点何玉良的发迹诀窍了吧！确实，生意人的脑瓜向来比一般人更为精明。何玉良非常清楚这一点：不管是论技术、论装备还是论名气，他的建筑公司要同国家部委、北京市，以及江苏省的无锡、常熟等地的建筑单位相比，无疑是“阿木零”（最后的意思）。但是，现在的许多事，常常是在私下办成的。你知道何玉良是怎么说的：“你纵有博士专家千千万，我只要钞票一叠把你们全变成阿三。”

说来也惭愧，例如国家部委直属的一个建筑公司，是个兵是兵、将是将，工程师、设计院、大吊车、小运输车成套成批的一流建筑专业队伍，却在承包某机关大楼时被毙掉了。“不是说得好好的，工程由我们承包吗？”公司经理亲自找到这个机关的党委书记说理。“事情是在变化的么，我们觉得浙江东阳上路建筑公司很实在，于是就不敢高攀你老兄了，哈哈……”书记端起茶杯眯眯一笑，那经理气得差点当场晕倒。

东阳上路农民建筑公司虽然只有千把人，但在合同桌上却是个“巨人”，其实，何玉良的做法很简单，只是那些国家单位不敢这样做，而他则敢做。熟人当然不用说，就是那些第一次打交道的单位，何玉良也会让对方痛痛快快地把工程施工任务承包给他。

戏，大多是这样演的。

何玉良：“我说领导同志，把您的建筑任务交给我们公司得啦，保证不吃亏。”

某领导：（朝何玉良瞟了一眼，摇摇头）“什么，是区建筑队！开什么国际玩笑，不行。”

何玉良（掏出一个红包）：“拿着，这三千元，算我小辈给您老的一点敬意。”

某领导“这这……”转头看，何玉良已经走了。

事隔几天，何玉良又出现在某领导面前。他先不说话，只是依然笑眯眯地将一个更大的红包塞到了某领导抽屉里。“如今市场上老涨价，您老辛苦工作了几十年，总不能让您吃亏，这点小意思快把它收好，省得别人看到。”

转眼间，巨人变成了小人，矮子反倒成了祖师爷。“小何，不不，何总经理，工程的事就这么定了。”某领导拿过合同，痛痛快快，利利索索签了，合同就是这样一张一张地订下来的……

这出戏，虽然不怎么高明，不过确实没人能同何玉良抗衡。其实，精明的何玉良绝不会吃亏。虽然他每订一份合同要花上三四千元，多的达五六千元，但在他“意思意思”之后，何玉良自有一手。因为承包建筑工程，一般是按每平方米一级、二级和三级的不同档次由乙方（建设单位）包给甲方（建筑单位）的。“既然阁下收下了我的钱，那么就请按每平方米的建筑成本为一级跟我订合同吧！”——何玉良常常毫不客气地拿起笔，替乙方填写。这样，与订合同前的几千元本钱相比，合同上何玉良得到的是成倍成倍的好处。

如此这般，不出半年，何玉良就成了北京市内名扬四方的承包枭雄。于是，那些新闻记者、电视台的摄影师纷纷接踵而来采访他，一位“农民青年企业家”就这样在古都北京崛起了。

“嘻嘻，城里人没啥了不起的，还不是围着我转圈儿。”何玉良有生以来第一次觉得如此惬意。

“老子天下第一”

党的城市经济体制改革政策，大大激发和推动了生产力的发展。但是，由于某些单位执行政策的偏差，给一些社会主义事业的蛀虫以可乘之机，何玉良就是其中的一个典型。他的建筑公司与当时的东阳县区委订的合同上规定，建筑公司在外施工期间，除每年按利润的百分之五作管理费上缴以外，其余部分由公司自行主宰。在共产主义世界观指导下，当家做主的思想本应是大力提倡的。然而，何玉良却把区委聘他为建筑公司总经理的身份，理解为“一切由我说了算”，又把“当家做主”的内涵演绎为“公司是我，我是公司”。中国封建的手艺人中有着一种浓重的师尊徒卑传统，这种传统意识仍流传至今。何玉良得势后，他把“师道尊严”和农民特有的狭隘心理，融合在社会主义的现代化建筑企业管理之中，他在“经理有企业自主权”的幌子下，在自己的公司里建立起何氏特权王国。

至高无上，唯我独尊，这是何玉良在他的小王国里一贯向工人们灌输的思想。不大不小的建筑队里，大约有三分之一的人年岁在何玉良之上，其中不少还是他师傅的同辈和他自己的师兄师弟。过去几年中，这些人曾为公司能在北京创牌子而同何玉良一起苦心经营。但自从何玉良得势后，这些有功之臣一个个被贬为无实权的“跑腿”。何玉良生怕这些技术和资历比自己强的结拜兄弟妨碍他手脚。公司有位老师傅是何玉良的堂叔，就因一次不客气地叫了何玉良一声小名，竟被何玉良一句话支回了老家。

滑向深渊的荒淫与奢侈

不知哪位名家笔下写过这样一句话：饥饿者一旦获得富有，常常比谁都奢侈荒淫。

到此时，谁也说不清何玉良到底有多少钱，反正自进京“背水一战”，继在合同桌上连连击败对手之后，东阳上路建筑公司一年之内承包了大大小小二十多个工程。这时的何玉良，一下子成了个标准的“血吸虫病患者”——貌丑而肚大：一副“乡巴佬”的尊容，一个资本家的肚皮。公司赚来的钱他一手掌管，给工人发工资，他亲自执账，让下面的人挨个排着队，从他手中领走，工资的标准由他定。他手下的十名管理人员每月固定工资三百五十元，他本人工资多少钱，却无人知晓。同事们反正经常听到他一会说丢了一千块，一会又说少了两千块。他随身带的那个经理包里从不少于五六千元现金。而丢了钱，却从不见他着急，最多听他说一句：“娘希匹，哪个缺德佬干的！没钱就痛快说一声，干啥偷偷摸摸的！”

他用数以万计的钱买通了各种关系，而更多的钱则装入了自己的腰包，肆意挥霍着。

1984 年上半年，何玉良“衣锦还乡”，同他的已经有了孩子的未婚妻完婚。婚礼盛况空前，东阳县各界名人要员和何玉良的至交密友被邀到县城最高级的饭店，亲戚乡邻则在何家府上，上上下下前前后后热闹了三天。洞房中，上为木雕天花板，下为进口地毯。女方的嫁妆从小的系列化妆品到大的彩电、冰箱、摩托车，均是日本、德国等地的进口货，有人推算，这次婚礼耗费少说上十万。何玉良自己说从北京带回去的是四万元。

这是一次光耀祖宗，显赫“总经理”身份的大表演。但是，何玉良对“东阳财主”这一明显带泥土味的雅号不感兴趣。他的目标是“进京做皇上，像李自成、朱元璋那样”。他的第一步计划是携妻带儿迁居北京。蜜月之后，他在北京东四大街用一万五千元买下了一个小院，又用八千余元对旧宅修改一番，前面砌上红墙，屋顶换上金瓦。前庭后院，像“皇宫”一座，住在前街后楼的居民们以为这里新迁进了一位华侨巨商，要不就是哪位新上任的高官。

既然是“老子天下第一”就得有个派头，衣食住行必在他人之上。一次，何玉良与一名助手到一个单位办事，途经长安街时，他的出租车被警察拦在一边，好一会儿才准走，原来是一队长长的迎宾车队在此通过。何玉良望着浩浩荡荡，好不威风的豪华型轿车队，闷头不语了半晌。第二天上午，上路建筑公司的工地上，突然开来一队明光锃亮的轿车。人们以为是市长前来视察，不想第一个走出车门的竟是他们的大经理何玉良。“哈哈，没想到吧！”何玉良趾高气扬地将左手往腰际一插，张开毛竹似的喉咙说道：“从今天起，这八辆出租车归我公司用。来，大家来开开眼界。这是皇冠、这是奔驰、这是尼桑……”就这样，何玉良的专用车队成立了（因为老家区委明确规定公司不能买小轿车，何玉良便想了个办法——长期租用出租车）。有人计算过，每辆出租车每天平均收费 200 元的话，八辆车一天就是一千六百块。“小意思。”何玉良满不在乎，只要痛快，钱算什么！一万、二万、十万、二十万、他都能拿得出。

然而，何玉良并不感到满足，他常常独自望着天花板发呆。他越想越觉得生活中还缺少一样必不可少的东西，那就是女人，美貌而又性感的女人。他的老婆虽然是个青春正盛的少妇，而且在东阳一带还算屈指可数的“美女”，但同北京城里那些时髦少女比，当然比不过。那天，他趁妻子不在家时，好好打扮了一番，然后站到镜子前一照，“哎哟，一张土老二的脸！”何玉良第一次感到自卑自弃，但这并没有减弱他心灵深处那股追求女人和感官刺激的肮脏欲火。听人说录像片很吊胃口，于是他便通过某些哥们弄来不堪入目的黄色淫秽片。为此，他家一下添了几套每台价值五千元的录放设备。那些来观摩的红男绿女中自然也有开放型女性，某饭店的 C 小姐就是其中的一个。C 小姐早在何玉良初进北京时就曾帮过他不少忙。如今，何玉良发财了，自然忘不了这份情意。时不时地，二千、三千地从他手中送到 C 小姐的包里。C 小姐也是情场老手，没几天，便将自己的肉体奉献给了何玉良。

她带他上餐厅，替他打扮，教他学跳舞，指点大都市的交际经验。他学会了跳舞，穿起了牛仔裤，走进了舞场……他在这种“高雅”的摩登场合，虽比起那些风流纨绔子弟显得有些丑陋和笨拙，但他有钱，那些漂亮妞们甜蜜的一笑，或者假意的一吻，都能得到他一千、二千现钱的报酬。

在走向堕落的路上，何玉良越滑越深，不能自拔。他的身边，已经时常不是C小姐了，还有G小姐、F小姐，K小姐……他一边将大沓大沓的钱施舍给这帮情妇，一边又暴虐地从工人的身上榨取血汗。

物极必反，乐极生悲，当何玉良正准备挑选新欢，让正房下堂之时，老家浙江东阳县公安局的公安人员逮捕了他。当公安干警们一把将他推上警车时，何玉良竟扭着脖子嚷道：“我的床铺下有三万块现金，给、给你们，啊？放了我吧……”

“收起你那一套吧！”铁面无私的公安人员把他推上了警车。

迷踪情侣

吉普车驶出边陲小镇绿春，便是连绵百里的贡川大山脉。我已经是第二次随医疗队来到这个不安宁的边境巡诊了。嘉诺边防派出所与那个“橡胶王国”只隔几百米。站在哨所的山巅上，可以清晰地看到密林那边拥挤着各式各样游客、商人和难民的杷樵村寨。

那里是繁荣的，黄金和珠宝就系在人们腰间的小兜里。小摊上，当地产的雪白的象牙筷、新加坡的真丝、巴西的咖啡、斯里兰卡的宝石、葡萄牙的橄榄油、阿富汗的乳香……应有尽有。但那里又是廉价和恐怖的，五十块港币可以得到一位风韵多情的越南少女的美妙一夜，运气好时，一张模仿的唐代仕女图，就能变成一笔足够买一栋小洋房的巨款，当然，还得提防半夜有人用刀对准你的脖子逼“油水”。

女同胞们一放下包，就成群结队地涌往哨所边的哈尼族小寨，她们大多是第一次来边境。自然，小贩手中的那带着镀金小链的发卡，一按就开的自动伞，还有巴黎产的半透明尼龙紧身衣、汉城（现称首尔）的“美的你”口红、夏威夷的“香四方”浴皂，对姑娘们都有特殊的诱惑力，时髦货嘛！

呵，她们多么像秦黎，那个刚到昆明的秦黎。两年了，整整七百二十天，我的好姐妹，你独自长眠在这遥远的边陲，该是何等的寂寞和孤独！我一刻也待不住，独自朝哨所西边的那片丛林走去。

消逝了的往事，又浮现在眼前……

那时，正值那场南部边境著名战役刚刚结束，硝烟又见重新燃起的时刻，我们总队医院根据上级指示，抽调一批医务人员协助野战医院，奔赴边防巡诊。我和秦黎刚从军医大学进修回队，就赶上了。那是一个暮色冥冥的傍晚，李队长带着我和秦黎正穿越贡川山脉的一片原始森林朝距边境不远的一个伤病员点进发。

时值三月，正是南国黄梅季节，一上路，我们遇上了糟糕的天气，吉普车不时在泥泞的山路上打滑。

“唉，今晚怕是赶不到了。前面可能有村寨，先歇歇赶明儿再走吧。”

坐在后面的秦黎一听李队长对司机这样说，用手臂捅捅我，说了句耳语：“又是馊主意，哎，提防着点！”

我知道她指的是什么，便诡秘一笑，用家乡话对她说——我们用这种方法对付外人，“阿拉是块柿子饼，没人起眼。侬是小金鱼，可得当心嗜猫咪哟！”

“侬个家伙加坏了！”秦黎照准我的大腿就是一把。

“哎哟，痛煞痛煞！”

李队长眯着那双小眼睛，转头朝我俩的脸上重重扫了一眼，说：“两个‘阿拉’，又在寻什么开心呀？”

秦黎没好气地板起脸，冲着李队长的后脖子说：“当心汽车拐弯。瞧，前面是什么人？”

我以为她在吓唬人，果真，在李队长不大甘心地转过头的那一刻，我们都瞧见暮色下的雨中两个人飞奔而来。渐渐地面目也清楚了，原来是两个全副武装的武警战士，气喘吁吁地拦住了我们的车。

“同志，有人从这儿过吗？”瘦高个问。

“脑壳光光的，穿着一身黑囚衣。”矮个用手比画了一下，嘴里同时骂道：“老子抓住他非崩了他不可！”

“是逃犯？”我们探出头问道。

“唔。”瘦高个见我们戴着国徽，像遇到救星似的。“好极了，你们也是武警！哎，能帮帮忙吧？这逃犯昨天晚上越狱后，很可能要逃出国境。”

枉当个武警，能见敌情撒手不管吗？李队长皱了皱眉头说：

"这样吧，杨敏你和司机辛苦一下，随这两位同志在这一带搜搜看。小秦胆小，留下和我把守前面的路口，顺便看车。"

亏他想得出。"哼，小张，咱们走！"我朝司机一努嘴，又瞟了秦黎一眼，便随两名战士一起入林搜捕。

边陲的雨夜，显得格外昏暗，在这沉静的漫无边际的黑森林中，我们就像大海捞针。两小时过去了，我们拖着满身泥土，垂头丧气地回到原地，一无所获。

前面，车灯亮了。李队长从车内腾地跳出来，说："杨敏，你们怎么只有四个人！秦黎呢？"

"什么，秦黎？"我觉得奇怪，"她不是留在这儿守车吗？"

李队长那双与上身比例失调的腿在地上一蹬，嘴里连连说道："坏了，坏了！"

见他急成这个样，我忙问怎么回事。

"这，这……"李队长的头像铃铛似的晃着："你们刚一走，她就吵着也要去追逃犯，转头就朝你们去的方向走了！"

"你！"我气得几乎要把"混账"骂出口。"好啊，要是秦黎出了什么事，我就到总队告你！"

"告不告是小事，现在找人要紧。"司机说。那位瘦高个也接话："这一带敌情复杂，又是原始森林，咱们赶快分头行动！"

夜间看不清李队长那张脸是怎样的难看。这当儿他才像个队长，只见他冲着司机喝道："还愣什么？给我找！"

"秦黎！"

"秦黎！——"

在霾雨纷纷的山谷森林中，我们几个嗓子全都喊哑了，喊声被呼啸的林涛声所淹没。一切的努力都成了徒劳，当黎明的微光出现在树林的"天窗口"时，我们还是没见秦黎的影子。精疲力竭、神情憔悴的李队长只得下令撤离原始森林。

秦黎，我的好妹妹，你在哪里呀？后来，我才从一个逃犯的口里知道她的事迹。

原来秦黎见李队长只留下她一人，心里觉得很不是滋味。胆小！哼，我也是个武警！任性的姑娘就像一头不怕虎的初生牛犊，“我同杨敏他们一起去抓逃犯。”扔下这几句话，便朝朦胧的密林中走去。

“小秦，回来——你去有危险的！”

秦黎厌恶李队长那男不男女不女的细嗓门，心里骂道：“有危险，有危险，别人就没危险了？”她恼火地将撞在肩头的一枝刺尖儿折成两段，片刻，那个后背晃荡着红十字卫生包的背影，便在森林深处消失了。

秦黎见地上的一丛枝杈草稞被踩踏过了，隐隐约约看到前面几个人影伴着“叭咔叭咔”的响声在朝林中走着。

“杨敏！小张！——等等呀！”她边喊边追赶着。咳，这俩人真差劲，叫了半天不回音。怎么，发现逃犯了？！啃，真是，他们朝我摆手呢？秦黎糊里糊涂地看见。对，不能出声，悄悄跟着他们。秦黎第一次体验这种既惊险又带几分传奇色彩的敌情追踪，她感到紧张离奇。眼前可不是那铺着打蜡地板的病室，而是陌生的大森林，并且前面就有凶狠残忍的逃犯。秦黎虽然未曾见过逃犯的狰容，但从看守劳改的病号那里听过许多骇人听闻的故事。据说新疆腾格里沙漠腹地的一所监牢，有个逃犯越狱后，在荒凉的沙漠中奔逃两天两夜还没有逃出戈壁漠地，口渴得只剩下一口气。这时，他瞧见一名放牧游民，便纵身跃起。“你、你干什么？”牧民呼叫着乞求着。那逃犯掏出一把匕首，抵在牧民的脖子上：“我要喝你的血，不然我就逃不出这沙漠。”牧民的喉管被割开了……“可怕！”秦黎心头打了个哆嗦。她想到有司机和杨敏他们，胆子稍稍大了些。“快跟上”她命令自己的双脚。

雨夜使丛林显得异常昏黑，秦黎不敢放松半步，双手不时左右扒着横在眼前的树杈刺藤。高高低低、弯弯曲曲，这是什么路？杨敏他们也真是，干吗老往密林里钻。“哎哟！”秦黎觉得脸上一阵刀割似的痛，用手一抹，啊，出血啦！她气愤地拉过那根刺条往下一按，抬脚狠命地连踩几下：“让你使坏！”

夜幕笼罩下的野林，如同被墨水泼黑的海，那千万棵水杉树、黄檀木、万年松等毫无规律地顺着起伏的幽谷丘巅漫无边际地生长着。秦黎仿佛登上了一艘行驶在浪尖的舟，双脚一高一低，心儿忽上忽下。不一会儿，秦黎那白嫩的脸上、手上布满一条条血痕，火辣辣地疼。她顾不得这些，过了长长的荆丛，前面是一片开阔的苏铁树林，秦黎又一次加快了脚步，心想，这次无论如何得跟上打头的司机他们。活见鬼，前面的人好像根本不知道她存在似的，越走越快。“看你们的坏样！”秦黎气得拔出手枪，自语道：“别以为就你们行！”她用手压住后背的红十字包，来了个冲刺。

这下终于追上了，她再也忍不住，上前给前面那个黑影不轻不重的一巴掌。

“呼都！——”黑影猛地掉过头，喘着“呼都，呼都”的气浪朝她直逼过来。她彻底看清楚了，那是两只长如胳膊的月牙形尖角……“野牛！”

秦黎“啊”的一声惨叫，只觉两脚落空，身子朝黑乎乎的山坡滚下去……。

她没有死，山崖边的一棵檀香树救了她。……不知过了多久，她才渐渐地苏醒过来。想挣扎着站起来，关节一软，又着着实实地摔了一个跟头。“小张！——”“杨敏！——”她拼命地喊着，但回答她的是一阵阵夹着“哗哗”雨声的林涛声。“完了，我掉队啦！”秦黎哭了，她又气又急又怕，浑身疼痛难忍，自己也分不清哪里受伤了，她到处摸索着，帽子不知丢到哪里去了。卫生包还勒挂在脖子上，她倏地触到腰间的手枪，对，用枪给战友们发出信号，电影里都是这样的。

“呼——呼！”枪响了，但子弹并未像流星一样划破夜空，没出多少米，就钻在遮天的大树枝下，枪声也没有像平时那样响彻云霄。在呼啸的林涛声中，仅仅像打了个喷嚏。

唯一的希望落空了，现在只有靠自己找出路，她感到头晕目眩，四肢发软，耳中嗡嗡乱响。秦黎拢了拢散乱的头发，在心中暗暗壮了壮胆，瞪大眼睛左右环视着。四周高高的丘陵，像城墙一般嵌臂搭肩，一丛丛参差挺拔的树木如同天兵天将。黑暗中，偶尔有三两点萤火飘起又落下，这不是鬼在眨眼吗？

她觉得自己仿佛陷入了魔窟，魔鬼已在向她扑来，“啊！”秦黎一声尖叫，害怕地用手捂住脸，顺势瘫靠在一棵树下……

东方渐渐出现鱼肚白，幽谷深林中万物隐约可见。在与我们的“白衣天使”相距几米处的草丛里，钻出一只饭铲头似的脑袋，上面两只圆溜溜的绿眼睛正窥测着这位陌生的来客，那细长的舌头在嘴边飞快贪婪地来回伸缩，并“嗞嗞”作响，探出草头的身子也在颤动着。进攻吧，乘来客正昏昏欲睡时。它动了，伸出花纹斑斑的头颅，又将脖颈鼓得大大的，三米、二米、一米……它缩回颈脖，将整个身子盘绕着贴在地上，这是冲刺前的准备。瞧，可爱的天使依然一动不动。哈哈，妙哉！它盯准那双白嫩的裸腿，猛地直起身子…

在同一瞬间，秦黎只听耳边“嚓！——”的一阵风声，她恐慌地站起来。

“谁？”她转头一看，只见不远处的一棵老榆树下坐着一个人。“你，你是人还是鬼？”秦黎惊恐万状，神经质地拔出手枪。

那人一直背向她坐着，不紧不慢地回答说：“这你甭管，还是先看看你脚下吧。”

“啊！”秦黎刚一低头，两脚就像弹簧似的蹦起三尺高。原来，就在她脚边一条足有五尺长的眼镜蛇正直僵僵地躺在那里，地上一大摊血。

脸色苍白的秦黎许久才从惊骇中缓过气来，她不好意思地扯了扯歪斜的衣衫，怀着感激的心情，朝坐在那边的人走过去。

“同志，谢谢您救了我一命。”

“谢谢？哈哈。”那人轻蔑地一笑，把身子转了过来。

“啊！”秦黎突然像见了一个比眼镜蛇更为可怕的怪兽。她哆嗦得话也说不上来，“你，肖歉？”

“不错，亲爱的。”肖歉一副讥讽的神态，两眼直盯着秦黎。“你的记性比我想象的要好。”

上帝，真是他吗？披着一件破烂不堪的黑上衣，如同地狱里钻出来的鬼魂……不，不可能，肖歉可不是这个模样，他有一头让人羡慕的乌发，脸色一向泛着健康过盛的光彩，也不曾有胡子。秦黎怀疑地摇摇头，但又马上睁大了眼睛——是他，那脖颈上一块“×”形的伤疤，就是毁了容，我也能认出他是肖歉——我日夜思念的情人啊！

秦黎的身子无法承受这意外的强烈刺激，她顺势靠在树上，两眼一片模糊……

上海市，一幢法式别墅的围墙上，一张张大字报和巨幅标语，将这座19世纪的石垒围墙贴得严严实实。其中有一幅一人高的标语特别醒目，上面写着这个年头最响亮的口号。

“新闻联播”节目后，洋房四周一片静谧昏暗，路灯无力地在风中忽闪着。一位身穿黄军服，年约十六七岁的姑娘挽着竹篮，正朝着这边走来。她就是当年的秦黎。这一晚，她又是来给爸爸好友的儿子，自己的同班同学肖歉送吃的来的。肖歉的父亲是上海一位有名的古董古画收藏家。当年陈毅市长曾向周总理介绍说，肖公是国宝。周总理听后，欣然秉笔写下了四个大字："国宝肖卿"。但是，这位"国宝"在"文革"中并未能逃避荡涤。在造反派闯入肖宅，准备大发横财之时，收藏家忍无可忍地拿出周总理的亲笔题词，才使两千余件国宝免遭浩劫。后来，肖歉的父母被押送到崇明岛上的一个农场改造。于是这幢萧条的别墅门口除了两个戴袖章的"看门狗"外，肖歉成了唯一能在这幢价值连城的收藏私宅里进出的人。十七八岁，这是个不知饥饱的年龄。离开父母后，肖歉整天六神无主，常常几天不起火，别墅斜对面的那个油条小铺不知何因也被封了起来，从此，肖歉几乎绝了生路，那张小脸一天比一天消瘦。

"秦黎，你是细娘家，烧饭炒菜不成问题，得多帮小歉一把，啊！"一天，秦黎到杨树浦一个关押旧市委领导的"牛棚"里探监，父亲拉着她的手对她说。他和肖歉爸爸有过生死之交，20年代在上海搞地下工作时，一次党内出了叛徒，是肖歉的爸爸冒着生命危险将他隐蔽起来，逃过了敌人的追捕。共和国成立初期，在国家困难之时，收藏家又将父辈留下的三十万元财产捐献给了国家。"这样一位爱国商人，我们党应好好照顾。"秦黎不止一次听父亲这样说。她答应了父亲的要求。在那动荡和恐惧的年代里，肖歉需要人，秦黎也需要人。于是，这对父辈密友的儿女，成了一对早绽蓓蕾的情人。

这天夜晚，当秦黎挽着竹篮走近别墅拐角处时，突然被眼前的情景惊呆了——只见肖歉像上"十字"架似的被挂在墙上，五六个歹徒朝他身上拳打脚踢，嘴里还不停地威逼着："答应不答应，说！"

"休想！"肖歉愤怒地骂着，"你们不是好人，我家收藏的东西是国宝，一件也不能拿走！"

为首的一个大个子掏出一块手绢，假装一副慈悲样给肖歉擦了擦口角上的血，说：“只要你每天兜里装一件东西出来，我保你老弟有吃有穿，甜甜蜜蜜，怎么样？”

肖歉怒目而视，斥道：“你们搞走私，把国家文物卖给外国人，这是犯罪，我决不干！”

“好小子，敬酒不吃吃罚酒。”大个子从腰里拔出一把弹簧刀，托起肖歉的下巴，在他的脖子上划了一个“×”。

秦黎吓得竹篮掉地，拔腿就跑，嘴里拼命喊着：“救人哪！——有人要杀人！”谁知，当她第三声还没喊出，嘴巴就被一只铁扇似的手掌封住了。她被歹徒截住，并被押到肖歉的面前。

“看，阿妹长得蛮标致，怪馋人个！”大个子咧着一张歪斜的嘴脸，上上下下把秦黎打量了一番。一旁的歹徒们被头头的那副嘴脸惹得哈哈淫笑。

“没错，够哥们享受的，哈哈……”

秦黎气得恨不得上前扇他两巴掌，但她无法动弹，手脚全被捆得结结实实。

“怎么样，咱们讲讲条件吧！”大个子走到肖歉跟前，说：“要不，跟我合作，要不把她留下，我相信你会知道，我的这几位兄弟对付小姑娘的本事可不一般哟！”

“大哥说得对！”歹徒们附和着，发出阵阵淫笑，说着，就像一群饿狼似的朝秦黎扑来。

……

“肖歉！肖歉！”秦黎泪流满面地张开手臂呼唤着。

“在这儿，拿去！”一个阴森森的声音响起，带着命令似的口吻。

她睁开眼皮，只见手里抓着一块血糊糊的东西。“啊，这，这是什么？”她吓得把东西扔得老远。

“还是把它拣起为好，也许野猪肉能救你一命。”那个光脑袋在晃着。

是的，饿极了。秦黎本能地拾起被她扔掉的那段野猪腿。嘀，还是一只完整的后腿呢！她真想一口把肉吞下去，可这，怎么吃呀？毛茬茬的，血腥气熏得她阵阵恶心。平生她最怕吃生物了，何况野猪又是那么的吓人。

肖歉见秦黎不动嘴，便马上明白了。“有火柴吗？”他问。

“废话，假若带了火柴我就可以点蜡烛了。”她摇摇头。

肖歉眉头一皱，转身向一棵粗大的树心已经变空的枯树跑去，从树洞内抱来一堆干柴。然后从地上拣起两块石块，“嚓嚓”几下，嘿，火苗嗖嗖地燃着了柴火。真有他的！不一会儿，秦黎闻到一阵烤肉的香味。

“啊……”她本想叫他小名，但望着火光中那张既熟悉又陌生的脸，又咽了回去。“你……怎么到这儿来了，这两年多为什么不给我回一封信？啊……你知道我多恨你，又多……想你。”

肖歉狠狠地瞪了她一眼，没有答话。“啊，你说呀，为什么到这儿来了？”秦黎上前抓住他的膀子摇荡着，眼里是哀求的神色。

“因为监狱太闷，我不想待。”他没好气地说。

“什么，你就是……逃犯？”秦黎张大了嘴。肖歉入狱，她是知道的，而且是最知情的人。两年多来，她的心头一直是沉重的。肖歉走上犯罪道路，与她秦黎是有直接关系的。要不是为了不让歹徒糟蹋当年的她，肖歉是无论如何不会上贼船的。秦黎虽然早知肖歉因走私文物而入狱，但这几年中她始终不渝地把爱奉献给曾经有恩于她的青梅竹马的心上人，她曾无数次默默祈祷过，希望肖歉能通过监狱的严厉管教重新做人。她是那样爱他，在旁人的眼里简直不可思议。一个父亲已官复原职并当上了大都市市长的女孩，竟与一位囚犯相爱。父亲和那些市委大院里的伯伯阿姨们给她介绍过多少对象，有出国留学的研究生，也有电影制片厂的演员，但她连见都不见，她把自己关在小屋里给狱中的他写信。在部队医院里，魁梧英俊的年轻参谋，斯文秀气的宣传干事，还有院长、主治大夫的公子，整天像蜂儿迷着鲜花，喋喋不休地向她献殷勤。她带着微笑周旋，心儿却飞到了那遥远的铁窗里。“不可理解！”小伙子们失望地摇头，伯伯阿姨们感到惋惜，连她爸爸也责备她“简直不成体统，我就说《流浪者》的电影不能放”。然而，谁能理解秦黎心中复杂的情感呢，她对肖歉的爱，如同丽达对拉兹的爱一样深。那天，肖歉被几个警察“当啷”一声推进囚车带走时，也正好是秦黎接到入伍通知书的当天，当她听到恋人的不幸消息时，当场晕倒了……

当她第二天清醒过来时，赶忙给肖歉写了一封倾诉衷肠的长信“……十年徒刑虽然将你的青春全部付于漫长的改造之中，但我始终不移地爱你，只要你拿出百倍的勇气重新做人。”她在信上这样说，并且随信一起寄去一本《牛虻》和车尔尼雪夫斯基写的《怎么办》，以及他所喜欢的奶糕和二锅头酒，但是，不几天寄出的信和东西全被退了回来。后来，她又写了十封、百封的信，命运却都一样，她再也没有得到过有关他的音讯。想不到在这茫茫原始森林的迷途中，竟然意外地见到了他。这本来是一件令人高兴的事，可眼前却横着一条鸿沟，一个逃犯，一个武警；一个为了追捕他险些丧命，一个为了求生千方百计逃避追捕。

“一点不错。武警阁下，你准备怎么样？”肖歉坐在火堆那边，两眼直逼着秦黎。

她被问住了。

“我觉得奇怪的是你为什么搁着风光迷人的春城不待而到这儿？”肖歉问，“是参加追捕，可就你一个？”

“我……”秦黎想把真情告诉他，可又说不出口。

“嘿嘿，不说我也看得出。是迷路了？”肖歉见她不吭声，便知自己猜对了。他打量着秦黎那副浑身泥土，衣破肉裂的样子，心头倒添了几分怜悯。

“你知道这红河边的森林有多大吗？我记得那次押送我的囚车，整整在林中穿越了两天，这倒不说，那林中的野兽又有多少？”肖歉拎起那截野猪腿，说道，“瞧，就是这家伙昨晚险些把我吞了，哈哈，可现在它是我的美餐。”接着他把烤焦了的野猪腿扔给了秦黎。

“不，你给我拿开！”秦黎吼着往后退。她饿，但再不想吃这令人生畏的畜生。

“哈哈，这与你的身份相符吗？”肖歉嘲笑她。

“你，你给我滚远一点！”她又气又恼，竟说出了令自己也感到后悔的话。

肖歉为之一震，两眼直盯盯地看着她。

“你想干什么？”秦黎感到眼前的人陌生了。他，不是她的肖歉，而是一个囚犯，一个越狱的囚犯。她本能地往后退了两步。

沉默，无声的沉默。肖歉像只被激怒的犀牛，转身就跑，但双脚并不那么利索，原来，他拖着一条被野猪咬伤了的腿。他“哎哟”一声，险些栽倒，多亏旁边有棵树。但他没有停住，依然拐着腿向前走去，地上滴着一串血迹……

“站住！”突然，身后响起一声严厉的命令，他机械地站住了。在监狱，他听惯了这不可违抗的命令，肖歉转过头，见一支乌黑的手枪对着自己。他像刑场上的死囚，默默等待执法者的判决，她有这种权利——一个武警对一个逃犯。

她没有那样做，相反却走过来道歉：“请别误会，我不是那个意思。”

那么是哪个意思呢？他心头升起一股怒气。

她蹲下身子，提起他的裤腿：天，碗口一样大的伤口。

“蹲下！蹲下！”汗珠从她额上倏然滴下。

他一动不动。

“你，你蹲下——”她几乎在乞求，泪水直在眼眶里转。他好像根本没有听到，宛如一尊塑像。

她顾不了许多，双膝跪在地上，从药包内取出酒精、双氧水、纱布、消炎粉和剪子。血肉模糊的伤口上泛起一层肥皂沫般的小泡。渐渐的，小腿的四周出现了红晕，深深的布满齿痕的伤口中渗出一缕缕鲜血，两大卷棉絮已无济于事。秦黎解开罩衣，“哗”的从贴身的白衬衣上撕下一条，紧紧绑住伤口……疲乏地坐在地上。

“塑像”终于有了感觉，此时，他感到热血渐渐地在躯体上沸腾起来。他俯下身子，伸出黑色的袖子想给她擦汗，他又皱了皱眉头，那囚衣肮脏又粗糙。他便干脆用手臂贴在她那湿漉漉的额头、脸上。

她没有拒绝，只觉得脸颊上、额头上是那样柔软舒适。噢，有多久没有得到这种柔软的抚慰了？第一次是在什么时候？对，是在苏州河边的“江北棚”里……

乌黑的苏州河边，一栋高楼的后侧，有间用煤碴砌起的油毛毡房。这是20世纪40年代，逃难的苏北人来大上海谋生时盖的。所以，老上海人称它是“江北棚。”

小屋内，一位少女盖着一条军用被子躺在单人床上，不时说着胡话。

“黎黎，好点了吗？”一个少年从门外进来，双手托着几个热腾腾的馒头，“吃吧！刚出笼的。”

秦黎没有食欲，像受惊的小鹿，拉起被子将头盖的严严实实。“阿歉哥，我怕！”

“不用怕，黎黎。他们抄你的家，抓走了叔叔阿姨，你再住在市委大院反倒不安全。”肖歉像位成熟的男子汉，安慰她说。

“瘦王头他们还要把我送到崇明农场去。”

“放心，他们找不到你。这间房是我家保姆的，她回盐城去了，你先住着躲躲风头。”肖歉把馒头放在床边的木柜上，“等一会我回家给你再抱床被子，暖和点。”

秦黎惊恐地从被窝里伸出胳膊，拉住肖歉，说：“你别走，别走，我怕！”

肖歉俯下身子，手搁在她那发烫的额上，深情地说：“好，我不走。”

秦黎幸福地淌着泪水，眼中是一张英俊的脸……

……

“你别走，啊，说话呀！”秦黎喃喃地说着，她的眼里是一片虚幻。

“请原谅，这儿不是‘江北棚’。是森林，一望无边，野兽出没的边境原始森林。”

她睁开眼皮，回到了现实。是的，周围依然是一片森林。眼前，不是那温顺而英俊的脸，而是一个被残余的日光照得发亮的秃瓢。她打了个冷战，从地上噌地站起来。

许久，她问他：“你准备到哪儿？”

他讥笑一声：“说出来不等于自投罗网？”

上帝，他变得连真话都不愿说了，岁月沧桑啊，大概是因为我这身警服的缘故吧，可我们毕竟是相爱多年的……情侣。她想，不能再放跑他了。也许，过去是因为她的原因他才上了贼船，那么今天，自己就更有责任挽救他了。她掖了掖警服，感到自己有双重责任。

“你知道，越狱是要加刑的！”她提醒他。

“所以，我要尽一切可能，甚至不惜冒死亡的危险避开追捕者。”

“也包括我？”

“对，所有穿警服的人，对我都一样。”他的目光带着挑衅。

秦黎耐着性子，规劝道：“那样做，对你没有好处。”

“好处？嘿嘿。”肖歉轻蔑地一笑，“从我来到这个世界的那天起，就没有得到过什么好处！”

夜幕笼罩的莽林一片寂静，四周黑乎乎的天地难分。唯有眼前的那堆篝火仍在闪着点点火星。

“肖歉！——”她喊着，无人回答，但耳边传来一阵阵微弱的呻吟声，秦黎侧耳聆听，是的，就在不远处。她搜寻着，发现肖歉昏倒在潮湿的地上，这是连日奔逃的劳累所导致的。秦黎蹲下身子，将他的头搁在臂弯。他的脉搏很虚弱，秦黎赶忙从药包里取出两支口服葡萄糖，慢慢喂入他的口中。

“热，热死人啦！”他又叫唤又蹬腿，双手扯着衣领。

“发烧啦？”秦黎一摸他的额头，不觉大吃一惊。“赶快上急诊！”她像火线抢救伤员一般，不知哪来的劲，一下将肖歉背在肩上，她刚想迈步，却又茫然了，天，这上哪儿急诊！

夜空开始下起蒙蒙细雨。

秦黎抹着脸上的雨珠，心想，现在最要紧的是让病人有个地方避避雨，否则一旦高烧不止，就会性命难保。她喘着粗气，像背着——倒不如说是拖着一只死猪似的艰难地翻过大坡，向一片芒果林走去。前面是什么？像扇齐天大门似的，连苍穹也被蔽住了半截，走近再细瞅吧……哟，是大山的一面崖壁，她把病人放在一块避雨的石凹里。思索着，端详着，面对连天的山崖悬壁。

“没良心……我不救……我不救！”

唉，他又在说梦话了！秦黎瞅着昏迷不醒的肖歉，感到一阵内疚，真是没良心，人家救过你多少次？现在轮你来救他时，为何这么无能？她不由焦急不安起来。

突然，她发现了岩壁上的奇迹，在十米之外的一个草窝里，藏着一个黑咕隆咚的山洞。秦黎像哥伦布发现圣玛利亚岛一样兴奋，她赶忙背起病人，心想，进山洞可以让肖歉好好休息一下，至少不挨雨淋。

这是一个外表极普通的猫儿洞。在走到距洞穴五米处时，秦黎感觉双脚猛地一滑，身子猛然失去重心，随后，就像旋风似的朝下直滚……

“肖歉……肖……”她张开双臂，在黑暗中翻滚呼喊着。“他，他到哪儿去了？肖歉！”呃，这是在干吗，天翻，地覆。她刚想呼救，就听到一声撕心裂肺的惨叫：“啊呃！啊呃——”

是肖歉的声音，他怎么啦？停，快停住。她将四肢全部用上，像扳动受惊的马车上的刹车闸一样，足踩手抓，抓住，要抓住一个什么东西才行，好，抓住了，身体总算平衡了，她好像是有生以来第一次在危险中救回自己的生命。她体验到了生命对一个人的宝贵，生命就像放在兜里的一颗珠子，说不定啥时就丢掉了，也说不定啥时又失而复得了。她尝到了这种滋味，一个重生者的滋味。

她的双手抓得很死，但两脚却是悬空的。当她意识到自己是吊在一个洞穴的边缘绝处时，吓得差点松手。好不容易，她才手脚并用脱离险境。

好黑呀，没有一点儿光。耳边，是一阵阵寒冷的阴风，像从鬼嘴里吐出的气儿。秦黎浑身颤抖，她屏住呼吸，窥视着洞内的一切……隐约，她的耳边飘过一丝声音，是谁在喊，为何这般遥远？

“黎，黎黎……”听清了，肖歉，是他！这时秦黎才猛然想起刚才自己肩上的病人，她赶忙在黑洞中摸索着，喊道：“我在这儿呢！”

"疼！疼……"肖歉痛苦的呻吟声一声高过一声。

秦黎这才判断清楚，原来他在洞底下，她急得欲跳而又止。秦黎忽然想起药包内有几支医院发给他们每个边防巡诊人员的蜡烛，可没有火呀！她摸摸空空的口袋，眼前忽然一亮，肖歉不是用石头取火吗？她顺手抓起两块小石头，把蜡烛夹在大腿中间，然后"嚓、嚓、嚓"几下，嗬，蜡烛真点着了！

顺着烛光，她探头一看，原来脚下是个约莫一层楼高的垂直的洞穴。洞穴四壁青苔湿润，险石峻峭，这可怎么下去？！

洞穴内，肖歉仍在不停地哀嚎着，声声如锤敲在女军医的心头。她把心一横，先把药包扔了下去，要死就一块儿死吧！秦黎从未选择过这等英雄行为，只见她双眼一闭，"蹭"地一跃，那姿势就像笨拙的熊在跳水……

老天保佑！秦黎惊喜地感到除了屁股一阵麻木之外，一切大吉。她的神智已经彻底从虚空中清醒。

裤子怎么湿乎乎的，她一摸，嗨，原来自己掉在厚厚的淤泥上，秦黎将额贴在泥上，热泪哗哗直淌："慈悲的老天！"

"呀，疼死我啦……！"

她又被一声哀嚎惊醒，转头一看，原来肖歉就在离自己不远处的淤泥中呻吟挣扎着。她不顾一切地爬过去，拉住肖歉的手。

"肖歉，肖歉！"她忘情地将他抱在怀里，好一幕生死离别啊！

秦黎摸了摸他的额头，感觉有股热乎乎的液体在蠕动。"是血！"啊，他伤得不轻哟！她打开药包，又投入了一场紧张的包扎战斗。

包扎完毕，她刚想靠在石壁上歇会儿。"热！热！"肖歉突然疯狂地将身子一挺，那颗光溜溜地脑壳直顶她的下巴。

"你想干什么？"她吓了一跳，低头瞅见那个令人作呕的脑壳。

"我不干，我不干了！监狱长……热！"他躺在她怀里继续大声嚷着。

“监狱长？！”秦黎将脸朝他额上一贴，啊，他还在发烧！她赶忙将他紧搂在胸前。“也许出身汗就会好的！”她搂紧了些……突然，她又猛然推开他，她感到自己丰满的乳房接触到了异性的体温，被一颗沉重的头颅压得痒痒的，好羞涩哟！

“滚！”她把那颗光溜溜的脑壳从怀中推出。但马上她又后悔了，她看到他宽宽的额头下那道浓浓的眉毛。很早很早以前，她在外滩公园的江堤上曾吊着他的脖子说道：“将来你一定是个有出息的人，阿歉哥。”“为什么？”他问。“因为你的眉毛很伟大！”他得意地反问：“是吗？”“嗯！”她幸福地点点头……

她想着想着，又将那颗光溜溜的脑壳搂在胸前，贴在自己剧烈跳动的心口上……她的头开始发胀，意识开始模糊……

“渴，渴！”他醒了。

她也醒了，“啊……你好了！”她想亲昵地叫声：“阿歉哥”，但没有喊出口。

“怎么这么黑，是夜里？”他的双手乱摸起来，在她身上。

“别动！”她不高兴地挪到一边，再次用那原始的“击石取火”法。又一支蜡烛在狭窄的洞内点燃，照亮了她和他。

“山洞！”他瞪起眼睛：“干吗到这儿，那么湿？”

“发烧的人是不能淋雨的！”

他明白地点点头，又摸摸头上的纱布，感激地瞥了她一眼，然后吃力地支起身子：“走，总不能老待在这个鬼地方。”

“我们是从十几米的直洞里坠下来的，哪儿也出不去。”她沮丧地抬了抬眼皮。

肖歉默默地点了下头，然后自信地说：“那么咱们走这一头。”他指指淤泥旁边的一个矮洞。

确切地说，这矮洞只能当作是一截裂缝。左右上下，也仅仅只有两个肩膀过得去，就这还得挤。秦黎跟在手拿蜡烛的肖歉后面，只觉浑身的皮肉如挫在尖锐的刀刃上一样，疼痛难忍。稍不留意，那一丛丛凹凸不平的石笋就会刮上你的鼻尖，“吻”上你的嘴巴。臂膀与膝盖处的衣裤，被一块块地撕烂，剩下的就是皮肉与石头的较量。

走出矮洞，是一个又陡又滑的斜洞。

“我的妈，能走其他路吗？啊！”秦黎已经落后了一大截，她发泄地说。

肖歉摇摇头，说：“也许前面有，咱们先歇一会儿。”他的后背刚刚贴到石壁上，突然，头顶上“噼里啪啦”地落下无数石块。“不好，快跑！”肖歉拉起秦黎的胳膊，飞快地朝洞里奔去。

“轰隆！——”身后随即传来一阵震耳欲聋的巨响，他们回头一看，天，洞没啦！

秦黎吓得死死抓住肖歉的胳膊，说“我、我不走啦！”

肖歉顺势将她搂在怀里，他的心突突地跳起来。是的，以前他曾不知多少次这样保护过她！记得上小学时，一天有个小瘪三拉住秦黎要抢她的金星钢笔。他见了，上前就给那个小瘪三一顿揍。“阿歉哥，你真好！”肖歉听了这话，感到特别自豪，胸脯一拍，对她说：“黎黎，放心好了，以后谁再欺负你，就来找我！”她真的这样做了，他也决不食言。开始是出于男孩子的好强，后来，这种好强渐渐变成了义务。“她是我的。”她自己也愿意这样，“阿歉哥，有你我就不害怕。”是的，有我呢，别怕。啊，多少日子，自己没有履行这样的义务了？！没错，整整三年，一千零九十五天，有多少个夜晚肖歉突然从噩梦中惊醒，他梦见黎黎——自己的情人被歹徒半路截阻。每当监狱的熄灯号响起时，他就为她祈祷，祝她平安无事。但一进入梦乡，他就感到恐惧。有一次，他梦见一帮赖皮抬着一个独眼秃头的老头，说要和黎黎成婚，黎黎泪流满面地求他帮忙。“你敢，劳改犯！”“动一动就枪毙你！”赖皮们当着他的面，将他的情人抢走了。他哭了，哭声惊动了管教人员。“怎么啦，03号？”一名管教人员推醒他，说：“上午八点，到传讯室汇报你的思想。”那话语和目光充满敌意。肖歉受不了这种审视和怀疑，他发疯似的跳起来，揪住管教人员的衣领，大声喊道：“告诉你，我要逃跑，逃跑！——”后来，他挨了三十警棍。皮肉的伤痛，并没有扯断他的眷恋之情，铁窗也隔不断他对她的思念。难道囚犯就不是人，是人就有爱，何况，他是为她才戴上脚镣手铐的。

“你好像很冷？”他说，“来，把手放在我的胸口。”

她顺从地听任他摆布，当她那双温柔的手触摸到他粗糙的囚衣，她立刻又把手缩了回来。“我们还是走吧！”她掩饰着内心的矛盾说道。

他微微吃惊，随即答道：“随你吧。”

山洞在地面深处继续延伸，就像一个无底的鬼窟。两人脚下踉跄着小心摸索前行。

“现在几点了？”他问。

“十二点。不，应该是零点。”

“这么说，已经进洞六个小时了。唉，真饿，要是把昨晚打死的那只野猪肉都带上该多好。”他咂着嘴惋惜道。

他的肚子起了连锁反应。是啊，假若现在让她吃野猪肉，她绝不会拒绝的。

“还剩几根蜡烛了？”他又问。

秦黎把手伸进药包，陡然变色道：“哟，还有……一支了！”

“也就是说，我们必须在三小时内找到出口，否则就会葬身此洞了。”肖歉脸色严峻。

秦黎一听，紧张得差点连蜡烛都掉在地上，说：“那咱们赶快行动啊！”

两人一前一后，仿佛被猛兽追赶着，上气不接下气地攀岩走壁。穿过一段水平通道，忽觉眼前一道白光耀眼眩目，再走近些，光如白昼。

“啊，出洞了？”秦黎拉住肖歉，独自走到前面。她高兴得大声欢呼，随即又感到惊奇：“看天地间怎么一片亮光？”

是啊，现在是午夜，天上不该有太阳或月亮的，肖歉也大为疑惑。

“快，快看……那是什么？”秦黎尖叫一声，躲在肖歉的身后。

肖歉以为遇见了什么猛兽。这，在神秘的古洞内不能不防。当他顺着秦黎指的方向望去时，不由地也倒退了两步。在他们的眼前，站着一个顶天立地的怪兽，那粗粗的身子，头顶一只大如巨磐的帽子，通体透明。是白玉罗汉，还是人们常议论的天外来客？它们挡住我们干吗？肖歉浑身一阵战栗，但在秦黎面前不能失了男子汉的气概。

“别怕，我在前头走，你在后面跟着。握着手枪，必要时开火。”他对她说。

两人如临大敌，一步一步向前逼近。然而“怪物”岿然不动，好像对他们不屑一顾，这使肖歉和秦黎更加胆寒。他的拳头握得掌心出汗，她的食指一刻不离扳枪。三十米、二十米、十米、五米……肖歉正要向前挥出那一拳时，突然他的双脚像打桩似的一动不动，全身肌肉也一下放松下来。

“唉，什么怪兽，是蘑菇，一个石蘑菇！”

“什么，石蘑菇！”秦黎从未听说过这个名词，她依然惊恐地在肖歉的腋窝空档里端详着这个“怪物”。没错，真是一个高达二十多米，伞盖顶天遮地有半个球场那么大的巨型石蘑菇。她猛地省悟过来，根本没有出洞，而是到了一个地下钟乳天地。

上中学时那有限的地理知识告诉她，在我国南方岩溶发育地带，几十米，甚至几百米的地心深处，常有一种溶解能力极强的酸性石灰岩地层，在剧烈的地壳运动强烈挤压、撞击下，形成一个个千姿百态的洞穴。他俩都是南方人，虽然在无锡、桂林和昆明见过类似的“喀斯特”，但这般壮观的奇观异景还是头一回见。

秦黎惊叹不已。

“知道这是什么石吗？”肖歉抚摸着通体透明的石蘑菇问道。

秦黎摇摇头。

“这叫卷曲石，你到洞的这边来看。”肖歉领着她绕过石磨菇，向洞内走去。

乖乖，秦黎完全被眼前那一片明彻如镜、流光闪闪的洞天奇景惊呆了：这是一个宛如人民大会堂般辉煌的大厅，四侧一块块石壁上，一幅幅稀世图案胜似名家高手精雕细刻。观其状，有的似仙女下凡，白云婆娑；有的似石窦玉笋，玉兔楼台。那盛开千万瓣的菊花，苞蕾鼓胀的海棠，含露欲滴的银荷……更是以假乱真，扰人眼目。石厅顶部，根根垂下的钟乳，细如引线之针，粗如合抱苍松。短的尺寸之间，长的顶天立地。

“宫殿，绝顶的艺术宫殿！”秦黎伸开双臂，恨不得将整个石厅拥入怀中。

“去年夏天，我们监狱里有一位判死刑的地质工程师进山运石时发现过这样的山洞，结果被减刑释放了！”

秦黎不解地问：“凭什么？”

“凭卷曲石的价值，就是我们刚才看到的那种奇形怪石。听他说，地质上有句俗语，叫作黄金有价，卷曲石无价。你想，发现一个卷曲石洞是什么价？”

秦黎听了，像品出了什么味，惊喜地拉住肖歉的手说：“把我们的发现告诉国家，你不是也可以立功释放了，啊？”

肖歉抽回手，冷冷一笑道："嘿，我不想当劳改释放分子。"

"那你想坐一辈子牢吗？"秦黎感到不解。

"一辈子？"肖歉突然咆哮起来，"哼，够了，我一天也受不了了！"

"所以你逃了出来？"她很矛盾，他是不该受那份罪的，可又不赞同后果严重的越狱行为。

"为什么不行？我才二十二岁，需要自由，需要炽热真挚的爱情！"肖歉双手紧握，两眼冒火。秦黎心头一震，他在怨恨我！

"你才判十年，出狱后，自由自在的生活还很长。"她找不到一句宽慰的话。

"遗憾的是两次越狱都未成功，刑期反倒加了一倍！"肖歉长叹一声。

秦黎惊讶得半天说不出话。这么说，要到四十一岁才能出狱！四十一岁，那是人生的什么阶段？那是迈入暮年的始发站，那时青春早已消逝。对一个女人来说，还有比这更可怕的吗？她真想大哭一场！

肖歉一动不动地站在那儿，唯有两行泪水从面颊上淌下。

见此情景，秦黎反倒可怜起他来，她上前轻轻替他擦泪，头慢慢偏向男人的胸脯，这是她的。

但是她被粗暴地推到了一边，"你，怎么啦……"她含着委屈的泪水说。

"哈哈……"肖歉突然歇斯底里地狂笑起来，"别做戏了，博士夫人！"

"博士夫人？你，你说什么？"秦黎满腹不解。

"装糊涂。"肖歉气愤地瞥了她一眼，然后从怀里掏出一个脏兮兮皱巴巴的牛皮纸信封，轻蔑地扔给秦黎。

"上海市人民政府。"秦黎见信封上有大红色字体的落款，奇怪地拆开一看，上面这样写着：

肖歉：

今天接到医院的来信，说你在狱中给秦黎写了许多信，他们把这些信全部转给了她爸爸。为什么要这样做，大概你也会猜到，对一个准备进军医大学进修的很有发展前途的干部子女来说，医院这样做完全出于对秦黎的负责。从秦黎的爸爸那里知道，你与秦黎是一对好朋友，并且你从歹徒的手中救过她，这是值得赞赏的。本来你们也许可以成为一对很好的情侣，将来可以结婚，也会有幸福。但是现实改变了这种可能。我们也必须冷静下来，重新做出选择。虽然这种选择对你来讲可能是痛苦的，但我不得不这样提醒你，一个囚犯，无论罪行轻微或严重，毕竟在他的脸上同样烙着一个永不消失的印痕。秦黎的爸爸是百万人口的一市之长，她本人又将很快成为一位很有前途的女军医，你们之间的差距在爱情的天平上很难平衡。再者说，近日秦黎的叔叔已经给她介绍了一位从美国留学回国的青年博士。市长女儿与青年博士成婚是很般配的，我在这里向你传达这一信息，同时希望你从此以后不要再打扰秦黎了，如果你真正爱她的话。

请自保重

蔡珍

秦黎不等看完信，就气得把信撕了个粉碎。“卑鄙！”她骂蔡珍——她的后母，一个讨厌的女人。是的，就在肖歉判刑的日子里，后母给她来信提过介绍对象的事，但她爱的是肖歉，也就根本没把此事放在心上。谁知后母便使出了釜底抽薪的伎俩，难怪她再也没有接到过肖歉的信。她向监狱发过几十封信，却都被填着“拒收”的字样退了回来。为此，她恨过他，觉得世上的男人个个都是毛竹的肚皮——没有心，她发誓一辈子再也不找对象了，等他出狱后，当面说个明白。

他轻蔑地瞟了一眼纷纷下落的碎片，不冷不热道："最凶狠的囚犯也不会凭空冤枉人，这一切该不是我编的天方夜谭吧？"

"你，你怎么能相信我后母的话！呜呜……"秦黎捂住脸，伤心地哭了起来。

"唉！——"他长叹一声，将身子斜靠在一根钟乳柱上，自言自语道："也许你后母说得对，囚犯与市长女儿是不可能结合的。"

"胡扯！"她感到他完全不理解自己，生气地斥道："你，你也这样认为的话就给我走！"

肖歉看看她，真的转过身走开了。

"回来！"又是一声吼！

他像触电似的立定。

"你好心狠，一别三年，杳无音讯。知道这一个又一个春夏秋冬我是怎样熬过来的吗？"她伤心地哭诉着，"父亲骂我鬼迷心窍，丢脸败家；医院骂我画地为牢，白日做梦。多少次高压逼婚，多少个纨绔浪子，我始终不理不睬，白天哼唱着丽达之歌，夜间编织着鹊桥喜梦，而你却——"

他缓缓转过身，半天才开口道："我受不了监狱的寂寞，更受不了感情的折磨，我对天发誓要逃出去，去找那个忘恩负义的……仇人。尽管她有权利远走高飞，但我还是要质问她为什么在我走进牢房，开始自我重塑的困难时刻抛弃我。虽然我知道，一个囚犯与市长女儿、革命军人之间的距离有多远，我并不企望得到二者的统一，我只想像过去一样，我们经常见面，经常手拉着手，无忧无虑地去江堤踏浪，上公园赏花，到街头高歌。多少次，我隔着铁窗喊她的名字，多少次见花色的衣衫飘过以为她来探监，又有多少次我在梦中惊醒，泪湿草枕……"

她在一旁抽泣。

他把整个心和盘托出，带着无限深情。

“然而，这一切都像飘逝的晚霞，留在我心头更多的是漫长的夜色。带着这样一种积郁和变态的心理，我一次又一次地谋划如何避开岗哨，逃出监狱，去寻找我丢失的爱和自由。这样的生活整整折磨了我两个春秋。第一次越狱没有成功，却因此患上了风湿性关节炎。第二次又失败了，回到监狱后，又是坐小号，又是加刑。但我不甘心，我还是想逃跑，只要两条腿没断，我就要逃。哪怕逃到天涯海角，历尽沧桑，我也要去寻找丢失的爱和自由。我本想带着你后母的信去报复你，但昨天在森林中邂逅你，我却失去了勇气。何况，你也成了一个迷途者。我们坐牢的人有个规矩，同是行路人，决不互相残杀。就是这样，我想，现在唯一能做的就是远远地离开你，到一个不被任何人知晓的地方去度过我的余生。我真羡慕书中的基督山伯爵和冉阿让。可惜，野猪咬的伤口使我失去了这种能力，后来就是你救了我，当然也差点把我送到阎王那里。”

秦黎内疚地咬咬嘴唇，小声说道：“都是这鬼洞。”

“可我还是得感谢它，是它使我们重新在一起了，更要紧的是使我弄清了以前对你的误解。请你原谅我的狭隘和偏激，接受我的感激之情。”肖歉“啪”的一声跪在地上。

秦黎一时束手无策。“别这样，别这样！”她扶起他宽阔的肩膀，泣不成声。“要谢罪要感恩的是我，不是你。当年是你从歹徒的魔掌中解救了我，付出了自由和尊严的代价。是我害你受了那么多苦，呜呜……”她伏在地上，号啕大哭。

“起来。”肖歉扶起秦黎，深情地说：“黎黎，我的好黎黎！”

“阿歉哥……！”她终于将多年埋在心底的爱倾泻而出，一头扑在他的怀里。肖歉将她紧紧地搂在怀中。

古洞肃然静立，仿佛注视着这对奇特的情侣。那千万支钟乳石笋上滴下的幽泉，叮叮咚咚地奏着旋律，尽管参差错落，但却激昂悠扬，令人心醉。

许久。

秦黎问肖歉："你打算今后怎么办？"

"天无绝人之路，我是豁出去了！"肖歉重新变得又有几分凶残。

秦黎摇摇头，说："我不相信这话，至少对你的选择例外。"

肖歉以为她怀疑自己的能力，分辩说："不相信？！嘿，我既然能逃出，就能摆脱所有人的追捕。"

"不见得。"她说，"现在你就站在一名执法人员面前。"他不以为然地一笑，道："你不会把我送回监狱去的。"

"恰恰相反，我比谁都坚决地要那样做。"

肖歉以为她在开玩笑，但见秦黎神情严肃，不由得也有些发慌："为什么？"

"因为我爱你。"

"哈哈……"肖歉听罢，哈哈大笑，那光溜溜的胸袋不停地摇晃着，"这我就放心了。昨晚见到你，我以为你早就不爱我了呢，还真怕你给我重新戴上镣铐，现在我彻底地放心了。黎黎，我的缪斯！来，让我再次热烈地拥抱你——为我们永不消逝的爱情。"

他伸开双臂，但被秦黎拒绝了。

"你想错了，正是因为我爱你，才希望你重新服法。"

肖歉突然收敛笑容，像一头被激怒的雄狮一样逼近秦黎。"原来你是个伪君子，又演了一场骗局，骗局！"他发疯地叫嚷起来，举起拳头，没命地捶击着石壁，鲜血顺着玉色的卷曲石滴落而下。石洞内，响起一个男子绝望的哀号。

秦黎急得直跺脚，委屈的泪水徐徐落下，她觉得肖歉并不理解她的一片苦心。“你不想想整日躲避，到处流窜，过着人不人鬼不鬼的生活，这会有出路吗？自由在哪儿，爱情又在哪儿？我不想以一个执法者的身份将你送回监狱，而是希望你自己回去，这完全是出于好意！”

“够了！”肖歉粗暴地打断她的话，“让我重新回到监狱，重新过那铁窗生涯，十年，二十年，而我现在只要再待一天就会发疯。那么漫长的岁月，我受不了，受不了！何况，你能比丽达更坚强吗？能等到我四十一岁吗？”

“能！”

肖歉不信地摇摇头。

“我可对天发誓！”秦黎欲跪下。

“黎黎，”肖歉动情地上前一把扶起她，“你真能像你说的那样？”

她庄重地点点头：“别说二十年，就是一辈子我也等着，只要你干出个样子。你看着我的眼睛，说，有没有这种决心？”

他避开那双明镜般的眼睛，木然了。

“说，你说呀！”她使劲地摇着他的膀子问道。

肖歉依然一言不发。

“唉！”秦黎失望地撇开他，胸脯起伏地走到一边。

“听我说，黎黎。”他颤巍巍地将心中的话说了出来。“我不怀疑你对我的爱情，所以我更不想回到那个隔离我们的牢房，我告诉你吧，本来我是准备一人走的，现在，遇见了你，如果你不反对，我们就一起走吧？”

“到哪儿？”

“国外。”

“什么，国外？”秦黎惊得两眼发直。

“是的，我要离开这个国度。”肖歉抓住秦黎的胳膊，热血冲至额端。“我从小好胜，不愿让人瞧不起我，骂我是囚犯、劳改释放犯。我要到一个永远不被人知道我曾经是个犯人的地方去度过我的余生，去重耕生活的田野，重辟理想的天地。那时，我也许有可能成为一名像父亲那样驰名中外的收藏家、美术大师而誉满全球。黎黎，如果你真爱我，就听我的话。让我重新回监狱的想法太愚蠢了。我加刑是小事，可我不能让你白白跟我受罪。人的青春只有一次，去而不复返，我们何不在这美好的年华纵情欢乐，二十年后的我们还有什么可图的呢？啊？黎黎，跟我一起走吧，我们先到东南亚，等赚足了钱，就到日本、法国、美国、加拿大游览，然后定居美国，如果你想继续深造，我就送你到加利福尼亚州去，那里有所世界第一流的医科大学。你说话呀，我们这就走！”他摇着她的胳膊，乞求道。

“滚开！”秦黎愤怒至极，“没想到你竟是这样一个人，叛国卖身？”

“我这也是为了你好！我的计划一旦成功，我可以保证，在异国不作任何谩骂祖国、出卖母亲的事。我求的是远远离开这个标记着我是个犯人的监狱，远远离开那些轻蔑、讥笑我的人群。

“一个十足逃避现实的懦弱者！你不觉得可耻吗？”秦黎朝地上吐了一口唾沫。

“我有什么办法！当有人将你拦住，让你在被强奸和叛国二者中选择一种时，你该怎么办呢？”

“混账！”秦黎怒不可遏地伸出巴掌，狠狠地扇在肖歉的脸上。

“好，打得好！”肖歉一手捂着脸，一手指着秦黎的鼻尖，气急败坏地说：“当年我从歹徒的手中救出你，昨天，又帮你从毒蛇口中脱了险，而得到的就是这个报应。好吧，算我肖某这辈子倒霉。看在过去的情分上，哼！从今以后，咱们旧情新恨一笔勾销，各走各的路！”说着，他扭头就走，转眼消失在一个漆黑的矮洞内。

“站住，站住！——”秦黎大声喝道，见无效便拔出手枪朝天“砰砰”两枪。

“决不能让他走！”秦黎握枪追进那个螺旋形的洞穴。忽地一个黑影猛扑过来，将她握枪的手紧紧卡住，随即将枪夺了过去。

“尊敬的武警女士，请委屈一下。”是他，肖歉的声音。

“你想干什么？”秦黎不畏强暴。

“我不想别人干扰我的行动。”他翻了一下药箱，将手中重新点燃的蜡烛交给秦黎。“只剩下这最后一根了，必须在一小时内找到洞口，否则我们一起见阎王。”

“不管怎样，也决不能让你走背叛祖国的路。”她变得刚强起来。

“真像一个市长的女儿。可惜，还不知道我们此行的结果如何呢！”肖歉长叹一声。

是啊，也许找到洞口，就能见到边防军和派出所的人了，到时再收拾他，决不能让他逃出国境。秦黎装出服从的样子接过蜡烛，走到前头。

山洞在继续延伸，崎岖的通道，时而环回，时而高陡，时而侧身难行，时而广袤深邃。从进洞到现在，已经过去九个小时了，再加上两天一夜迷途跋涉，秦黎早已疲乏不堪。饥饿、忧伤、悲愤、交织在一起向她袭来，她真想躺下歇个通宵。但不能，她要闯出去，为自己，也为他。当她回头见一支黑洞洞的手枪对准自己的时候，更加强烈地希望出洞。讲道理对他来说很难令他省悟，唯一的可能是出洞后遇上部队——这一带边防军很多，这样才可以强迫他回心转意。不管怎么说，他是我的恩人，我曾深深地爱过他，因此，无论如何也不能让他做一个可耻的越境叛国犯。她抱着这样一个强烈的心愿，在生死的迷途上艰难地走着。然而，她担心的是武器被他拿去了，这可是个祸根，她盘算着。

肖歉也在想，别看这小小“鸡腿”（手枪），也许我的命运将因它产生奇迹。前两次越狱失败，就吃亏在没有它，如今可不一样了，追捕的人要走着瞧了。他见前头的秦黎甚为顺从，心头不由暗暗一笑。只要找到洞口，冲出边界，嘿，到时候你不愿意也晚了。再说，一到国外那个花花世界，说不定你比我更快适应，更多迷恋哩！啊，我亲爱的，这年头，谁不羡慕出国。虽然我们不像那些幸运儿可以趾高气扬地穿着西服登上飞机，但咱哥们是靠双腿凭本事。这有什么，自古英雄多磨难。一到国外那些纨绔子弟说不定一事无成，也许过几年，我就是某跨国公司的总经理了，他们也最多不过是个谈判桌上的随从翻译罢了。听人说，广东有个小子前年偷渡中国香港，后又辗转到科威特，不到三年就成了这地界的商业大亨。哼，我肖某说不定比他强几倍。到那时，再回国观光，还得总理亲自迎送哩！肖歉越想越觉得惬意，够味，冷不防左脚踩空，四足朝天地仰卡在洞穴的一个裂隙内。“哎哟，黎黎，快救我，快！”他弓着腰，疼痛难忍地呼喊着。

秦黎马上从地上拾起肖歉掉下的手枪，紧紧握在手中，然后走到裂隙前：“别急，我会来的。不过现在你是我的俘虏，抓住这根带子。”

肖歉见是根药箱带，赶忙抓住用力一拉，将身子直了起来。“真无能，中她计了！”他恼火地捂了下摔疼的屁股，两眼极不服输地瞅了瞅秦黎。

现在，两人的位置换了一下。秦黎欣赏着自己的“战利品”，脸上露出一丝微笑。

“哼，还不知谁胜谁负呢！”走在前面的肖歉心里嘀咕着。现在最要紧的是赶快出洞，他有意走得很快，尽管他腿上还有伤。

两人各揣算盘，一前一后地翻过陡壁，穿越“葫芦洞”，进入了一处满是污沼碎石的洞底。这时，脚下的路突然消失了，横在他们面前的是个上不见顶，下不见底，中间仅有一米来宽的大裂缝。黑洞洞的石缝内吹出一股股阴风，令人毛骨悚然。扔进去的石块，一两分钟后才隐约听到回声。天哪，这不是“鬼门关”吗？

秦黎和肖歉面面相觑，他们都被眼前的险境吓呆了。怎么办？退吧，等于束手待毙；进吧，好比拥抱死神。困境使他们忘记了敌对。

“现在唯一的办法就是从裂缝中间闯过去。”他说。

“这不行，万一掉下去不就……”她连连摇头，“还是想想其他出路吧。”

他们分头在附近寻找其他洞穴，但一无所获，只能垂头丧气地回到了原地。

“有了！”肖歉突然有了主意，他把囚衣一脱，“稀里哗啦”地撕成许多碎条。“用它拧成绳，再加上你的那根药箱带，我们不就有保险带了！然后，一个人先从裂缝中间慢慢爬过去，等到对面后，再把另一个人吊过去。你把蜡烛往前移一下，看，这个裂缝也就五六米长，我们的绳子够长了，你看怎么样？”

秦黎早就没主意了，想了想说：“也只有这样了！”

肖歉麻利地把布条拧成绳子，然后接上药箱带，一头系在腰间，一头交给秦黎，说：“一定要抓住！”说着，伸开双臂，叉开双腿，站到裂缝中间。

“太危险了！”秦黎想起他腿上的伤，急忙提醒道，“你会失去平衡的！”

“放心，你忘了我在学校曾经是两杠冠军？”肖歉说得轻松，秦黎无论如何也放不下心，死死地抓住绳头。

另一端，肖歉像只腾空的飞燕，唯有四肢在两边的悬崖上支着。一根蜡烛咬在嘴里照明，手足交替着一点一点向前挪动……

汗水顺着他的脸颊、脖颈流淌在赤裸的胸膛和后背上，又滴向无底的深渊。他感觉上肢并不十分吃力，但双腿却不够灵活，尤其是那条被野猪咬伤的腿，阵阵揪心的疼痛。肖歉意识到自己的性命全在这条伤腿上，这时，只要它稍稍乏力，身子就会失去平衡，那么就……咳，想它干什么，死就死吧！可他又一想，不行，这样死去未免太遗憾了。再说，假若我这一松腿，秦黎不就等于给我陪葬了吗？她一个人哪能出得了这洞啊，天啊，无论如何我不能死，我太爱她了！咬咬牙，嘘！——不能使劲，蜡烛被咬断也麻烦。他的伤腿又是一软，几块松动的石头突然坠落……

秦黎像猛挨了一枪，心头一阵紧缩，啊，他没有掉下去，又站住了。她的手掌湿得打滑，脚板也颤抖起来，干脆，她把身子整个伏在地上，并将多余的绳头全部绕在两只胳膊上。这哪是绳，是一条人命！人命啊！秦黎从未经历过这等严重的事态。她全身在发抖，哟，头怎么这么昏沉，挺住，无论如何要挺住！她睁大眼睛，死死地盯着那支晃动着的蜡烛，默默地估计着：一米、二米……五米、六米……

“到了！到了！”她忽然看见肖歉疯狂地欢呼着。啊，他到对岸了！就是说我们战胜这个鬼门关了！她双手突然乏力，全身瘫了……

她被绳子牵醒了，是肖歉在对岸招呼她。是的，现在该轮到自己过关了。这可比刚才方便多了，就像荡秋千似的一下荡到了对面的崖壁下，她顺着绳子的拉力，两腿蹬着石壁，轻而易举地朝上攀爬着，眼看就要上岸了，可是绳子再也不动了。

“哎，快拉呀！”秦黎惊叫一声，她感到气力有限。

“对不起，我们讲讲条件吧！”肖歉在上面阴阳怪气地说着。

“条件，”她没有反应过来，“什么条件？”

“把你身上的枪扔过来，然后再上。”

要枪，这可恨的家伙，她后悔没有料到他会来这一手，真想痛斥他一顿。可这顶什么用呢？现在，一切由他控制着，倘若我不给，他一松手，不就“彻底”了吗，多么卑鄙，人啊，当处于敌对的时刻，还有什么情分可讲呢！秦黎悲愤地从腰间拔出手枪，对准那个光溜溜的脑袋。但是，就在扣动扳机的一瞬间，她改变了主意。

“快扔上来呀！”他有些不耐烦了。

“注意，接着！——”秦黎手臂一挥，把枪扔给了他。

肖歉得意地接住枪，顺手把秦黎拉了上来。他装作讨好地上前说：“告诉你一个好消息，我已经看到洞口了。在那边，你看！——”

果然，在黑洞的尽头，有个碗口大的朦胧的光环，像一轮银月似的出现在秦黎的视线里。是的，这正是洞口，现在是凌晨三点十五分，外头一定是个浓重的雾天。她多么渴望早早出洞，观赏这南国迷人的晨曦。但眼前这张笑得合不拢嘴的脸，使她心情异常沉重。务必把他牵制住，假若这里就是边境的话，问题就严重了。不光他要过去，而且很可能自己也会被一起挟持出境。现在，秦黎唯一的愿望就是他们离边境较远或附近能有人。

此时，肖歉也按捺不住心中的狂喜。几年来，他一次又一次铤而走险，不就是为了能到“那边”去吗！这三天来，躲追捕，斗野猪，摸黑洞，心惊胆战，九死一生，哈哈，总算万幸。他的热血烧得全身发烫，连鼻翼都在剧烈地扇动着。得意忘形的人往往会忘乎所以，肖歉竟然露出一副狰狞的面孔，用枪吆喝着自己的情人。

“快走，不要耽误时间！”

秦黎看穿了他的用意，是的，只要天一亮，看你再往哪儿逃！她有意磨蹭着。

肖歉穷凶极恶地用枪顶住了秦黎的后背说：“再要把戏，别怪我肖某不讲情义！”

“谅你也不敢！”秦黎泰然自若。

“为什么？”

“因为你是个逃犯！”

“哼！”肖歉恼羞成怒，正想发作，可又觉得不妥，只好叫嚷：“走！”

“慢！”突然，一道惨白的电筒光迎面射来。

肖歉吓得脸如死灰，浑身颤抖：“你，你们是干什么的？”

“少啰嗦！把手举起来！”对方十分威严。

秦黎一听这话，心头好不高兴。虽然她的眼睛被照得睁不开，但从几句简单的对话中她判断出一定是公安人员或者是边防战士。于是，她指着一旁的肖歉说：“同志，他是逃犯，想越境！”

“噢。”打手电的那边忽然低声叽咕起来，原来是两个人呢。

“小姐，你是干什么的？”一个尖嗓门的问。

“我是武警，中途迷路遇见他的！”秦黎答道。

又是一阵叽咕。一会儿，才听到一个中年人的声音说：“那么好吧，你们都从石窟里下来。”

“是！”秦黎像接受命令一样兴奋。她心想，总算找到部队，找到同志们啦！

“对不起，小姐，先委屈你一下。”

秦黎还未弄清怎么回事，两只胳膊就被反捆起来。“你，你们是什么人？”她拼命挣扎着。

“什么人！”尖嗓门和中年人突然哈哈大笑，“嘀哈哈……告诉你，哥们与你是不共戴天的仇敌！明白吗？仇敌！”

秦黎只觉得眼前闪过两道寒光。啊，是一帮歹徒。真是未出鬼窟，又遇恶虎，她差点失去自控。

“嘻嘻，大哥你瞧，小妹子长得还不赖。”尖嗓门冲着秦黎动手动脚起来。

“谁敢碰一下她！”肖歉突然只身站在秦黎面前，一把黑洞洞的手枪对准了尖嗓门的胸口。

“这这……”尖嗓门吓得连连后退。

“哈哈，老弟，看清楚了，我这儿也有一根“鸡腿”。站在一旁的中年人不硬不软地说着，然后走到肖歉跟前，拍拍他的肩膀。“咱们是一江打鱼的两条船，别误会。说，她到底是什么人？”

“是我的未婚妻！”

“未婚妻！”中年人睁着一双贼眼，满脸疑虑地看着肖歉和秦黎。

“没错。”肖歉强硬地说。

中年人耸耸肩膀，不可思议地说：“一个逃犯，一个武警——未婚夫妇?！”

“正是，巧合使我们走在了一起！”肖歉解释道。

“是这样。”中年人点点头，突然盯住肖歉的脸，问：“熟悉这儿的国境线吗？”

“我住的牢房离这儿不远。有个被遣回去的伙计告诉过我这一带的情况。”

“好。”中年人变得友好地拉着肖歉说：“不瞒老弟，我们是故宫博物院的，有批货从北京千里迢迢带到这里，准备弄到那边去，可边境警戒森严，路线又不熟，所以一直不敢出洞口。今日巧遇老弟，三生有幸，你带着我们一起出境，我保证以后的一切费用开支由我负责，怎么样？”

肖歉一想，这正是他求之不得的事，自己身上除了两条囚裤外，一无所有。他伸出手掌：“一言为定。”

“一言为定。”中年人也伸出手掌。

被反捆站在一旁的秦黎心急火燎，她担心歹徒们真的越境成功，担心国宝失落异国。正在这时，只听中年人问肖歉：“她怎么处理？”

“一起走！”

“好，有远见。”中年人命令尖嗓门，“让小姐再委屈一下，给她嘴里塞上一块手绢。”

毒计！秦黎唯一可以自卫和战斗的方式——说话的自由也被剥夺了。她的嘴巴被手绢塞得严严实实，然后被推出了洞口。

啊，多么新鲜的空气，多么迷人的晨光。秦黎真想尽情地呼吸，纵情地观赏，然而，她被歹徒们粗暴地推到了一片灌木丛之中。虽然肖歉那双歉疚的目光时常回头瞅一瞅她，但这仅仅是兼顾，他更紧张专注于窥测动静，刺探方向。

穿过灌木丛，越过山岭，前面是一片橡胶林。再过去，已经隐约能看到异国居民的九龙竹楼了。秦黎心头一阵紧张，她所希望的天时、地利、人和，全都未能如愿，歹徒们反倒得逞了。她觉得自己愧对武警的称号，愧对可爱的祖国。她盼望边防巡逻队的人突然出现，可惜，一支刚刚走过的边防巡逻队伍根本没有发现这边的动静。

草丛里，肖歉却发现了那个带着国徽标志的界碑。“看，到了！到了！”他像疯了似的突然跃起身子，飞一般地朝国界线那边拼命跑。

眼看只有五六十米了，秦黎急中生智，乘尖嗓门和中年人紧张地注视着肖歉行动之际，假装摔倒在地，被绑的双手在一块石头上摩擦。啊，绳子磨断了，成功啦！秦黎未耽搁片刻，拔腿就往右边的哨所岗跑，边跑边大声喊着：“快抓逃犯！抓坏蛋！——”

“砰砰！”宁静的黎明，突然响起两声枪响，只见秦黎身子一歪，倒在血泊之中……

“黎黎，黎黎！——”接近国界线的肖歉被身后突如其来的枪响震住了，他转身见自己的情人中弹倒下，又折身没命般地朝秦黎奔来：“黎黎，黎黎！——”

秦黎艰难地睁开眼皮，从裤袋里拿出弹匣，然后用手指指那边草丛。

“快走！走！”这边，中年人和尖嗓门正抱着箱子朝国界线拼命逃窜着。

肖歉两眼发红，迅速装上秦黎甩给他的子弹，瞄准两个仓皇逃窜的国宝盗贼，连续扣动了扳机。

“砰砰！砰……！”

中年人和尖嗓门几声惨叫，相继跌倒在草丛中。

秦黎听到这阵清脆的枪声，嘴角微微一笑，便永远安息在一丛火红火红的杜鹃花中。

“是我害了你，是我害了你啊！”肖歉扑在她的身上，呼天唤地地哭嚎着，“黎黎，黎黎！——”

这已经是两年前的事了，仿佛就发生在眼前。

在一片密林葱郁的草地上，我认出了秦黎当年牺牲的地方，但它已不再是一块荒地，而是建起了一个别致的烈士小陵园。四周围绕着挺拔翠绿的松柏，正中间是一个高大的坟墓，坟墓顶部种着一丛杜鹃，那花开得火红火红的。一位哈尼族的老乡告诉我：有一个瘸腿的人，长年守护着这座坟墓。有人问他这是谁的坟，你为什么老守着它？他只说，天地间的神灵是相通的，我在倾听上天的教诲。他从不说出自己的真实姓名。

我听后，心想，这人一定是他。

男性的证明

上海，黄浦体育馆。

窗外，白雪茫茫。凛冽的北风中，埋头裹衣的行人来去匆匆。但在体育馆的拳击训练厅内，却迎面冲来一股股带着急促喘息声的热浪。城区业余拳击手、复旦大学法律系 84 级学员凌利正像一头疯狂的狮子一样练着拳。一排 50 公斤重的沙袋，就像一串铃铛似的被他那泰山压顶之势的铁拳，击得左右不停地摇荡，而他也是汗水淋淋，浑身冒着热气，好像正在进行“桑拿浴”似的。拳击手嘛，每天需要的就是这般比长跑、跳远运动员高出十倍的训练量。何况，这种训练必须是拼命、殊死的。拳坛有句俗话：“平时懒一懒，赛场作绵羊”。这也许就是人们常把拳击看作野蛮运动的误解所在。其实，有点体育常识的人都会明白，每一项运动本身，都有一定的潜在危险因素，只是有些运动表现得更直观和更刺激而已，拳击就是这样一项运动。

再没有比拳击更能激发运动员取胜心的运动了。距离全市业余拳击大赛只有半个月了，凌利怎能不作一番苦练？寒假已经过去十天，他天天都在训练室里同沙袋和梨球过不去，或者是与几位队友做赛前热身战。凌利的教练名叫华峻，是一位黝黑瘦高的五十多岁的老教练，也是我国第一代优秀拳击手。

20 世纪 40 年代，华峻曾在上海滩力克号称“太平洋拳师”的韩国拳王金哲山，后又东进日本，连震岛国拳坛，被国人称为“东方大拳师”。北方有个叫金云德的“北拳王”，所以，华峻后来便被人称作“南拳王”。1945 年抗日战争胜利之日，华峻与金云德相聚南京，大战当时来华的英国拳王麦利，各获五胜。华、金二人在中山陵前结拜为兄弟，从此鼎立中华，威震大江南北。凌利总觉得华教练对他的训练过于苛刻，每天长跑十公里，击沙袋一千次，击梨球五百下，外加两场热身战。“这算什么！当年我们为了练拳锋，每天对着石头撞，那个滋味哪有撞沙袋舒服！为了练眼球的遇抗力，就把好端端的前额硬往大树上顶。一下，两下？哼，太省事了！不到五十下、一百下，不到鼻青脸肿就别想歇着，拳王就那么好当？不往死里拼，练得出来吗？”华教练总是瞪着一双鹰隼眼，满脸杀气地训斥队员们。凌利是他的学生，自然要求更严了。凌利非常明白老师的一片苦心，华教练是希望他练出一手好拳，为国家争光。“奥运会有 12 块拳击金牌，十亿人的中国就没有一个拳手上台比赛，这说得过去吗？”他经常对学生这么说。

这该是第八个春秋了。凌利扳了扳自己的手指，乘着擦汗之际，走到宽大的矫正镜前。嘀，多棒！结实的胸大肌，长城般的前额，健身球似的眼瞳，一块块隆起的膀肌、臂肌……哈哈，标准的东方型拳击手！凌利抬起双手，看着两排宛如丘陵的拳锋，心头不觉一阵惬意和暗喜。这，不经过千锤百炼的人是绝对不会有的，也只有优秀的天才拳击手才具备。是的，八年，八年中他没有白白荒废，今天终于锤炼成了一个身材魁梧、彪壮威武的拳手，并且连冠三届城区业余拳击赛。但是，每当获一次冠军，看到台上那些疯狂的观众为他欢呼、喝彩时，凌利的情绪会倏然从兴奋变得沮丧。这是何故？连华教练都感到困惑不解。

“阿利，难道你觉得做冠军不光彩？”

“不，教练。比赛场上的拳王仅仅是一种胜利者的象征。而我需要的是获得人格胜利者的拳王。”他的回答常常让人有点莫名其妙，而且每逢这时，他的脸色常常铁青，右手总是神经质地抚摸着左眼睑上的那块紫红色的伤疤。有人问他伤痕是怎样落下的，他从不说。因为这是秘密，他怕一旦说出去，也许华教练从此再也不教他练拳了。当年他就是这样守口如瓶，老拳王才收他为徒的。

“嘭！嘭嘭……！”凌利回到沙袋前，重新摆开架势，踏着灵巧多变的步子，将拳重重落在沙袋上，时而做着防守，时而猛烈击发，左跑右躲，生龙活虎。

“一个奶油小生的动作！哈哈……”突然，他的背后传来一阵很大的讥笑声。凌利转头一看，是位三十来岁的男子，宽肩黑脸，鼻大嘴阔，头戴解放帽，身披军大衣，脚穿大头鞋，好一个多嘴的乡巴佬！

凌利斜了他一眼，他不愿劳烦自己的嘴，只是冷冷地转过身子，猛地挥起右手，一个直拳重重地击在沙袋上。那沙袋不偏不斜，像枚重型炮弹“噌”地撞向陌生男子。“哼，乡巴佬！让你尝尝奶油小生的滋味！不碰你个鼻青脸肿才怪！”凌利正要得意地说上一句，却冷不防前胸膛“哐”的一声如被三吨重的冲击器猛击了一下。好在他那双倍有力的腿在支撑着身体，才未四肢朝天倒下，但他整个人还是倒退了五、六步。凌利定神一看，原来是那只被他打击出去的沙袋被弹了回来。

“哈哈……小子，这是报应，谁让你这样不友好！”“乡巴佬”像泰山一样站在原地。一边笑着，一边奚落着凌利。

凌利没料到自己欲出击反而被打，心头好不自在。“乡巴佬，你想干什么？”他的拳头握得紧紧的。

“想干什么，问我？”“乡巴佬”耸耸肩，高傲地笑道：“我还真不想干什么，可是有人非邀请我来教教你，说你缺乏一种自控力！”

岂有此理！我乃中国第一大城市的拳击冠军，倘若是大名鼎鼎的“南拳王”说出此言还不算是离谱，可哪容你这个不知天高地厚的乡巴佬奚落！拳击手的自尊心受到了极大的侮辱，而在这之前，无论是哪次赛场或是公共场合，只要他一出现，多少男男女女、老老少少，谁不为他欢呼、疯狂！当然，他也曾尝过受侮的一拳，但那时他还不是拳手，而仅仅是一名文质彬彬、体质羸弱的中学生。“黑熊掌”——他把那次教训永久地记在心底。而如今，他可是一名大上海的拳击冠军，岂能容眼前这无名小卒口出狂言！

“接住！”凌利向对方扔过一副手套，拳击手是从不出暗拳和与赤手空拳者较量的！

那位“乡巴佬”却也毫不含糊，摘下军帽，脱下军大衣……凌利心头一惊，他见到单穿背心和裤衩的对手，原来也有一副雄狮般的体魄。

“看拳！”凌利向前跃起一步，那只足有五百公斤冲击力的右拳如风驰电掣般朝“乡巴佬”头部猛砸过去，他想一个直拳将这个不知天高地厚的“乡巴佬”置于死地。

“乡巴佬”似乎没有料到对方的直拳会有这般力量，不觉眼前一阵晕眩，身子一晃，倾斜在一边的墙垛上。

凌利乘胜出击，又迅速上前打出一个左勾拳。这时的“乡巴佬”亦不甘败局，一面稳住阵势，一面拔拳反击。嗬！好一场厮杀。凌利的拳头敏捷有力，灵活多变，代表着南拳风格，而“乡巴佬”的发拳则凶猛彪悍，如泰山压顶之势，体现了北拳的特色。两人一出一收，一进一闪，这是一场没有绳圈的怒战，是由眼前这位不知从哪个角落里蹦出来的“乡巴佬”挑起的战争！可以看出，凌利的“一战而制服对方”的求胜心格外急切。战着战着，他已经把华教练时常教导他的“见勇者自控，发拳而不可穷追猛打”的话忘得一干二净。面对这位黑乎乎的“乡巴佬”，凌利不愿多战，他想以最快的速度完成对他的“教训”。忽然间，他怒眉一锁，拿出“三连冠”的看家本领——“连环炮”。所谓“连环炮”，乃是“南拳王”华教练授予他的一个绝招，即将左右直拳连发使用而不让对方有喘息机会，在短时间内重击猛击其要害部位，使对手一败涂地。有人在比赛场上计算过，凌利的“连环炮”一分钟出拳竟达 152 下。这是什么样的攻势啊！

“乡巴佬，你听着，我的‘连环炮’比当年我父亲凌太忠的‘六零炮’有大十倍的威力，你等着享受吧！”

“凌太忠?！你是……”“乡巴佬”一听，脸色倏变充满杀气，他刚想说什么，只听“啊——”的一声大叫，凌利的双拳像雨点般地压过来，那阵势好比战场上的“喀秋莎”（二战中用的一种火箭炮），又好似冲绳岛爆炸的火山。“乡巴佬”一下子被逼到了训练厅的一个堆满乱七八糟器材的旮旯里，眼看就要断了后路，他的左手想扶一下墙壁，不料脸部被凌利一个更猛烈的重拳击中，顿时，左眼突出……

“哎哟！”“乡巴佬”一声大叫，乘着对方收拳之际，迅速闪到一边。“奶奶的！”

凌利心头一喜：“奶奶的，小子你该尝到阿拉的铁拳了吧！”他正想重新出拳，来个一鼓作气。忽然，他感觉胃部“哐——”的一声，犹如被一个八百斤重的门闩夯了一下，顿时，感觉一阵恶心，肚里的五味六醋直涌喉咙。他刚用双臂护了下腹部，露出击打部位的左右太阳穴又被更猛烈地“咚咚”两拳击中。凌利再也支持不住了，眼前一黑，双脚发软……

“住手！——”突然，训练厅的大门被推开了，一个身穿红色滑雪衫的姑娘飞奔上前扶住即将倒地的凌利。

“凌利！凌利！你没事吧？”

“没……没事！萍萍。”凌利睁眼一看，是金萍。他不想让女友看到自己这个狼狈相，想稳住阵脚，重新跟眼前这个“乡巴佬”决一死战，并且一定要打倒他，直到揍死为止，但他的双脚怎么也不听使唤，整个身子一下子倒在了金萍的怀里。

“你！你想打死他？”金萍脸色通红，怒斥起站在一旁的“乡巴佬”。

谁知这个“乡巴佬”朝她瞪了一眼，“哼”的一声，扭头就走。

“总之，你不该打得那么狠。”月光下，外滩黄浦公园内的江堰上，金萍对哥哥金勇说。原来，她的哥哥就是白天击倒凌利的那个“乡巴佬”。

“也许。”金勇说。“可是，当我知道他就是害死咱爸爸‘金铁拳’的那个凌太忠的浑小子时，我的拳头就不听使唤了。”

“凌太忠是凌太忠的事，关凌利什么事？”金萍替男友抱不平。“你这是第二次用爸爸的旋上勾拳击打他了，可我专门写信让你从牡丹江回来是为教他拳的呀！”

“哼，这是他三生有幸！在东北三省的几十次拳赛的一百多个对手中，还没有人有福气吃过我的绝招呢。”金勇对准江堰上的一块巨石，“哐”的上前一个左上勾拳，然后又朝一边的一棵槐树来了个右侧拳。“啊！——”

“你怎么啦，哥哥？”金萍见金勇一声大叫，赶忙抬起他的右手一看，天哪，手背上鲜血直淌。原来，金勇的拳头正击在树上的一只铁钉上。

“看你……”金萍一边掏手绢为哥哥包扎，一边嘀咕着：“拳击就是野蛮，让你别练就是不听，看看，扎得多深，手掌都快穿透了！”女性的温柔占据了她的心。

“为什么不练，你难道忘了爸爸临死时说的话了？”金勇蛮横地把鲜血直淌的手从妹妹的手中抽回。

金萍猛地一楞，她沉重地站起身，呆呆地望着夜色中的黄浦江……是的，拳击——爸爸一生为之拼搏奋斗的事业，也可以说是金氏家族的唯一祖业。出生在拳击世家的金萍，还在很小的时候，就熟悉了这个“西洋玩意儿”。那时的小金萍性格脆弱，胆小怕事，见爸爸每天一大早就光着膀子在后院的大树上冲拳，就上前拖着拳师的裤子哭着乞求道：“爸爸，手多疼呀！别练了！别练了！”

拳师不得不收起拳头，张着扇子一般的铁掌，轻轻抚摸着小千金的柔发，哈哈大笑：“萍萍，爸爸的手不疼，疼的是树。”

“不。我不信！不信！”小金萍明明看见爸爸的手背皮都擦破了。

“乖乖，躲一边些啊。”爸爸将女儿领到距树十几步外的地方，然后猛地转身稍作运气，只见他的拳头像两门重型炮一样“咚咚”地落在树上，顿时，那棵枝壮叶茂比碗口还粗的槐树“咔嚓”一声，拦腰断裂。“哈哈……萍萍，是树疼了吧？你瞧，它哭了！”爸爸若无其事地晃了晃铁掌，逗着宝贝女儿。

懂事后，金萍才知道爸爸就是威震东方的“金铁拳”。爸爸本名金云德，1943 年，在沈阳日本鬼子手下当一名挖煤工，后来认识了俄国商人奥列夫斯基，过了一年多，金云德才知道这位俄国朋友是一名共产国际来华帮助抗日救国的共产党。奥列夫斯基的对外公开身份是“远东拳行”的老板，暗地里却到处为抗日联军培养骨干。金云德就是被他选中的一个。当时金云德只有 18 岁，却已长得虎背熊腰，奥列夫斯基见他年轻精干，便收其为徒。金云德自小学过武林“沙堂拳”，而今又在名师指导下学西洋拳，不久，他的拳击术就显出了威风。

1944 年春，驻扎在沈阳的关东军头目山本一郎从日本接来两位拳坛高手，搭起擂台，妄图借此重振奄奄一息的侵华关东军的威风。那时，会西洋拳的中国人实属罕见。擂台摆出头一天，竟无一名中国人敢上场。第二天，有个长白山下来的武林好手名叫悟憎，是寺庙里的和尚。悟憎虽对中国的八卦、沙掌，少林功夫样样精通，却不习惯区区六米见方的拳击台。当他跑进方形的绳圈时，仿佛野鹰被关进了笼子，横竖不得施展。而日本拳手则以每分钟高达一百多拳的速度，犹如旋风般朝悟憎和尚的脸部、胸部、腰肌等要害处左右开弓，上下出击，不到两个回合，悟憎和尚就被一个重拳冲出绳圈。这一下可狂了山本一郎和那帮日本浪人，竟然吹嘘说“中国的武术不堪一击，西洋拳乃天皇所御，盖世无敌！”性如烈马的金云德哪受得了东洋鬼子欺我大中华民族之气？第三天，正当山本一郎和日本浪人准备收台庆贺时，金云德扒开人群，猛地跳进绳圈，对一名正在台上耀武扬威的日本拳手说："三局定胜，来吧！"日本拳手被突然从地底下冒出来的对手一震。好大的口气，一局三回合，三三九回合，等于通常业余拳击赛的三倍时间。"哐！——"，一声锣响，顿时，看台下的上万名中国观众一齐高呼起来："打倒鬼子！打倒鬼子！""为中国人争气！为中国人争气！——"绳圈内的金云德不知是受了父老兄弟的激励，还是天生有那威震山河的猛劲。只见他左右直拳，上下勾拳，像百门连环火炮，直逼对方。日本拳手连半点反击的空隙都没有，连败二局。第三局的铜锣刚鸣响，金云德看准日本拳手的头部就是一个先发制人。但见那拳路，似旋风，如闪电，左右上下，时勾时直，或正或侧，日本拳手避闪不迭，逃脱不得，一下趴倒在地。"一、二、三、四……十一、十二！""八格牙路的！"看台上，山本一郎见自己的拳手再也没有爬起来，气得狼脸歪抽。这时，成千上万的中国观众则像汹涌的潮水，一齐冲向绳圈，他们高高举起金云德，高喊着"金铁拳赢啦！中国万岁！——"从此，"金铁拳"的名字在关外到处传扬。

解放战争时期，奥列夫斯基被中国人民解放军某部聘为军事顾问。"金铁拳"随之同部队一起南下。渡江战役后，陈毅当上了上海市市长，陈元帅从奥列夫斯基手里要过"金铁拳"，并要他任当年霍元甲创立的"精武馆"馆长之职。从此，这位"北拳王"定居上海，收徒教拳，过着平稳的日子。哪知，好景不长。1967年，所谓的"一月红色风暴"席卷上海，当时的"工人纠察队"为了夺市委的权，竟然公开向驻扎在吴淞口的东海舰队司令凌太忠要枪支弹药。凌司令断然拒绝。于是，纠察队的领导者恼羞成怒，纠集一帮流氓地痞冲击舰队某枪械仓库，但都因理屈词穷身手平庸而被解放军卫兵赶了回来。拿不出"家伙"，"无产阶级司令部”就不硬呀，怎么办？对，有了！“找北拳王金云德来！”可怜老拳王身不由己，在一帮无知小将们的前呼后拥下，来到戒备森严的海军舰队某枪械仓库。十几名“敢死队员”连拉带拖地驾着金云德，拳打脚踢一一次疯狂地冲向大门。第一道门的封锁线被冲垮了；紧接着，第二道防线又被破坏。眼看枪械仓库就要落到这些暴虐的暴徒们手中。在这危急关头，司令员凌太忠亲临一线，不得不下命令：“再越一步，格杀勿论！”“别听他的，他是军内一小撮，冲啊——”失去理智的人们在别有用心者的挑拨下，不顾一切地继续向里冲击着……

几十万支枪械保住了，但一代拳王金云德却与六名“造反派”一起倒在血泊之中……

金萍不知如何才能说服被激怒的哥哥，她理解他。虽然父亲死时金萍才六岁，可她清清楚楚地记得：那天，几名造反派仅用一个塑料袋将父亲的遗体装上车，说要送到崇明岛埋葬。“为什么一起死的人都葬在烈士公园，我阿爹却要到崇明去？”小金萍哭着责问一个戴红袖章的“大块头”。“人家是革命烈士，你爹是苏修特务，死得比鸿毛还轻！”“大块头”呲着黄牙说道：“有冤枉去找凌太忠，是他打死你阿爹的！”凌太忠从此成了金家复仇的对象。平民百姓自然很难追寻一位高级将领的踪迹，尤其是后来听说凌太忠不知何故被“四人帮”秘密押解到山西阎锡山过去待的一个监狱里，最后连音讯都没了。金萍的哥哥并不甘心，终于有一天在闸北区的一个小学里找到了凌太忠的儿子凌利。金萍记得清楚，那天她刚放学回家，哥哥异常兴奋地告诉她：“我报仇了，嘿，真痛快！”“你找到凌太忠了？”金萍问。“不，那个老家伙听说被人整死了，我找到了他的小崽子！”金勇晃了晃有力的拳头：“我用的是熊掌拳！”

“熊掌拳？！对，就是他……”凌利终于记起来了。十年前，他还是个五年级的小学生时，就挨过一顿无缘无故的打。该死的“熊掌拳”！他忍痛从床上撑起身来，走出宿舍，直奔体育馆。

“乡巴佬！乡巴佬！——”椭圆形的体育馆内回荡着一阵高过一阵愤怒的呼声。

“怎么啦，我的拳王？”一个瘦小个走来，用提着的拳套捅了捅凌利。

“你，你给我把那小子找回来！”凌利两眼猩红，一把抓住瘦小个的衣领：“李小刚，我跟你说，我不把那小子打倒、撵死，我就不是娘养的！”

被叫作李小刚的小个抬起右手朝凌利的头上就是一拳。拳王倒下了，捂住脸，呜呜地大哭起来，像个孩子……

从小一起长大，同为“南拳王”门下的拳友，李小刚对凌利是了解的。李小刚出生在闸北区的一个普通工人家里，父亲是码头的搬运工。在这个李氏家族里，没有一个人是带“长”字的，应该感谢“文革”，使李小刚有幸结识了凌利这样一位兵团级高干家庭出身的子弟。但那时李小刚结识凌利完全没有沾光的份儿，倒是要担点风险哩。

那是“复课闹革命”的头一个学期开学那一天，李小刚上学来到校门口，他见一个比自己略小的同学满脸泥尘，衣裳破碎，蹲在墙角哭泣着，不由上前问道：“喂，你是哪个班的？谁打你了？”

这个被打的小同学胆怯地看了李小刚一眼，说：“我，我是新插班来的。是刚才五（三）班的同学打，打的，呜……呜……”

“好啊，原来是我们班上的那帮小子！”李小刚素来爱打抱不平，这时一听说自己班上的同学欺负小同学，身为班长的他，不由得怒道：“走，我替你去报仇！”说着，拉起地上的小同学就走。

教室内，一群肩背红语录袋的同学在桌子上跳来跳去，嘴里不停地嚷道：“真痛快，今天可把那个小狗崽子打得落花流水！”

有的则兴高采烈地唱起："东风吹，战鼓擂，现在世界上究竟谁怕谁……"

"谁打的这个小同学？有种的站出来！"李小刚站在教室门口大声说道。

教室内突然静下来，"我打的，怎么啦？"突然，一位外号"胖墩"的男同学从桌上跳下，冲过来说道。

"那好！我也叫你尝尝拳头的厉害！"李小刚拔出拳头就往"胖墩"的当胸冲去，那"胖墩"就像肉团似的在地上连滚三遭。

"好啊！李小刚帮狗崽子，打倒李小刚！"本就热闹的教室，顿时乱成一片，五、六名男女同学高举语录本一齐朝李小刚扑来。哪知李小刚两眼一瞪，大喝一声"来吧！"说着，双拳一握，左右开弓，转眼间将一群对手制服于课桌之下。好一场厮战，直到学校工宣队员出现才算平息。

"凌利同学，你怎么也是狗崽子？"回家的路上，李小刚问身边的小同学。

此时的小凌利早已把李小刚看作是自己的保护神了，他完全相信这位为他报仇的大同学。"我爸刚被打倒。"

"你爸是谁，干啥的？"

"我爸叫凌太忠……"

"什么什么，凌司令，凌司令是你爸？"

小凌利见李小刚的双手紧紧地捏住自己的胳膊，吓得以为这位"保护神"也要同他划清界限。许久，他才轻轻地点点头。

"好你一个，阿拉总算找到侬这只小龟孙了！"正在小凌利和李小刚说话之际，不知什么地方突然冒出一个比他俩高出一大截的小青年，那小青年两眼喷火，猛地抓住凌利的衣领，像要吃掉对方似的狂喊一声"还我阿爹！"说着，"哐"的就给凌利当胸一拳。

小凌利"妈呀"一声，一下倒在地上，嘴里当场吐出一口鲜血。

“你怎么能随便打人，出手这么凶。”李小刚被这突如其来的一幕惊呆了，他怒不可遏地拖住小青年的衣袖。

“你给我滚一边去！”那小青年将手一甩，轻蔑地瞟了一下李小刚，又转头朝小凌利发狠道：“这一拳算是轻的，比起你老子用枪子儿打死我阿爹便宜多了！记住你这狗崽子，我的‘熊掌拳’随时会找你的！”说着，便扬长而去。

“熊，熊掌拳……小刚哥，我我……”

“凌利！凌利……！”李小刚赶忙扶起昏倒在地上的小凌利，可此时的他口吐鲜血，脸色苍白，吓得李小刚不知该如何是好。

“这是怎么啦？阿刚？”说来也巧，正在这时，刚从码头下班回来的李小刚爸爸路过此地。“谁家的孩子，怎么伤成这个样子？”

“是凌司令员的儿子，被刚才一个大男团打的！”李小刚哆嗦着说道。

“凌司令员的儿子？”李小刚爸爸感到意外：“你是阿利？！都长这么大了！”原来，李小刚的爸爸当过一阵凌司令员的司机，故而一听说这个浑身是伤的小团是凌司令员的儿子，便认定就是当年他亲自从医院产房里接回来的小凌利。“快，阿刚，叫辆车把阿利送到凌司令员那儿去！”

“凌司令员已经被关到山西监狱了。”李小刚低声答道。

“阿刚，那就把阿利送到医院，然后再接到咱家！”

“哎！”

就这样，小凌利在李小刚一家人的精心护理下，慢慢地恢复了健康。当时因凌利的父母和哥姐们关的关、下放的下放，故李小刚父亲就让他在这儿住下了。从那时起，凌利虽然有了暂时安宁的环境，可他那挨了“熊掌拳”的复仇之心，却随着年龄的增长而更加强烈。

复仇！复仇！——他常常大早上起来，独自站在苏州河边，握紧双拳，对准石垒的河堤，没命地击打着。手皮破裂了，鲜血一滴一滴地淌下，他又将鲜血一滴一滴地吮回肚里。小凌利百思不解，爸爸有什么罪？武装捍卫装满了枪械和弹药的战备仓库难道不对么？而倘若打开大门，让造反派们任意扛走机枪与大炮去互相残杀，就是支持革命群众的“忠于”行动？他更不解的是，父亲被革官丧命了，难道还要他的儿子一起去偿还那几条在混乱中丧生的人命，这些恩恩怨怨，何日方休？

“小刚哥，我要跟你学本事！”一天，小凌利意外地发现李小刚一个人躲在后房的旮旯里练拳，忙过去恳求道。

“跟我？嘻嘻……”李小刚双手掖了掖裤腰带，不好意思起来：“不行不行，我这点儿本事还是偷学来的呢！”

“在哪儿？我也去偷学！”

李小刚见小伙伴挺认真，便只好说：“我答应带你去，不过有个条件：你不能说出去，而且从明天起不能再睡懒觉！”

“嗯，我保证！”

第二天一大早，李小刚就把凌利从被窝里拉了起来，并带着他轻手轻脚地溜出家门，然后沿着苏州河，来到一个堆满废杂品的码头边。

“小刚哥，你让我来捡破烂？”凌利捂着鼻子着急地问。

“别急，你把这包东西搬开！”李小刚指了指码头南侧的一排用麻袋垒成的“围墙”，对凌利说。

凌利使尽力气，好不容易才扒开了其中的一只麻袋，他顺着“围墙”的窟窿眼看去，“喂，那边有人在……”

“嘘！——”李小刚赶忙用一只食指贴在嘴唇上，示意凌利不要出声。

只见在“围墙”那边，一位五十开外的长者，左右双手各托一只百多斤重的沙袋，忽而疾步如飞地在一片空地上奔走，忽而在一块三尺见方的草席上左退右进，那神情泰然自若，那动作敏捷麻利。尤其令小凌利惊叹不已的是他的双脚所踩的点，给人的感觉时如急骤的鼓点，时如轻快的琴弦……

“太神了！”小凌利情不自禁地叫了一声好，不想这一下使李小刚保密了三个月的“偷学”全露馅了。

“小家伙，原来是你们两个！想干什么？不会是造反派派来监视我这个老古董的吧？”长者伸过手来，抓住小凌利和李小刚的耳朵，轻轻地将他们提到跟前。

“大伯，我们是想向您学拳击的，中国不能没有拳王！”没想到小凌利不但不畏惧，反倒说得长者开怀大笑。

“好！我已经有十年没听到有人说这样的话了！‘中国不能没有拳王。’小朋友，你是我所听到说这句话的第二个人！”长者说着说着，一声长叹：“可惜，说这话的第一个人——凌太忠将军已经被那帮混蛋给害死了！”

“大伯，他就是凌司令员的儿子呀！”李小刚一听这话，赶忙介绍道。

“什么？你爸爸是凌将军？”长者拉过骨瘦体纤的小凌利，万分惊讶。

小凌利默默地点了下头，两行泪水潸然落下。

“唉，当年你爸请我到部队当拳击教练，如今没想到将军他……”长者非常难过地向这两位少年叙述了自己当年一段光荣的从军拳击史。

“大伯，你教给我吧！我要学！”小凌利拉着他的手，死活不肯放。

“孩子，难哪！”长者无奈地摇摇头：“无知和偏见，使得人们总把拳击看成是一项野蛮的运动。”

“随别人怎么说！大伯，我一定要跟您学，将来当拳王！”小凌利倔强地执意拜师。

“对，大伯，教教我们吧！”李小刚这时也在旁边附和着。

长者抚摸着两位少年的头，沉思了片刻说：“好，今天算我十年中第一次破例，我不但要收你们为徒，还要把你们培养成顶天立地、永不倒下的中国拳王！”

“顶天立地，永不倒下！唉，我算什么南拳王的徒弟，简直是个软蛋！连一个乡巴佬都不如……”凌利摘下拳套，随手扔进墙角边的一个纸篓，然后仰天一躺，倒在一只橡皮垫上。

“我的拳王，你今天到底是怎么啦？”李小刚非常不解，一向霸气十足的伙伴，为何今日唉声叹气，萎靡不振。

“什么屁拳王，连乡巴佬的一记‘熊掌拳’都敌不住，我……唉！”凌利恼怒地背过身子。

“熊掌拳？什么什么，你又挨熊掌拳了？”李小刚与凌利为友十几年，从认识的第一天起就知道伙伴的心病，可是他没有想到事情会碰得那么巧，从华教练那儿拳业有成后的三四年来，他与凌利曾一起多方查找打“熊掌拳”的那个家伙，可是连影子都没见着。没想到今日冤家自已送上了门来了，好，既然他自已来了，那就莫怪哥们不吃素！阿利，听我的，明儿个咱们一起去找他！上海滩上，只要有我们在，就别想再让‘熊掌拳’‘狗掌拳’称王！不过，现在你得跟我走，萍萍不是昨天就约我们到老神王庙去吃饭吗？走！”

凌利一听这话，倒是有了些情绪。他与李小刚一前一后，来到与金萍事先约好的老神王庙“香来西”餐馆，不料进门口大吃一惊：怎么，她……是自己的眼睛花了？没有！凌利全身的热血“哧”的一下冲到脑门。他万万没有想到自己的情人竟然与自己的仇人——那个用“熊掌拳”撵他的“乡巴佬”，正在一张桌子上笑盈盈地举杯对饮着……

“嗡——”凌利的脑袋只觉得像炸弹炸开了花。“金萍，你……”

他气得嘴唇打抖，可又不明白眼前到底是怎么回事。

“阿利！”金萍一见凌利和李小刚出现在餐厅，赶忙站起身。“小刚，你们怎么才到。哎，过来，我给你们介绍一下。”金萍不由分说地拉着凌利的胳膊，回到桌前，指着哥哥说道：“这是我……”

“不用多嘴！十几年前我们就认识了，不过……”凌利粗暴地打断女友的话，狠狠地瞪了坐着的金勇一眼，然而转头怒气冲冲地直逼金萍：“我感到奇怪的是你怎么与这个乡巴佬认识的？”

“阿利，不许这样粗莽！”

“粗莽的不是我，而是一个已有男朋友的女大学生，竟然背着自己的情人与另一个狗熊般的男性饮酒作乐，卿卿我我。”

金勇早已憋着气，一听此话，“唰”地站起身子，落下拳头。顿时，桌上酒洒杯碎……

“哥哥，看你……”金萍一见不好，又忙过来拉住发怒的金勇。

“哥哥？什么，他是你哥哥？！”凌利万没想到自己热恋的情人，竟是与他结怨十几年的仇人的妹妹。“好你个金萍，你为什么不早说——！”凌利顺手抓起一个酒瓶，“嘭”的朝地上扔了个粉碎，然后像疯子似的飞奔出餐厅……

“阿利！阿利！——”身后，金萍与李小刚在大声喊着，可他连头都不回。

市工人体育馆。那块竖在门口的大广告牌上，画着一个巨大的拳击手，上面写着一行大字：上海市第三届拳击卫冠大赛。时间：今晚 7 时 30 分。

此时已近 8 点，但体育馆门外依然簇拥着不少拳击爱好者。他们迫不及待地在等退票，有的干脆找到在此执勤的警察：“同志，让我进去吧！我们要看上海拳王阿利的表演！”“对，听说今天有位号称‘东北第一拳’的高手要与阿利决一雌雄，让我们进去饱饱眼福吧。”

“哐！——”正在这时，馆内已经又一次响起了铜锣声。此刻，热闹异常的观众席上，爆发出长时间的欢呼声：“拳王阿利！阿利拳王……”

阿利不愧是好手。今天，他连挫浦东区和精武馆的两名高手。上海观众太熟悉他了，阿利已经在市区拳坛称霸三年了，两次获得全国冠军。他那柔中有刚、虚虚实实的拳法，尽得老拳王华峻的真传。令人侧目的是今天阿利的拳法似乎一改过去的拳风，一上台就以凶悍、凌厉的长短拳猛击对方，以至浦东区、精武馆的两名长期研究阿利打法的对手一上台就乱了阵势，不知该如何应付才是。

“阿利这几天跟谁接触了！”坐在前台的华峻教练也隐约感到自已的徒弟今天表现异常，便有些不安地问坐在一旁的李小刚。

“他的仇人，十年前结下的冤家。”李小刚刚想说出口，但话到嘴边就停住了。不！这件事绝对不能告诉师傅。李小刚想起自已曾向阿利发誓为他保密，要不然华教练知道阿利练拳是为了复仇，那绝对不会允许他再在拳击场上露面的。

“好像……没有。”

华教练不满地瞪了一眼说话吞吞吐吐的李小刚，待他转过头来，赛场的铜锣已响。第三场又结束了，裁判高高地举起凌利的手，几千名观众顿时又疯狂起来：

“拳王阿利！阿利拳王……”

凌利本想在今晚的赛场上保持足够的冷静，以缓后力，他的用心只有他自已或许还有李小刚才知道。他要用泰山压顶之势制服其他选手，而不是像过去那样打到半赛在虚弱的对手面前来个手下留情。就是刚刚结束的那场上，第二回合过后，精武馆的选手已经明显地敌不住了，第三回合一上台，凌利便上前将对手逼至绳圈，然后发狠似的左右出击，一下将对手打倒在地。等对手刚从地上爬起来，凌利又上前猛地一记右直拳，这一拳力发千斤，又一下将对手打出绳圈之外。败下阵的对手显然被凌利激怒了，两眼瞪得溜圆，要不是鼻子流血不止，他准会不顾一切地重新冲上台去，就是用嘴也要咬凌利几口。在观众一阵高过一阵的狂热欢呼声中，凌利浑身的血液开始沸腾了，他那张俊美的脸上开始露出以往那种胜利者的高傲神色。绳圈内围，已经有了不少观众掷来的鲜花，凌利连腰都没弯一下。今天，他期待的不是这些，而是对手，那个会打“黑熊掌”的对手。

下一个会是谁，听人说是什么“东北第一拳”。哼！东北第一拳，就是世界第一拳我也不怕。好的，要是这“东北第一拳”就是那个乡巴佬，金萍的哥哥就好了，我非得揍死他不可。唉，金萍已经两个星期没见着了！要是今晚她来了该多好：我要让她知道我凌利绝不是个软蛋。

提她干吗！她哥哥是我的仇人。

“下一个上场的是金勇，他是上海人民熟悉的‘亚洲蛟龙’著名拳王金云德的儿子。金勇与凌利是首次交手，他们分别代表着我国的南北拳风，这场比赛可以说是当今国内拳击比赛的最高水准，我们可以从两位拳手身上领略东方拳手的雄风……”女广播员甜美的声音在体育馆大厅内回荡。

“果真是他！”凌利心头一惊，他的牙齿在嘎嘎地响。

今天的金勇倒是显得镇静自若，好像他与凌利之间纯属是冠军的竞争对手，绝无半点冤家路窄的味道。

他跨进绳圈，朝另一角的凌利伸出一双戴着拳套的手。

“一边去！”凌利把双手高高举起，转向为他欢呼的观众。

“混蛋！”台下的华老情不自禁地骂了起来。这几年，老拳王一摸起拳套就会想起当年的至交，也常挂念着义兄的家人。方才，当他听说金勇就是自己义兄的儿子时，心头好一阵兴奋。可自己的徒弟竟然这等无礼，他好不生气！

凌利并不知道这些。此时，他的眼里只有一个人，那就是这个“乡巴佬”，昔日的仇人，今日的对手！打倒他、揍死他！复仇与泄愤的念头占据了他的全部内心世界。

“哐！——”比赛的锣声响起，现实世界顿时消失。

未等裁判退至一边，凌利的拳头已经到了金勇的脸上。金勇只觉一阵冷风，他甚至嗅到了皮革的味道。“再吃这拳！”凌利不等对方喘息过来，紧跟着又一个右勾拳，金勇被逼到绳圈……

“好，打打！”“阿利，好样的！”“打！”观众席上一阵高潮，拳迷们为这一开场就如此精彩的鏖战而喝彩。

凌利一阵惬意，他发起了第二次进攻。嗯，人呢，他发现金勇已经避开险境，跳到了台中央。

这小子根本不像正规训练过。凌利瞧着对手那两臂松弛、两手下垂、头朝前、脚里弯的架势就生气。瞧咱：左臂弯曲，拳峰探出，右拳护着下巴，两肘紧紧地贴住腰部，能守又能攻，标准的欧式拳手。

“啧啧，瞧瞧，右边的这个拳手真帅。”台下，几个姑娘的赞叹声异常清晰。那是几个漂亮的姑娘！凌利自信，这些女人绝对没有夸张。也许，在平时他会得意一阵，可今天他要的不是女人的捧场，或许有女人在场事情更糟！因为他要打倒的正是他心爱的女人的哥哥，金萍今天一定在场：他能猜到。想到这儿，凌利进攻的意识不自觉地迟疑了一下。“来吧，可爱的阿里！”金勇有意把“利”字念成了“里”。凌利听得出，他是在讥讽自己。好小子，你等着！他的双脚轻盈灵巧地往前弹跳了一下，左脚前跨，后脚跟轻轻提起，整个身躯犹如一头猎食的雄狮。他，又要进攻了：“阿利，别出拳，别出拳！”突然，台下有人提醒他，是李小刚的声音。怎么啦？凌利一惊，当他缓缓平静后再看看对手的姿势才恍然大悟：这小子是有意放开门户让自己击打。是的，常言道：三等拳手尽破绽，二等拳手无破绽，一等拳手卖破绽。看来，这个“乡巴佬”还算是个好手。何况他还怀有绝招，那使自己受尽屈辱与欺凌的“熊掌拳”！卫冕冠军对今天的凌利来说并不重要，他要的是解心头之恨。俗话说，君子报仇，十年不晚。如今，十年已过，该是时候了！凌利的拳头像雨点般的袭向对方。他久经沙场，见到过各种对手，因而并不畏惧金勇卖的破绽。他用拿手的连环拳将对手一次又一次地逼到绳圈，使之毫无还手之力。好威风的拳势！整个赛场为他欢呼，为他喝彩！拳迷们为凌利所倾倒。

这哪是比赛，他想拼命了！在万众欢呼的席位上，只有一个人的心此刻异常紧张，她就是金萍。台上的两名拳手，一个是他的哥哥，一个是他的情人，她实在不愿看着他们互相厮打，她甚至讨厌那些情绪高涨、欣喜若狂的观众。几次，她都想离开赛场，可她的心已牢牢地被那6米见方的拳台拴住了。尽管赛前她把有关凌利及他父亲凌太忠的事都告诉了哥哥，让哥哥不要再为父亲的屈死而埋怨凌利。公平地说，凌太忠是无罪的，凌利也是“文革”的受害者！最后，金勇也承认了这一点。

本来，金萍想让哥哥放弃这场卫冠争夺战，可他不听，说：“过去的事我会向凌利道歉，可比赛不能放弃，因为我是拳手！”金萍知道，只要两人上场，肯定是一场你死我活的恶战：她太了解好胜心、自尊心极强的凌利了，尤其是在他吃了哥哥那两记“熊掌拳”的亏之后。赛场在欢呼，金萍的心在颤抖，她的一双眼此时分成了两半：一半是为情人的雄风所骄傲，一半为被打的四处躲逃的哥哥担忧。可是，她真正的担忧倒是为凌利。生活在拳王世家的她虽然不会打拳，却能看出个门道。今天的凌利一反往常，他哪里是在打拳，纯粹是在拼命与泄愤。何况，别看此时的哥哥似乎处处被动，但心底是平静的，他在沉着应战。

金萍的判断是准确的，任凭观众如何奚落，任凭凌利如何疯狂进攻，金勇自己心里有数，这些拳不会形成真正的打击。每当对方的拳距离他的头只有 5 厘米时，他略略向后一闪，拳头落在脸上已经毫无力量，他就这样逗着凌利在场子里打转：在外行人看来似乎他就是个不敢迎敌的胆小鬼。金勇从来看不起那些每每纠缠在一起，像孩子打架一样的拳手，双方打得鼻青眼肿，留给观众的只有残暴与凶狠。虽然拳击据说快要被官方承认了，但十亿中国人中真正了解和参与这项运动的却寥寥无几。他要为拳击正名，使这项运动成为一门艺术，一次拳赛就应该是一幅由勇敢和力量，速度与技巧构成的艺术杰作，给人的将是美的享受。但是，他错了，今日凌利分明要与他比个高低，决个死活。从那两道透着寒气的目光中尽可看出，他是把自己当作仇敌在一次又一次地发动进攻。

“哐！——”金勇终于挨了重重的一拳。上帝，看来艺术在拳台总是被摆在次位，血腥才是第一的。趁着对方收拳之际，金勇跳到台中央，他要进攻了，就在这时，铜锣响了……第一回合在凌利的绝对优势中结束。

“太棒了！阿利，你简直把对方逼得喘不过气来！”绳围一角的电镀折叠椅上，李小刚一边为好友按摩，一边赞叹不绝。

“注意积蓄力量，不然你会支持不到第三回合！哼，我看你非被打趴下不可！”华教练却很不满意地瞪了徒弟一眼。

凌利对此不服，因为他感到从未有哪一场比赛像今天这样有使不完的力量，或许上帝在保佑自己。

“哐！——”铜锣响起，关键性的第二回合拉开了，凌利又一次抢先占据了台中央。他，雄心勃勃，斗志昂扬，拳头像旋风般席卷着整个台面。相反，金勇的整个状态显然疲软。其实，外行人哪里知道，这正是一名优秀拳手的高明所在，避重躲轻，积蓄力量，后发制人。金勇的战术开始奏效了，加之他那虚虚实实，真真假假，或轻或重若有若无的出拳，无不激怒了凌利。

“泥鳅！”凌利喘着粗气，奋力追赶，拳头冲到对方的鼻尖……

这次金勇并没有溜，只见他稍稍将头一侧，用城墙般的胸脯抵挡住凌利发出的有真正威力的最后一个拳。“妈哟！”金勇暗吃一惊，华老的门生果然身手不凡，那火箭炮似的连环拳若无良好的身体素质，准会被一下打垮、碾碎，直至毁灭。金勇竟然顶住了，那轰炸机式的连环拳打在他的皮肤与肌肉上，就像铁榔头击在橡胶胎上。拳头一旦变成了神经麻木的无机物，那将是何等可怕！

“当当！”反击开始了，金勇发出一个短促有力的左直拳，打在了凌利的头上，但锐气正旺的凌利并没有因此退缩，反将一记勾拳击中了金勇的下颌，疼痛一下激怒了沉默已久的雄狮。金勇的右直拳发生了威力，正在奋力迎敌的凌利仅迟疑了千分之一秒，那一拳打得他左右晃了一下。就在这当儿，金勇紧接着发出两个摆拳，凌利见势不妙，赶忙收回双臂，使其两面夹攻的拳头落在了自己的双肘之上。他瞅准机会，向前一跳，趁对方收拳之际，跃上前去，猛地又打出一组漂亮的连环拳……

“好好！”“拳王阿里！阿里拳王……”

体育馆内掌声雷动，热情的观众对他们熟悉而偏爱的拳王报以狂热的欢呼。他们干脆把阿利叫成了阿里，这种好意的敬奉使赛场气氛顿时高涨几倍，凌利的身价也随之翻倍。人们希望他成为中国永远不败的拳王，每当此时，赛场上的凌利也仿佛注入了一剂兴奋剂，往往会反败为胜，越战越勇，直至王中称王。他希望自己的名字真像阿里那样，越叫越响。

然而，这场比赛他却难以如愿。金勇娴熟而有力的拳法，使他内心暗暗恐慌。

“血！血……”台下，突然有人叫嚷起来。“嘘——”裁判的哨音也跟着响起。

“凌利，能坚持吗？”这时，场外医生走过来问凌利。见鬼，什么时候挨的拳？凌利非常恼怒，自己不但没有将对手打倒，反而受了伤。他咬了咬牙，朝医生摇摇头。心里说：这算什么？我得以血还血，把那小子揍死！

“开始！”

“当当！”受伤的凌利两眼猩红，那目光凝聚着仇与恨，这种愤怒随之变成了有力的拳头直刺对手。他的喘息声如同风箱，双脚像马蹄似的踩得台板“咚咚”直响。

金勇不愧是久经沙场的好手，他将凌利的每一个微妙的变化看得一清二楚。避开激战锋芒，消耗对方体力，然后一举取胜，这是他今天所采取的战术。眼下金勇见时机已到，有意将盛怒之中的凌利诱入绳圈边角，待对方频频向他发拳之际，猛地一猫腰，从凌利的腑胯旁夺路而出，反被动为主动。在凌利转身立足未稳之时，金勇“嘭嘭嘭”地连发数拳，拳拳得点。被逼至绳圈边的凌利亦非平庸之辈，在对方雨点般的强大攻势面前，非但毫无畏缩之举，反而一个劲儿地往前冲。内行的人无不为凌利的这一举动叫好。因为一旦背靠边绳，身子就会失去重心，这时纵是有再大能耐的拳手也难以应敌。只见凌利双拳护着头部，一个箭步扑向金勇，双臂紧紧夹住对方的腰，使之无法再挥拳逞威。这两头厮杀中的雄狮抱成一团，难分难解，急得裁判连连鸣哨。

“哐！——”第二回合在观众的一片呐喊声中收兵。

体力耗费过度的凌利好像盼到救星似的一下跌跌撞撞地抓住为他按摩的李小刚，双手拼命地比画着。他的嗓子像烧着火，半个字都吐不出来。

“什么，送氧？嗯！”李小刚赶忙脱下自己的衣服，向好友的嘴里扇风。“阿利，挺住，你能赢！”

凌利有气无力地抬了抬眼皮。是的，应该赢他，否则太丢人了，心头的仇恨也无法报！可是，卫冕数十次，凌利从未感到像今天这么费劲。仅两个回合6分钟时间，他却像连续鏖战了几天几夜。复仇、泄愤、卫冕，均在此举！打倒他，一定要打倒这个乡巴佬！即使打不倒也得咬烂他！撕碎他！让他明白，拳王是我凌利的。但是他奇怪，对方为什么一直未使那凶狠的撒手锏——“熊掌拳”，再看那家伙，两个回合下来似乎未减半点锐气。凌利紧皱起眉头，他突然感到额上那块伤疤在隐隐作痛。就在这时，最后一个回合的开场锣响了，他心头不知哪来一股恐惧之感……

情况越来越糟，第三回合一上场，凌利就感到力不从心，以往那势不可挡的连环拳此时也变得无几分威力。相反，金勇则越战越猛，并且不时地用左直掌在凌利面前虚晃。

“乡巴佬，快些，亮出你的看家本领！”凌利一边骂，一边冲到对手面前。

沉着应战的金勇依然无动于衷，只是一个劲儿地寻找机会，待凌利追至台角时，又一个“金蝉脱壳”，反把他逼至绝境。凌利被迫倚绳而战，又一次尝到了对手的拳威。

“闪开！阿利！闪开！”台下，李小刚在焦急地喊着，那声音带着几丝悲哀。

凌利显然已经听到，他不满地朝台下瞪了一眼，哪知这一瞥使凌利心头猛地一阵慌乱。他在观众席上看到一双充满惊恐而又饱含怜悯的眼睛。金萍！她到底来了！霉气，让她看着我这被打的狼狈样子！胜利者是她哥哥，她一定得意了吧！那惊恐与怜悯的目光分明是冲我而来的。见鬼，我不需要可怜！不需要！凌利发狠了……

失望中的观众突然见凌利腾挪闪跳，避过了金勇的凌厉攻势，猛地挥动左右勾拳，像一辆巨型坦克一样直压对方。

“阿利！阿利！拳王阿利！阿利必胜！”场内顿时爆发出一阵山呼海啸。人们为凌利的复活而振奋！凌利似乎也在这欢呼声中获得了巨大力量。“啪！啪！啪！”一鼓作气，直打得金勇目溅金星。

这突如其来的反击，出乎金勇的意料，但他马上明白，对手这是在做最后的挣扎。他清楚地听到了对方那急促的喘息声，甚至怦怦的心跳声，金勇知道自己的诱敌战术已获成功。他从凌利颈部颤动的肌肉上看出，对手已精疲力竭。大概离整个比赛结束还有一分钟吧，金勇准确无误地掌握着时间，整个比赛都按他事先的设计顺利地进行着。最后的拼搏到了：只见他如同旋风般将凌利忽而逼至绳边，忽而逼至台角，那一连串快速的短拳像蜜蜂的毒刺一样疾击凌利的面部。虚弱而愤怒的凌利打了个反击的左直拳，而金勇则发出右勾拳压住了他的左手，朝他回击过去。金勇的这种不计后果的拼个两败俱伤的打法，实属高招，使得凌利仅有的几分威风也收敛了。

“滚下去吧，凌利！我们不想看到失败者！”那些凌利的崇拜者开始不满地骂了起来。他们哪知此时的凌利有多么难熬，他的脸部、胸部、眼睛、脑瓜儿……整个上身部位都疼得仿佛要裂开。此时此刻，他只有招架之势，毫无回击之力。完啦！他明白，自己的头只要再被击打一下，就会马上垮了。他的脑袋嗡嗡作响，眼里冒着金星，双手机械地护着肋部，却依然不能抵挡对手发向脸部和颈部的一记记重拳。他感到自己的身子在倾斜，天地在旋转……该结束了，他胡乱地伸出两只抖动的拳头……

“扑通！”拳王倒下了！这时比赛时间也到了，只听一声清脆的锣声响起：“哐！——”

“阿利！阿利！阿利必胜！阿利无敌！阿利万岁！”

凌利在恍惚中睁开眼睛，他万分惊奇地发现裁判竟然将他的手高高举起。什么什么，我是胜利者？！他恼怒地从裁判那湿润的掌中挣出自己的手。可眼前的事实让他百思不解，将他打得一败涂地的金勇却直挺挺地躺倒在地上，像死人一般……怎么啦？是他赢了啊！

“哥哥，哥哥！”一个熟悉的声音响起，只见金萍双眼噙满泪水扑到金勇的身上，拼命地呼喊着、摇晃着……

眼前的一切，凌利全然不知，他像木头似的站在台中央……

已经一个多星期过去了，凌利在校园内与金萍还没有碰过一次面。再想想那场与金勇争冠的奇怪决战，他越发不安，并一直想弄明白到底是怎么回事。明摆着，从第二回合的后半场开始，凌利已经趋于劣势，尤其是进入第三回合后，真正出击和得点的也是金勇，凌利比谁都更清楚和早料到那场大赛的最后结局。哪知鬼使神差，桂冠竟然戴到了败将的头上。凭着直觉，凌利肯定对手在最后的一瞬间是因为一种意外的刺激而倒下的，而绝非缘于他那毫无冲击力的左勾拳。

“阿利，告诉你一个好消息：市拳协刚刚接到通知，说国家体委选你去参加深圳市举办的中国内地、香港、澳门首届拳击擂台赛。”校园门口，李小刚气喘吁吁地跑来告诉好友这个激动人心的喜讯。

“什么时间？”

“下个星期。”

“可是……我想见见他以后再说。”凌利显得有些为难。

“我的拳王，怎么，半个月没见到林妹妹就憋不住了？”李小刚在一旁嘲笑他。

“瞎扯！”凌利脸都红了，忙分辩道：“我说的是他——金勇！”

“手下败将，你还理他干吗？”

“不，真正的败将是我。”凌利摇摇头，心事重重地说。

“见鬼。阿利，这十多年来，你含辛茹苦、拼死拼活地练拳，为的就是报心头之仇，如今你把他打倒了，可你又……”李小刚瞪大双眼，“我不明白！”

旁人自然不会明白，就连凌利本人也一直在寻找答案。

时间一晃又是3天，凌利不但没有解开疑团，就连金勇的影子都见不着。他曾几次到女生宿舍打听过金萍的情况，那个胖乎乎的“眼镜”姑娘只告诉他，金萍每天往医院跑，其他什么都不清楚。怎么？她哥哥住院了，是伤着了，厉害吗？可惜，他一无所获。问了五六家医院，没有一家医院告诉他有个叫金勇的黑大个在住院。

“哐！——”无情的战锣已经在深圳市鸣响，中国内地、香港、澳门三支拳击大军汇集特区，跃跃欲试。

中方队主力凌利则一路心事万千，连国家体委的王领队也不禁为他担心起来。“不行！这次大赛是内地拳手首次与外界接触，打得好坏影响甚大，而我队有希望夺冠的就是你这个级别。小凌，你应该坚定信心。”

“可是王领队，我不配代表国家队的水平。”凌利低头说道。

“开玩笑，65公斤级的纪录目前国内不就是你可以称霸吗？”王领队不理解凌利的话。

“不，有一个人比我强。”

“谁！”

“金勇，他原来在北大荒。”

“噢，我知道，我知道。”王领队的眼里一下闪出光芒，他情不自禁地说道，“他真是个好拳手，可要不是他父亲在‘文化大革命’期间被害，这小伙子肯定是块走向奥运会的好料。可惜，他那致命的脑病使他的熊掌拳不能得以最大限度地发挥。唉，‘文革'害了多少人，也毁了多少优秀的拳击手！”

“金勇的头到底是怎么回事，王领队？”凌利摇晃着王领队的胳膊，迫不及待地想弄清楚真相，为了这个真相，十几天来他没有吃过一顿安稳饭，睡过一个安稳觉。

“说来话长，那时我被造反派从国家体委赶了出来，到了北大荒的一所五七干校。当时，尽管有关部门在几年前已经将拳击项目取消了，可像我这样体院拳击专修班毕生的拳手哪肯放下拳套？干校的生活除了整天垦荒栽树外，就是斗私批修，唯一的好处是此处天高地远，鞭长莫及。队里的几个‘老体’知道我是搞拳击的，一有空就怂恿我露两手。我吧，也落个泄愤解闷的机会。有一次，正当我为‘朋友们’表演时，临近干校的那个农场跑来一群知青，他们看了我的表演乐掉了牙，说这是舞蹈哪里是拳击。我好恼火，心想，这帮小毛孩，老子在拳坛称雄时，你们还没投娘胎呢！便说，是熊是狗，你们也挑一个对手，咱们比试比试。这帮知青可乐了，高呼着‘乌拉’，说明儿见。第二天，夕阳刚刚落下，吃完晚饭的人们兴致勃勃地围聚在打谷场上。那时，我虽已是四十开外的人了，正式离开拳坛也有十年之久，可一走进绳圈，我全身的毛孔就开始膨胀，仿佛回到了当年。我的对手是什么样呢？正在这时，从知青中间走出一位满脸稚气的少年，看样子只有十六七岁。我一乐，心想，论级别，他至少低我 4 个档次，或许我不留神一拳能打断他 5 根肋骨。但是，情况却出乎我所料。那少年的拳法，无论从猛烈的冲击还是闪身的防守，都显示出一种精娴的技巧，而且从出拳的力量、灵巧的躲闪动作看，都超过了他这个年龄所应具有的素质。尤其是他那连发进攻中的连勾拳既巧又猛，趁人眼花缭乱之际，会突然重重地落在你的脸上。我越打越觉得有点招架不住了，与其说我惊奇的是这种‘一虚二实三进攻’的打法，不如说是眼熟：这不是我师傅金云德的绝招吗，这个少年是谁？我正想着，‘哐！——’

比赛的时间已到。结果，我和这少年握手言和。‘小同志，你的拳法是跟谁学的？’我问道。‘跟我爸爸！’他说。啊！原来他是我师傅的儿子！我激动得把他抱了起来。当年我在体院时，金云德就是我的老师，后来他又当了我们北京队的主教练，我的拳击事业是他一手带出来的。十多年来，我每每拿起拳套便会想到他，可后来的一道取消拳击比赛的命令和‘文革’的风风雨雨，使我们这些以拳击为生的拳友和师徒从此各奔前程，彼此杳无音讯。‘阿勇，你爸爸还好吗？’‘他爸死了，是被凌太忠手下的兵打死的！’旁边的一位女知青轻轻告诉我。天哪！我的又一位师尊死于非命。金拳王死后，早年亡母的金勇与年仅6岁的妹妹金萍相依为命，那日子就甭提了。后来，他又被送到北大荒……”

凌利终于明白了金勇为什么如此仇恨他那当司令员的爸爸。虽然爸爸当时为保护军械库才下令开枪并没有错，可是对死者的家庭，尤其是对孤苦伶仃的金勇兄妹来说，怎能不让对方产生宿怨与仇恨？自然，凌利也终于理解了十年前金勇为什么狠狠地给了他一记熊掌拳。他的脸上火辣辣的，心头像打翻的五味醋水……十年来，为了这一记熊掌拳，自己都干了些什么呀？练拳、复仇，这是复谁的仇呀！万般愧疚的凌利用拳头击打着自己的头。

“唉，颠倒的年代总有免不了的灾难。没想到，我和金勇比拳的事被干校里的一个‘小爬虫’汇报到了上头，说我们摩拳擦掌，企图策划反革命暴动。第三天，上面来了一大批人，把我押到了一间牛棚，不问青红皂白地殴打了一顿，一直打到傍晚。王领队在凌利面前抬了抬那只被摧残的右手，愤忿而又不无惋惜地说道：“它原来的威力可大啦，当年有人曾给我测试过，一记击出足有七十公斤！”说完，他又继续回忆道：“天亮后，他们将我五花大绑，押到全校批斗大会上。这还不解气，隔日后，又把我押到金勇所在的知青农场，说是让小将们彻底认清我这个反革命阴谋分子的丑恶嘴脸，不要上当受骗。可是，台下的人不干了。人群中，突然有人跳到台上责问道：‘不许你们这样摧残人！打拳有什么错，要批，就批我！’是金勇，我定神一看是他，心头着急万分，示意他别管我，赶紧走为上策。可他仿佛根本没瞅见我的暗示，怒气冲冲地继续责问那帮造反派。‘好小子，我你还找不着呢，你倒自己来了！’造反派将金勇打成重伤，后来听说是几位好友把他抬到医院，一诊断是严重的脑震荡。从此，这位优秀的拳手就得下了这种致命的病……”

“是这样！”凌利这才彻底弄清那场冠军决赛时稳操胜券的金勇为什么突然倒下了。他感到内疚与悔恨，堂堂七尺男儿，十几年来竟然一直在与一个灵魂与肉体同受严重创伤的人过不去。他甚至怀疑起这么多年来自己练的到底是不是拳击，要不然这男人的运动何至于培养出自己这狭隘、自私的卑劣性格！

“拳王？哈哈哈，我算什么拳王，简直是混蛋！”他躲在赛场的旮旯，刻薄地自嘲着……笑声中，他两眼流着泪。

“凌利，下场就是你了，怎么还在这儿待着？”王领队与一名教练像是找了很久才发现了他们将要登台的队员，这怎能让人不生气：“你还想不想上场啦？”

“王领队，我真不想上。”凌利有气无力地回答道。

“你……你疯啦！”王领队的身子在摇晃，他被这天下少有的怪事激怒了，那只伤残了的铁拳无情地落到了年轻人的头上。要知道，离比赛仅有半小时了，而且中国队的对手是号称“香港无敌拳王”的全英中量级霸主梅尔逊。

一切似乎都不该发生。凌利平静地向王领队递交上一副拳套：“请原谅，我不配当拳手。”

“不，你配！而且应该是个为国争光的好拳手！”

正当王领队不知所措的时候，有人从背后重重地捶了捶凌利的肩膀。

“是你！——”凌利惊异万分。

金勇仿佛是从地底下冒出来的，他的身后站着微笑着的金萍。

凌利又惊、又喜、又愧……

“斗心眼儿不是男人的事，何况，那是历史的误会。金萍已经给我讲了你和你爸爸的一切，我什么都明白了。来，让我们一起告别过去吧！”金勇挥起右拳对准凌利说：“你不是一直想探究这熊掌拳吗？看这儿！——”

“哐！——”拳头落在了凌利的当胸，他没有躲闪，也没有摇晃，只是眼泪夺眶而出……突然，他扑过来，紧紧地拥抱住了金勇。

“该我出场了！该我出场了！”他喃喃自语地喊着，泪水洒湿了对方的肩膀。一对雄狮终于和解了，这是两个男人的故事。

金萍在笑，王领队在笑……五星红旗也在笑。

出版说明

何建明先生是中国文坛著名作家，长年坚守在报告文学一线。“非典”、汶川地震、天津大爆炸、利比亚撤侨等重大事件发生时，何建明先生都尽可能出现在第一时间、第一现场，将第一手材料及时地呈现给读者，将中国故事讲深、讲透、讲生动、讲精彩。他强烈的责任感和使命感让人感动，其直面真相、忠于现实的精神令人钦佩，是中国当代报告文学界极有影响力的领军人物。

有感于斯，我社特收录何建明先生近40年创作的报告文学作品，结集为《何建明文集》三十卷出版。这些作品是对时代、社会、自然和人文的记录、呈现与见证，是作者响应时代的召唤，置小我于大我之中，循着时代背景和社会需求而创作的，完整、真实地表现了社会各个层面人物的喜怒哀乐，代表了当代中国纪实文学、非虚构创作的高峰水平，大气磅礴、激情豪迈，极具胸怀和气量。其中多部作品获得鲁迅文学奖、国家图书奖、“五个一工程”奖、徐迟报告文学奖等。

每个时代都有自己的特征，每部作品都有自己的特点。为了全面展示何建明先生历时40年创作内容、使用语言和文学风格的变化，本文集对何先生已发表的所有作品原则上不做修饰和润色，除特殊情况外也不做大的删节和修改，以保证今天的结集出版，仍不失当年作品的激情和味道。